세법과 세무계획의 기초

김 상 기

집 현 재

머리말

이 책은 세법과 세무계획의 기초 개념과 원리에 관한 내용을 다루고 있다. 조세에 관한 사항을 규정하고 있는 법률들을 통칭하는 세법은 우선 과거의 사건이나 사실의 세금효과와 관련된 세무신고 등의 세무 실무에 있어 그 기준이 된다. 그런데 세법은 미래의 경제활동을 위한 계획의 세금효과를 예측하고 추정하는 데에도 그 기준이 된다. 즉 세법의 기초 개념과 원리는 미래의 경제활동을 위한 계획의 세금효과를 예측하고 추정하기 위한 세무계획의 기초 개념과 원리와 밀접한 관련이 있다. 따라서 이들을 하나의 책에서 다루는 것은 경제활동에 필수적으로 수반되는 세금효과를 이해하고 대응전략을 수립하는 데 필요한 지식을 제공하는 데 상당히 유용할 수 있을 것으로 생각한다.

이 책의 세법의 기초 부분에서는 세법의 기본구조와 논리를 이해하는 데 도움이 될 수 있는 기초 개념과 주요 원리를 다루고 있다. 조세 관련 법률관계에 관한 기본적이고 공통적인 사항을 소개하는 데 초점이 있다. 이에 따라 개별 세법들의 세부적인 내용은 포함하지 않고 있다. 우리나라의 조세는 법인세나 소득세 등의 내국세 외에도 관세나 지방세로 구성되어 있다. 따라서 이 책에서는 내국세에 관한 총론 외에도 가능한 관세나 지방세의 총론에 관한 내용도 포함될 수 있도록 하였다.

이 책의 세무계획의 기초 부분에서는 경제활동에 수반되는 조세의 영향을 효과적으로 계획하고 관리하기 위한 세무계획의 주요 개념과 내용을 다루고 있다. 경제활동에 관한 계획과 그에 기초한 최적의 의사결정은 경제활동 결과의 최적화 가능성을 높일 수 있다. 그리고 세금효과가 있는 경제활동의 세후 결과의 최적화 가능성을 높이기 위해서는 경제활동에 관한 의사결정 이전의 계획단계에서 세금효과에 관한 계획이 포함될 필요가 있다. 경제활동이 실행되고 난 이후의 세금효과에 대해서는 기업이 통제할 수 있는 부분이 적을 것이다. 이 부분에서는 경제활동의 결과를 조세의 실질적인 영향을 분석하기 위한 계량적 이론과 세법의 주요 내용을 세무계획에 반영하는 방법 등을 제시하는 데 초점이 있다.

이 책은 세법과 세무계획의 입문 과목의 교재로 활용할 수 있다. 세무 실무자의 관점에서도 세무계획의 필요성을 인식하고 기본적인 접근방법을 모색하는 데 유용할 수 있다.

이 책을 출판할 수 있게 해주신 도서출판 집현재의 위호준 대표님께 감사드립니다.

2024년 1월

김 상 기

차 례

제 1 편 세법의 기초

제 2 편 세무계획의 기초

제 1 편

세법의 기초

1편 목차

제1장 법의 주요 개념과 세법

이 장에서 살펴볼 내용은 법의 개요, 헌법의 주요 개념과 원리, 세법의 주요 내용과 원리에 관한 것이다. 이 장의 학습 목표로는 법의 개요를 이해하고 간략하게 설명하는 것, 헌법의 주요 개념과 원리를 이해하고 활용하는 것, 세법의 주요 내용과 원리를 이해하고 활용하는 것을 들 수 있다.

제1절 | 법의 개요

세법은 조세와 관련된 사항들을 규정하고 있는 각종의 법규들을 통칭하는 것으로 볼 수 있다.[1] 이러한 세법은 국가의 법체계를 구성하는 법규들 중의 하나로 법체계 전반에 적용되는 법의 기본 원리와 개념이 적용된다.[2] 국가의 법체계는 국민의 안전과 행복을 확보하는 데 기여함으로써 국가를 유지·발전시키는 데 그 존재 이유가 있을 것이다. 법은 가치판단의 기준이 되는 규범의 하나로 그 주요 특징으로는 사회규범, 강제규범, 국가규범을 들 수 있다.[3]

(1) 사회규범

사회의 구성원 모두가 존중하고 따라야 할 가장 기본적이고 중요한 원칙과 질서이다.

1) 법규는 성문의 법령(법률, 명령, 조례, 규칙 등)을 의미한다.
2) 법체계는 일정한 법이념 내지 법원리에 의하여 통일된 법질서를 의미한다.
3) 규범에는 법 이외에 도덕, 윤리, 관습 등이 있다.

(2) **강제규범**

준수하지 않는 경우 제재를 부과함으로써 강제력을 지닌다.

(3) **국가규범**

국가의 모든 구성원과 지역에 적용되는 국가의 최상위 규범에 해당한다.

우리나라의 법체계에서 최상위 법은 헌법이며, 헌법에서는 법률 및 하위 법령의 입법에 관한 사항을 규정하고 있다.

(1) **헌법**

국민의 기본권 보장과 국가생활공동체의 형성, 유지·발전을 위해 필요한 가장 기본적이고 중요한 내용을 규정하고 있다. 조세에 관한 내용도 규정하고 있으며 세법의 체계에서도 최상위 세법에 해당한다.

(2) **법률**

헌법에 따라 입법권은 국회에 속하며, 입법부인 국회는 의결을 통해 법률을 제정할 수 있다.[4]

(3) **시행령**

헌법에 따라 대통령은 법률에서 구체적으로 범위를 정하여 위임받은 사항과 법률을 집행하기 위하여 필요한 사항에 관하여 대통령령(시행령)을 발할 수 있다.[5] 이와 같이 법률의 위임에 따라 행정입법을 통해 세부적 사항을 규정하는 것을 위임입법이라고 한다.

(4) **시행규칙**

헌법에 따라 국무총리 또는 행정각부의 장은 소관사무에 관하여 법률이나 대통령령의 위임 사항에 관한 총리령 또는 부령(시행규칙)을 발할 수 있다.[6]

---

4) 대한민국헌법 제40조에서는 '입법권은 국회에 속한다'고 규정하고 있다.
5) 대한민국헌법 제75조.
6) 대한민국헌법 제95조.

(5) 조례

헌법에 따라 지방자치단체는 법령의 범위 안에서 자치에 관한 규정(조례)을 제정할 수 있다.[7)]

사회구성원의 행위의 법적 효력과 권리·의무의 법적 관계에 관한 내용 등을 규정하는 법률은 다양한 형태로 입법되어 있다. 각각의 법률에 따라 적용되는 원리와 개념도 다양하다고 할 수 있을 것이다. 법에 적용되는 기본 원리에 상당한 차이가 있게 하는 주요 요소로는 법적 관계의 당사자, 법적 관계의 실체 또는 실현절차를 들 수 있다.

(1) 법적 관계의 당사자

국가와 국민 간의 법적 관계에 적용되는 법적 원리와 개인과 개인 간의 법적 관계에 적용되는 법적 원리에는 차이가 있을 수 있다. 국가와 국민 간의 법적 관계에 관한 법규를 통칭하여 공법으로 분류하고, 개인과 개인 간의 법적 관계에 관한 법규를 통칭하여 민사법(또는 사법)으로 분류하는 것이 일반적이다. 세법에서의 법적 관계의 당사자는 조세수입을 얻는 국가와 조세를 부담하는 국민이므로 세법은 공법으로 분류할 수 있다.

(2) 법적 관계의 실체 또는 실현절차

법적 관계의 실질적 내용에 적용되는 법적 원리와 법적 관계의 실현을 위한 절차에 적용되는 법적 원리에는 차이가 있을 수 있다. 법적 관계의 실질적 내용에 관한 법규를 통칭하여 실체법으로 분류하고, 법적 관계의 실현을 위한 절차에 관한 법규를 통칭하여 절차법으로 분류할 수 있다. 세법의 규정 중 누가 납부세액에 관한 조세채권자와 조세채무자가 되는지, 그리고 납부세액을 어떻게 산정하는지에 관한 것은 법적 관계의 실질적 내용에 관한 법규로 분류되며, 납부세액을 확정하고 납부 또는 징수하기 위한 절차에 관한 것은 법적 관계의 실현을 위한 절차에 관한 법규로 분류된다.

---

7) 대한민국헌법 제117조.

제2절 | 헌법의 주요 개념과 원리

헌법은 우리나라의 법체계에서 최상위 법으로 그 주요 개념과 원리는 조세법률관계에서도 최상위 규범으로 작용한다. 우리나라 헌법의 주요 개념과 원리로는 민주주의원리, 국민의 기본권 보장, 법치주의원리를 들 수 있다.

1. 민주주의원리

민주주의원리는 모든 국가권력의 창설이나 행사 등은 국민의 정치적 합의나 동의에 근거하여야 한다는 것이다.[8] 이러한 원리에 따라 조세의 종목을 신설하거나 조세에 관한 주요 사항을 변경하는 것도 국민의 정치적 합의나 동의에 근거하여야 할 것이다. 민주주의원리의 실현과 관련된 개념으로는 대의제와 권력분립이 있다.

(1) 대의제

국민이 모든 국가의 정치적 의사결정에 참여하지 않고, 대표자를 선출하여 그들에게 국민을 대신하여 국가의 정치적 의사를 결정할 수 있게 하는 정치제도를 의미한다.

(2) 권력분립

국가권력의 집중에 따른 남용을 방지하기 위해 국가권력을 여러 기관에 분리시켜 놓을 필요가 있다. 헌법에 따라 입법권은 국회에 속하며, 행정권은 정부에 속하며, 사법권은 법원에 속한다.[9]

2. 국민의 기본권 보장

헌법의 존재 이유이자 가장 중요한 목적은 국민의 기본권 보장이다. 헌

---

8) 대한민국헌법 제1조 제2항에서는 민주주의원리의 전제가 되는 국민주권주의를 선언하고 있다.

9) 대한민국헌법 제40조, 제66조, 제101조.

법에서 규정하고 있는 기본권은 크게 자유권적 기본권, 평등권, 참정권, 권리구제를 위한 기본권, 사회적 기본권으로 분류할 수 있다. 조세와 직접적으로 관련이 있는 대표적인 기본권으로는 자유권적 기본권 중 재산권과 평등권, 권리구제를 위한 기본권 중 재판을 받을 권리를 들 수 있다.

(1) 재산권[10)]

국민의 경제활동의 자유를 보장하는 기본권 중 하나이다. 조세는 납세자인 국민의 재산을 감소시키므로 조세로 인해 국민의 재산권이 부당하게 침해되지 않도록 하는 것은 국민의 재산권 보장에 있어 중요한 부분이 된다.

(2) 평등권[11)]

평등은 일체의 차별적 대우를 부정하는 절대적 평등을 의미하는 것이 아니라, 입법과 법의 적용에 있어 합리적 근거가 없는 차별을 해서는 안 된다는 상대적 평등을 의미한다.[12)] 조세와 관련해서는 그 부담의 배분에 관한 평등권이 문제가 된다. 조세부담에 관한 평등권도 모든 국민의 조세부담이 같아야 한다는 것을 의미하는 것은 아니다. 국민의 개인 재산권 보장으로 재산에는 차이가 생기게 되고, 그에 따라 조세를 부담할 수 있는 능력에도 차이가 생기므로 그 능력에 따라 조세부담에도 차이가 있어야 하는 것이 합리적일 것이다.

(3) 재판을 받을 권리

권리의 침해를 당했을 때 권리의 구제를 위해 법원의 재판을 받을 수 있는 권리이다. 조세의 경우 과세관청의 세액 결정 등에 대해 납세자가 불복하는 경우 그 세액이 적법한 것인지에 관하여 재판을 통해 다툴 수 있는 권리가 보장되고 있다.

국민의 모든 자유와 권리는 국가안전보장·질서유지 또는 공공복리를 위

---

10) 대한민국헌법 제23조에서 규정하고 있다.

11) 대한민국헌법 제11조에서 규정하고 있다.

12) 헌법재판소 2012. 11. 29. 결정 2011헌마533. 헌법재판소는 법률의 위헌여부 심판 등을 관장하는 사법기관이다.

하여 필요한 경우에 법률로써 제한할 수 있다.[13] 따라서 국민의 기본권 보장은 기본권을 제한하는 법률에 영향을 받게 되며 기본권의 제한에 대해서는 과잉금지원칙, 본질사항침해금지원칙이 적용된다.

(1) 과잉금지원칙(비례원칙)

기본권을 과잉으로 제한해서는 안 된다는 것이다. 기본권 제한의 요건으로 목적의 정당성, 수단의 적합성, 피해의 최소성, 법익의 균형성을 요구한다.[14] 세법의 규정 중 과잉금지원칙의 관점에서 논란이 있었던 대표적 규정으로는 명의신탁 재산을 증여세의 과세대상인 증여재산에 포함하는 규정을 들 수 있다.[15] 이 규정이 적용되는 명의신탁의 대표적 예로는 주주명부 상의 명의를 실제소유자가 아닌 타인의 명의로 기재하는 것을 들 수 있다. 명의신탁은 우리나라의 판례에 의하여 형성되고 발전해온 제도이지만, 조세를 회피하는 수단으로 악용될 소지도 상당하다고 볼 수 있다. 특히 명의신탁을 이용하여 주식의 증여를 은폐하는 경우 이를 찾아내 증여이익에 대해 조세를 부담시키는 것은 매우 어렵다. 이에 따라 주식의 명의신탁에 대한 제재의 필요성이 제기될 수 있다. 그럼에도 불구하고 조세회피의 목적이 아닌 다른 목적의 명의신탁을 포함한 모든 명의신탁 주식을 증여세의 과세대상에 포함하는 것은 과잉금지원칙에 따라 허용되지 않는다.[16]

(2) 본질사항침해금지원칙

기본권의 본질적 내용은 침해할 수 없다는 것이다. 기본권의 제한으로 기본권 자체가 무의미해지는 것을 제한하는 원칙이다.

---

13) 대한민국헌법 제37조 제2항

14) 대한민국헌법 제37조 제2항에 그 근거를 두는 과잉금지의 원칙은 기본권제한입법이 헌법적으로 정당한 목적을 추구하고(목적의 정당성), 그 입법목적의 달성을 위하여 입법자가 선택한 수단이 적합하고(수단의 적합성), 기본권제한이 필요최소한도에 머물러야 하고(최소침해성), 입법을 통하여 실현되는 공익과 그에 의하여 제한되는 기본권 상호간에 균형이 이루어져야 할 것(법익의 균형성)을 요구하며, 이 중 어느 한 요건에라도 위반하는 입법은 헌법에 위반된다는 것이 헌법재판소의 확립된 판례이다.(헌법재판소 1996. 6. 26. 96헌마200 등)

15) 현행 상속세 및 증여세법 제45조의2에서도 규정하고 있다.

16) 헌법재판소 1989. 7. 21. 결정 89헌마38

예제 다음은 주주명부의 기재를 주식의 소유자가 아닌 타인 명의로 하는 주식 명의신탁 등을 증여세 과세대상인 증여로 의제하는 내용의 규정에 관한 헌법재판소 판례의 결정문 중 일부이다. 괄호 안에 들어갈 적절한 용어를 찾아보시오.

- 조세회피 목적을 가진 명의신탁에 대한 증여세 부과는 조세회피를 방지하려는 정당한 입법목적을 달성하기 위한 적절한 수단이다. 명의신탁을 금지하면서 사법적 효력을 부인하고 형사처벌을 하는 방법이나, 실제 소유관계에 따라서 각종 과세를 하고 납세의무자인 명의신탁자에게 가산세나 과징금을 부과하는 방법이, 명의신탁을 이용한 조세회피 행위에 증여세를 부과하는 것보다 납세의무자의 기본권을 덜 제한하는 수단이라고 단언할 수 없다. 명의수탁자는 명의신탁을 이용한 증여세 회피를 위하여 자신의 명의를 빌려준 책임이 있고, 조세정의와 조세공평이라는 중대한 공익을 실현하며, 법원이 조세회피 목적이 있다는 추정을 번복할 것인지 여부를 구체적 행위태양에 따라 판단하고 있다. 그렇다면 광의의 증여의제 · 추정조항이 재산권 및 자유로이 계약을 체결할 권리를 (　　) 원칙에 위배되게 제한한다고 볼 수 없다.[17]

| 풀이 |

과잉금지

3. 법치주의원리

법치주의원리는 국가의 모든 통치행위는 국민의 자유와 권리를 보장할 수 있는 법에 의해서 또는 법을 통해서 이루어져야 한다는 것을 의미한다. 그 형식적 요소는 국가권력의 근거가 되는 법이 존재하고 그 법에 따라 행사되어야 한다는 것이며, 실질적 요소는 법의 목적과 내용이 실질적으로 국민의 자유와 권리를 보장할 수 있고 정의에 부합되어야 한다는 것이다.

법치주의원리는 국가기관의 권력행사의 한계로 작용하게 된다. 먼저 국

17) 헌법재판소 2012. 5. 31. 결정 2009헌바170. 명의신탁재산의 증여의제 규정이 적용되는 경우 2018년 이전에는 증여세 납세의무자가 명의를 빌려준 명의수탁자였으나 2019년 이후부터는 명의신탁자로 변경되었다.

회는 법률을 입법하는 데 있어 헌법이 규정하고 있는 내용과 절차에 따라야 한다. 사법권을 행사하는 법원도 헌법과 법률의 목적과 정신, 내용과 절차에 따라 다양한 규정들을 해석하고 적용하여 사법적 판단을 하여야 한다. 특히 정부의 행정권은 법에서 규정하고 있는 목적, 내용, 절차, 방법 등에 따라 행사되어야 하며, 이를 실현하기 위해 법률우위원칙, 법률유보원칙, 포괄위임입법금지원칙이 적용된다.

(1) 법률우위원칙

행정권보다 헌법과 법률이 우위에 있다는 것이다.

(2) 법률유보원칙

행정권의 행사는 국회에서 제정한 법률에 그 법적 근거가 있어야 한다는 것이다.

(3) 포괄위임입법금지원칙

국회가 입법하는 법률로 규정하여야 할 기본적이고 중요한 내용을 행정부에 포괄적으로 위임하는 것은 허용될 수 없다는 것이다.

법치주의원리의 실현의 실질적인 내용은 법적 안정성의 확보이다. 법적 안정성은 법이 국민의 일반생활을 규율하고 안정적으로 기능하고 작용하는 것을 의미한다. 법적 안정성의 확보를 위해 적용되는 것으로 명확성의 원칙, 신뢰보호원칙, 소급입법금지원칙을 들 수 있다.

(1) 명확성의 원칙

법이 규정하고 있는 내용이 분명하고 명확해야 한다는 것이다. 세액을 결정하는 요소 등에 관한 규정이 명확하지 않고 다양하게 해석될 수 있다면 납세자는 자신이 납부할 세액이 얼마인지를 예측하기 어려워져서 법적 안정성이 확보되지 못할 것이다.

(2) 신뢰보호원칙

특정한 법률의 존속을 신뢰하고 그에 따라 형성된 법률관계에는 그 법이 적용되어야 한다는 것이다. 과세관청이 공적으로 제시한 세액 계산의 방법을 신뢰하고 그에 따라 세액을 산정하여 납부하였으나 그 후에 과세관청이 이를 부정하는 경우 납세자의 정당한 신뢰는 보호되지 못하고 법적 안정성을 확보하지 못하게 된다.

(3) 소급입법금지원칙

법의 효력과 적용시기를 과거로 소급하는 것은 원칙적으로 금지된다는 것이다.[18] 세율을 인상하는 법률 개정을 하면서 그 적용시기를 과거로 소급하는 것은 납세자의 법적 안정성을 침해하게 될 것이다.

4. 조세 관련 규정

헌법의 조세와 관련된 규정으로는 납세의무에 관한 규정과 조세에 관한 법률유보 규정이 있다.

(1) 납세의무에 관한 규정

모든 국민은 법률이 정하는 바에 의하여 납세의 의무를 진다는 것이다.[19]

(2) 조세에 관한 법률유보 규정

조세의 종목과 세율은 법률로 정한다는 것이다.[20]

제3절 | 세법의 주요 내용과 원리

1. 세법의 주요 내용

조세와 관련된 사항들을 규정하고 있는 각종의 법규들을 의미하는 세법의 주된 내용은 실체적 내용, 절차적 사항, 조세법에 관한 사항으로 구분할

18) 대한민국헌법 제13조 제2항에서는 '모든 국민은 소급입법에 의하여 참정권의 제한을 받거나 재산권을 박탈당하지 아니한다'고 규정하고 있다.
19) 대한민국헌법 제38조.
20) 대한민국헌법 제59조.

수 있다.

(1) 실체적 내용

조세의 종목별로 세액을 수익할 권리를 갖는 과세권자와 납세자 간의 조세채권과 조세채무(납세의무)에 관한 내용으로 구성된다.

(2) 절차적 사항

신고 등을 통해 세액을 확정하는 절차와 확정된 세액을 납부하거나 징수하는 절차 등에 관련된 사항으로 구성된다.

(3) 조세범에 관한 사항

조세범칙행위와 그 처벌에 관한 사항으로 구성된다.

우리나라의 세법의 체계는 국세에 관한 법규와 지방세에 관한 법규로 구분되어 있으며, 국세에 관한 법규는 내국세에 관한 법규와 관세에 관한 법규로 구분되어 있다고 볼 수 있다. 그 중 내국세에 관한 법률은 다음과 같이 구성되어 있다.

(1) 국세기본법

내국세에 관한 기본적이고 공통적인 사항을 규정하고 있다. 위법 또는 부당한 내국세에 관한 과세관청의 처분에 대한 불복절차도 규정하고 있다.

(2) 소득세법 등

내국세에 해당되는 조세 종목별로 실체적 내용과 절차적 내용 등을 규정하고 있다. 소득세법, 법인세법, 부가가치세법 등의 법률이 이에 해당한다.

(3) 국세징수법

내국세의 징수절차에 대해 규정하고 있다.

(4) 조세범처벌법, 조세범처벌절차법

조세범처벌법에서는 내국세 관련 조세범칙행위와 그 처벌에 관한 사항을 규정하고 있으며, 조세범처벌절차법에서는 처벌절차에 관한 사항을 규정하고 있다.

세법의 주요 특징을 요약하면 세법은 조세에 관한 국가와 국민 간의 법적 관계에 관한 법규이므로 공법의 일종이며, 공법 내에서도 독자적인 법체계를 형성하고 있다고 할 수 있다.

2. 세법의 원리

조세는 국민의 기본권에 영향을 주게 되므로 세법의 기본이념은 기본권 보장이라는 헌법 이념에 기초하게 된다. 국민의 기본권 중 조세의 가장 영향을 받는 것은 재산권과 평등권이므로 세법의 기본 이념은 국민의 재산권에 대한 부당한 침해를 방지하고 공평한 과세가 될 수 있도록 하는 것이라고 규정할 수 있을 것이다. 이러한 세법의 기본이념을 실현하기 위한 세법의 주요 원리로는 조세법률주의와 조세공평주의를 들 수 있다.

(1) 조세법률주의

국가의 조세에 관한 통치행위는 국민의 자유와 권리를 보장할 수 있는 법에 의해서 또는 법을 통해서 이루어져야 한다는 것이다.[21] 형식적 측면에서의 핵심적 내용은 과세요건 법정주의 및 과세요건 명확주의이다.[22] 실질적 측면에서는 조세법의 목적이나 내용이 기본권 보장의 헌법이념과 이를 뒷받침하는 헌법상의 제 원칙에 합치되어야 함을 의미한다.

(2) 조세공평주의

조세법률관계에 있어서도 합리적 이유 없이 특정의 납세의무자를 우대하거나 불리하게 차별하는 것은 허용되지 아니한다는 것으로 평등원칙의 조세법적 표현이다.[23] 조세부담의 공평성은 과세대상과 과세표준이 동일한 납세의무자들 간의 수평적 공평성뿐만 아니라 담세 능력의 차이에 따라 조세부담이 달라져야 한다는 수직적 공평성을 포함하는 개념이다.

---

21) 조세법률주의의 이념은 과세요건을 법률로 규정하여 국민의 재산권을 보장하고, 과세요건을 명확하게 규정하여 국민생활의 법적 안정성과 예측가능성을 보장함에 있다(헌법재판소 1995. 7. 21. 결정 92헌바27 등).

22) 과세요건 법정주의는 과세요건은 법률로 규정되어야 한다는 것이며. 과세요건 명확주의는 법률에서 규정하는 과세요건의 내용이 분명하고 명확하여야 한다는 것이다.

23) 헌법재판소 1997. 10. 30. 결정 96헌바92 등.

정·리·문·제

1. 우리나라의 법체계에 관한 설명으로 옳은 것은?[24)]

1) 국회는 의결을 통해 법률을 제정할 수 있으며, 대통령은 헌법에서 위임한 사항에 관하여 명령으로 법률을 발할 수 있다.
2) 헌법의 위임에 따라 국회가 법률을 제정하는 것은 위임입법에 해당한다.
3) 행정각부의 장이 소관사무에 관하여 법률이나 대통령령의 위임사항에 관하여 발하는 부령은 시행규칙에 해당한다.
4) 헌법에 따라 지방자치단체가 법령의 범위 안에서 제정하는 자치에 관한 규정을 조리라고 한다.

2. 법치주의의 실현과 법적 안정성의 확보를 위한 원칙들에 관한 설명으로 옳지 않은 것은?[25)]

1) 법률유보원칙은 행정권의 행사는 헌법에 따라 대통령이 발한 대통령령에 그 법적 근거가 있어야 한다는 것이다.
2) 포괄위임입법금지원칙은 국회가 입법하는 법률로 규정하여야 할 기본적이고 중요한 내용을 행정부에 포괄적으로 위임하는 것은 허용될 수 없다는 것이다.
3) 명확성의 원칙은 법이 규정하고 있는 내용이 분명하고 명확해야 한다는 것이다.
4) 소급입법금지원칙은 법의 효력과 적용시기를 과거로 소급하는 것은 원칙적으로 금지된다는 것이다.

3. 다음 중 국세기본법에 관한 설명으로 옳은 것은?[26)]

1) 내국세와 관세에 대한 기본적이고 공통적인 사항을 규정하고 있는 법률이다.
2) 위법 또는 부당한 내국세 부과에 대한 불복절차를 규정하고 있다.

---

24) 정답 3).

25) 정답 1). 법률유보원칙은 행정권 행사의 법적 근거가 대통령령이 아니라 국회에서 제정한 법률에 있어야 한다는 것이다.

26) 정답 2).

3) 내국세의 징수절차에 대해 규정하고 있다.

4) 조세범칙행위에 대한 처벌에 관한 사항을 규정하고 있다.

핵심 요약

- 우리나라의 법체계에서 최상위 법인 헌법의 존재 이유이자 가장 중요한 목적은 국민의 기본권 보장이며, 헌법의 핵심 원리로는 민주주의원리와 법치주의원리를 들 수 있음.
- 세법의 기본 이념은 국민의 재산권에 대한 부당한 침해를 방지하고 공평한 과세가 될 수 있도록 하는 것이라고 규정할 수 있으며, 세법의 주요 원리로는 조세법률주의와 조세공평주의를 들 수 있음.

제2장 조세와 조세정책

이 장에서 살펴볼 내용은 조세의 주요 개념, 정부와 재정, 조세정책과 세법에 관한 것이다. 이 장의 학습 목표로는 조세의 주요 개념과 영향을 이해하고 간략하게 설명하는 것, 정부와 재정의 역할을 이해하고 간략하게 설명하는 것, 조세정책의 주요 목표를 이해하고 간략하게 설명하는 것을 들 수 있다.

제1절 | 조세의 주요 개념

조세와 관련된 사항들을 규정하고 있는 각종의 법규들을 통칭하는 세법에 대한 이해를 위해서는 조세의 주요 개념과 영향에 대한 이해가 필요하다. '조세'라는 용어는 우리나라의 최상위법인 헌법에서 사용되는 것이지만 그 구체적 의미를 파악하기 위해서는 조세에 관한 법률들을 살펴보아야 한다. 헌법에 따라 조세의 종목과 세율 등 주요 사항에 대해서는 조세에 관한 법률들에서 규정하고 있으며, 그에 따라 확보된 재원의 운용 방법도 각종 법률의 규정에 따른 것이기 때문이다. 조세에 관한 법률들에 따르면 조세의 가장 주요한 특징은 국민들이 정부에 납부하는 재원이라는 점이며, 그 재원은 정부의 재정 운용을 위한 것이라는 점이다.[1] 따라서 조세는 다음과 같이

1) 국가의 예산·기금·결산·성과관리 및 국가채무 등 재정에 관한 사항을 정함으로써 효율적이고 성과 지향적이며 투명한 재정운용과 건전재정의 기틀을 확립하고 재정운용의 공공성을 증진하는 것을 목적으로 하고 있는 국가재정법에서는 조세와 관련하여 '조세수입'이라는 용어를 사용하고 있다(제4조 제2항 등).

정의 할 수 있다.

(1) 조세

정부의 재정 운영 원가를 회수하기 위하여 국민들이 부담하는 재원이다.

(2) 정부

사적 부문이 작동되지 않는 영역에서 전체 구성원을 위한 기능을 수행하여야 한다. 재정은 정부의 활동을 화폐적으로 파악한 것으로, 국가의 독립과 안녕 질서를 유지하고 복리증진이나 문화향상 등 공익을 추구하는 데 그 목적이 있다.

(3) 재정 운영 원가

정부가 행정서비스 제공 등의 기능을 수행하는 데 투입되는 경제적 자원의 가치를 의미한다.[2)]

(4) 국민의 부담

국민은 세법에 따라 정해진 조세를 정해진 절차에 의해서만 부담한다. 국민은 선거를 통해 정부의 재정에 영향을 주는 정책의 선택에 참여할 수 있으므로 국민의 조세 부담의 정도를 결정하는 데 참여할 기회가 있다. 조세를 부담할 능력이 높을수록 보다 많이 부담하는 구조로 조세 부담 체계가 정해질 가능성이 높다. 국민이 납세의무를 이행하지 않는 경우 과세관청이 직접 강제 징수하는 절차가 있다. 그리고 부정한 방법으로 납세의무를 이행하지 않는 것을 제재하는 내용이 법률로 규정되어 있다.

조세는 국가의 구성원인 국민들이 부담하는 것이므로 국민들의 재산에 기초하여 그 금액이 결정될 수밖에 없다. 다만 개별 국민의 재산 내역에 관한 정보에 완전히 접근하는 것은 어렵고 지나친 사생활 침해가 될 수 있으므로 재산의 다양한 요소들을 기초로 하게 된다. 조세의 금액을 결정하는 데 적용되는 대표적인 요소로는 소득, 소비, 특정 재산 등을 들 수 있다.

2) 국가회계기기준에 관한 규칙 제31조 제1항에서는 원가를 중앙관서의 장 또는 기금관리주체가 프로그램의 목표를 달성하고 성과를 창출하기 위하여 직접적·간접적으로 투입한 경제적 자원의 가치로 정의하고 있다.

(1) **소득**

경제활동을 통해 얻는 세전이익(세금비용 차감전의 이익)이다. 소득에서 세금비용과 소비 금액을 차감한 후의 금액은 재산을 증가시키게 된다. 국민 개개인의 재산 총액에 관한 정보에 접근하는 것에 비해 최근에 얻은 소득에 관한 정보에 접근하는 것은 상대적으로 쉬울 것이다. 특히 근무용역의 제공에 따라 받는 급여의 경우 그 지급 상대방이 있으므로 더욱 그렇다. 주요 한계로는 실현되지 않은 재산 가치의 증가와 같은 미실현 소득은 그 측정상의 어려움으로 소득에서 제외되는 것이 일반적이라는 것을 들 수 있다.

(2) **소비**

재화나 용역의 구매에 사용한 금액으로 그 재원은 보유 재산 또는 미래에 발생할 소득이 될 것이다. 재산의 증가만을 반영할 수 있는 소득에 비해 소비에는 재산 총액의 요소가 반영될 수 있으며, 이에 따라 소득에 포함되지 않은 실현되지 않은 재산 가치의 증가도 반영될 수 있다. 재화나 용역의 구매는 그 판매 상대방이 있으므로 그 내역에 관한 정보에 접근하기도 쉬운 것이 일반적이다.

(3) **특정 재산**

재산 중 부동산이나 자동차 등의 특정 재산으로 재산 총액에서 상당 부분을 차지하는 것이 일반적일 것이다. 등기나 등록의 대상이므로 그에 관한 정보에 접근하는 것도 어렵지 않다.

소득 등을 기준으로 그 부담이 정해지는 조세는 국민들의 경제활동에 상당한 영향을 미치게 된다. 조세는 개별 경제주체의 경제적 의사결정에 영향을 줄 수 있으며, 결과적으로 시장 전체에도 영향을 줄 수 있다.

(1) **개별 경제주체의 경제적 의사결정에 대한 영향**

조세는 개별 경제주체의 다양한 경제적 의사결정에 영향을 줄 수 있다. 경제활동의 참여에 관한 의사결정에서는 경제활동의 기대 이익이 기준이 되는데, 소득에 대한 조세는 경제활동에 참여하여 얻을 것으로 기대되는 이익을 세전이익에서 세후이익으로 전환시키게 되어 의사결정에 영향을 주게 된다.[3] 재화나 용역의 소비에 관한 의사결정에서는 소비에서 얻을 수 있는 효용의 증가뿐만 아니라 비용(재화나 용역의 가격)이 기준이 되는데, 소비에 대한 조세는 비용을 증가시켜 소비를 줄이거나 하지 않도록 할 수 있다.

(2) 시장 수준의 영향

조세로 인하여 개별 경제주체들의 경제적 의사결정이 영향을 받는 경우 이는 시장 수준의 수요와 공급에 영향을 주게 된다. 이에 따라 조세는 재화나 용역의 가격에 영향을 줄 수 있다.

조세를 누가 납부할 것인지에 관해서는 법률에서 정해지지만 실제로 그 조세를 누가 부담하게 되는지는 경제적 원리에 의해 정해지게 된다. 조세부담의 경제적 원리는 다음의 간단한 예를 통해 살펴볼 수 있다.

간단한 예

어떤 재화를 판매하는 사람에게 판매하는 재화 1개당 일정 금액의 조세를 납부하게 하는 경우를 생각해 볼 수 있다. 이 경우 재화의 판매자는 그 조세를 자신이 모두 부담하지 않고 부담을 줄이기 위해 대응할 수 있다. 재화의 판매가격을 인상하는 것이다. 그런데 문제는 판매가격의 인상은 판매량을 감소시킬 수 있다는 것이다.

판매자가 납부할 세액에도 불구하고 판매가격을 그대로 유지하는 경우와 납부할 세액을 판매가격에 반영하는 경우 세액에 대한 부담이 어떻게 달라질 것인지를 비교해 볼 수 있다. 먼저 재화의 판매가격을 그대로 유지하는 경우 판매자가 납부할 세액으로 인해 판매량에 변동이 발생하지는 않을 것이지만, 세액은 모두 판매자가 부담하게 된다. 한편 납부할 세액을 재화의 판매가격에 반영하여 인상하는 경우 재화의 구매자는 판매자가 납부할 세액을 부담하게 된다. 이때 판매가격의 상승에도 불구하고 판매량이 감소하지 않는다면 판매자는 납부할 세액으로 인해 아무런 부담도 하지 않게 된다. 그런데 판매가격의 상승에 따라 판매량이 감소하는 것이 일반적이며, 이에

3) 근무용역의 제공이라는 경제활동의 참여 여부에 관한 의사결정에서는 그 결과로 얻을 것으로 기대되는 급여가 주요한 기준이 되는데, 급여 등의 소득에 대한 조세는 기대 급여를 세전 급여에서 세후 급여로 전환시키게 되므로 의사결정에도 영향을 주게 된다.

따라 판매자가 납부할 세액 중 일부만을 판매가격에 반영하여 인상한다면 판매자가 납부할 세액에 대한 부담은 판매자와 구매자가 나누어 갖게 된다.

조세가 재화의 가격을 상승시키고 거래량을 감소시키는 경우 조세 부담의 귀속은 수요의 가격탄력성에 따라 달라진다.

(1) 수요의 가격탄력성

수요자의 수요가 가격변화에 민감한 정도로 필수 재화일수록 수요의 가격탄력성이 낮을 것이다.

(2) 조세 부담의 귀속

수요의 가격탄력성이 낮아 가격이 상승하여도 수요량의 감소가 적을수록 판매자가 인상할 수 있는 가격은 높아지므로 수요자의 조세 부담이 공급자에 비해 상대적으로 더 많게 된다.

조세로 인해 발생하는 경제적 부담은 조세에 관한 법률에 따른 납부세액으로 한정되지 않는다. 세무 업무비용도 적지 않으며, 비효율의 발생으로 인한 손실은 상당한 부담이 될 수 있다.

(1) 세무 업무비용

납부세액을 산정하고 신고서 등 각종 서류를 작성하는 등의 업무에 소요되는 비용이다. 세무 대리인의 도움을 받는 경우 수수료가 발생하게 된다.

(2) 비효율의 발생으로 인한 손실

조세 부담자들의 경제적 행동이 비효율적으로 되는 것에 따르는 손실이다. 조세는 과세대상인 재화의 가격을 상승시키고 거래량을 감소시키는 것이 일반적이므로 그 재화의 판매자와 구매자는 납부세액 외에도 판매량과 구매량의 감소에 따른 손실을 부담하게 된다. 앞에서 살펴본 간단한 예에서도 재화의 판매자가 판매량의 감소에도 불구하고 납부할 세액을 모두 가격에 반영하는 경우 판매자는 납부세액을 부담하지는 않지만 판매량의 감소에 따른 이익의 감소라는 손실을 부담하게 된다.

이와 같이 조세로 인한 경제적 부담에는 납부세액을 초과하는 부담이 있을 수 있다는 점에 유의하여야 한다. 재정 운영 원가의 회수를 위한 조세로 인해 초과부담이 발생할 수 있다는 점은 정부의 기능을 규정하는 데 있어 조세의 효과도 고려할 필요가 있다는 것을 의미한다. 조세가 개인 등의 합리적인 경제적 선택에 영향을 주지 않는 정도인 조세중립성을 높이는 방향으로 세법을 입법하거나 조세정책을 수립하는 것이 필요하다.

예제 다음은 헌법재판소의 결정문 중 일부이다. 괄호 안에 들어갈 적절한 용어를 살펴보자.

– 부가가치세는 소비세의 일종으로서, 특정한 거래를 그 과세대상에서 제외할 경우 경제의 흐름이 왜곡되고 조세의 (　　)을 해칠 수 있으므로, 각국의 입법례는 부가가치세의 과세대상을 일반적, 포괄적으로 규정하고 있는 실정이다.[4)]

| 풀이 |

중립성

제2절 | 정부와 재정

조세는 정부의 재정 운영 원가를 회수하기 위한 주요 재원이므로 정부의 재정 운영에 관한 정책은 조세에 관한 정책과 밀접한 관련이 있다. 재정은 정부가 그 기능을 수행하기 위해 운영되는 것이므로 정부의 기능이 무엇인지에 관해 살펴볼 필요가 있다. 정부의 주요 기능으로는 공공재의 공급, 소득분배, 경제의 안정을 들 수 있다.

(1) 공공재의 공급

시장에서 결정되는 재화의 가격은 자원의 배분을 위한 기준이 되며, 자

4) 헌법재판소 2011. 2. 24. 결정 2009헌바41 등.

원의 효율적 배분은 시장에 의해 상당 부분 이루어지지만 그렇지 못할 수도 있다. 국방 · 경찰 · 소방 · 공원 · 도로 등과 같이 사회구성원들이 공동으로 사용하는 공공재의 경우 대가를 치르지 않고 소비할 수 있는 무임승차자의 문제로 시장에서 공공재의 공급이 사라지는 시장실패가 발생할 수 있다. 이에 따라 공공재가 원활하게 공급될 수 있도록 하는 기능이 필요하며 이를 정부의 주요 기능으로 하는 것이 일반적이다. 정부는 공공재를 공급하기 위한 재원을 사회구성원으로부터 조달하여 공공재를 공급하는 기능을 수행하게 된다.

(2) 소득분배

사회구성원들의 소득의 차이가 지나친 것은 사회의 유지와 발전을 위해 바람직하지 못하다. 소득이나 부의 분배가 바람직하게 될 수 있도록 하는 기능이 필요하며 이를 정부의 주요 기능으로 하는 것이 일반적이다. 정부는 조세부담의 차별화, 저소득층지원 등을 통해 부의 바람직한 분배의 기능을 수행하게 된다.

(3) 경제의 안정

사회의 경제 체계는 여러 가지 위험 요소에 의해 위기에 처할 가능성이 존재한다. 사회의 경제 체계가 안정적으로 운영될 수 있도록 하는 기능이 필요하며 이를 정부의 주요 기능으로 하는 것이 일반적이다. 정부는 물가, 고용, 국제수지 등의 안정을 통해 사회 전체 경제가 안정적으로 운영될 수 있도록 하는 기능을 수행하게 된다.

국가 기관인 중앙정부에 비해 지방정부는 해당 지방자치단체 지역에 특화된 기능을 수행하게 된다. 정부는 재정에 영향을 주는 활동의 수준을 조정하는 것과 관련된 재정정책을 통해 경제의 안정을 실현하기 위해 노력하게 된다. 조세는 정부의 경제활동인 재정지출의 주된 재원이므로 정부의 재정정책의 한 부분을 구성할 수 있다. 정부는 소득분배나 경제의 안정을 위해 조세를 중하게 과세하거나 감면하는 조세정책을 시행할 수 있다.

중앙정부의 재정의 재원은 주로 국세에 해당되는 조세로 충당하게 되며, 지방정부의 재정의 재원은 주로 지방세에 해당되는 조세로 충당하게 된다.

(1) 국세

국가의 중앙정부가 과세권자인 조세로 내국세와 수입품에 부과되는 관세로 구성된다. 대표적인 내국세로는 소득세, 법인세, 부가가치세 등이 있다.

(2) 지방세

대표적인 지방세로는 취득세, 지방소득세, 재산세 등이 있다.

우리나라의 조세에 관한 행정업무의 관할은 내국세, 관세, 지방세로 구분되어 있다. 내국세 행정업무는 중앙정부의 기관 중 하나인 국세청과 국세청 산하의 지방국세청, 세무서에서 담당하고 있다. 관세 행정업무는 중앙정부의 기관 중 하나인 관세청과 관세청 산하의 세관에서 담당하고 있다. 지방세 행정업무는 해당 지방자치단체의 장 또는 지방세의 부과·징수 등에 관한 사무에 대하여 그 위임을 받은 공무원이 담당하고 있다.

제3절 | 조세정책과 세법

조세는 정부의 재정 운영 원가를 회수하는 데 소요되는 주요 재원이므로 조세에 관한 정책의 일차적인 목표는 재정 운영에 관한 정책에 따라 필요한 재원의 확보에 있다고 할 수 있다.[5] 그런데 조세를 통해 재원을 확보하는 것은 조세 부담자의 재산과 자원배분의 효율성에 영향을 주게 되므로 조세에 관한 정책의 주요 목표에는 공평성의 제고와 효율성의 제고가 추가될 필요가 있다.

(1) 공평성의 제고

조세의 부담을 재정의 운영으로 제공되는 공공재로부터 얻을 수 있는 효익에 직접 대응시킬 수는 없으므로 그 배분을 위한 기준이 필요하다. 재정의 운영으로 제공되는 공공재로부터 얻을 수 있는 사회구성원들의 효익의 크기를 특정할 수는 없지만 동일한 것도 아니므로 모든 구성원에게 균등하

5) 정책은 공공의 이익을 향상시키기 위한 장기적인 행동지침으로 정의할 수 있을 것이다.

게 조세 부담을 배분하는 것이 공평성 측면에서 최선이 되지는 못한다. 즉 보다 정교한 배분 기준이 필요하다. 조세 부담을 사회구성원들에게 어떻게 배분할 것인지에 관해서는 사회구성원들의 이해관계가 다를 수밖에 없다. 조세 부담이 공평할수록 조세 부담자들 간의 갈등이 적어지고 조세 재원의 확보에도 유리할 수 있다. 그런데 공평성에 관한 판단은 주관적일 수밖에 없으므로 공평성을 제고시키기 위한 조세정책의 수단에 관해서는 사회적 합의가 필요하다.

(2) 효율성의 제고

조세는 그 부담자들의 경제적 행동에 영향을 주어 자원배분의 효율성을 떨어뜨릴 수 있으며, 조세 부담의 귀속과 규모를 결정하는 요소가 무엇인지에 따라 그 비효율성의 크기가 달라질 수 있다. 자원배분의 효율성을 높이기 위해서는 조세 부담자들의 경제적 선택에 대한 영향을 최소화할 수 있도록 조세 부담의 결정 요소들을 정하여야 할 것이다.

그런데 자원배분의 효율성을 제고시킬 수 있는 조세정책과 조세 부담의 공평성을 제고할 수 있는 조세정책이 일치하지 않을 수 있다. 매우 극단적인 방법이기는 하지만, 예를 들어 조세 부담자들의 경제적 행동에 영향을 주지 않기 위해 사회구성원 모두가 동일한 금액의 조세를 부담하도록 하는 정책을 생각할 수 있다. 이러한 조세정책이 자원배분의 효율성을 제고시킬 수 있기 위해서는 먼저 사회구성원 모두가 그 조세를 부담할 능력이 있어야 한다. 그렇지 않다면 필요한 재원을 모두 확보하지 못할 뿐만 아니라 조세를 부담할 능력이 없는 사회구성원들이 그 지위를 유지할 수 없도록 하여 사회구성원의 감소로 이어질 수 있다. 사회구성원 모두가 정해진 조세를 부담할 능력이 있으려면 사회구성원들의 순자산 보유나 소득의 수준이 균등하거나 조세 부담이 매우 낮은 수준이 되어야 할 것이다. 사회구성원 모두가 조세를 부담할 능력이 있다고 하여도 그 조세 부담의 수준이 매우 낮은 것이라면 이를 재원으로 하는 재정의 운영으로 모든 시장실패의 문제를 해결하지 못할 수도 있다. 현실적이지는 않지만 사회구성원 모두가 동일한 금액의 조세를 부담할 능력이 있고 이를 재원으로 하는 재정의 운영으로 모든 시장실패의 문제를 해결할 수 있다면 자원배분의 효율성 측면에서 최선의 결과를 얻을 수 있을 것이다. 비현실적이라는 점 외에도 이러한 조세정책의 중요한 문제는 공평성 측면에서 좋은 평가를 받기 어렵다는 것이다. 재정의 운영으로 제공되는 공공재로부터 얻을 수 있는 사회구성원들의 효익의 크기를 특정할 수는 없지만 동일한 것도 아니기 때문이다.

조세정책의 주요 내용이 조세행정에 반영되기 위해서는 먼저 조세에 관한 법률인 세법의 제정이나 개정이 필요하다. 법률의 제정이나 개정 과정에는 다양한 이해관계자들이 개입될 수 있으므로 세법을 통해 조세행정에 반영되는 조세정책은 정치적 과정의 영향을 받을 수밖에 없다.

법률 등의 법규에 의한 정책의 실현에는 사회현상은 끊임없이 유동적이고 변경되지만 입법된 법규는 개정되기 전까지 고정되어 있다는 한계가 있으며 이는 세법에 의한 조세정책의 실현에서도 적용된다. 세법에 규정된 과세대상과 실질적으로 동일한 것이 새롭게 출현하여 조세 부담의 차이가 발생하고 그 기간이 길어지는 경우 조세 부담자들의 공평성에 관한 인식은 부정적인 것이 될 것이다.

정·리·문·제

1. 조세의 경제적 영향에 관한 설명으로 옳은 것은?[6]

1) 조세를 재원으로 하는 정부의 기능이 시장의 기능을 대체하여 자원배분의 효율성을 높일 수 있는 예는 없다.
2) 조세와 관련된 제도의 변경은 국가경제의 효율성에 영향을 주지 않는다.
3) 시장의 기능만으로는 공공재의 원활한 공급이 불가능하지만 조세를 재원으로 하는 정부의 기능이 공공재의 공급을 가능하게 한다.
4) 시장의 기능에 의하여 자원배분이 효율적으로 이루어질 수 있는 경우에도 조세를 재원으로 하는 정부의 기능으로 대체하면 국가경제의 자원배분의 효율성이 높아진다.

6) 정답 3).

2. 세액의 납부와 부담에 관한 설명으로 옳지 않은 것은?[7)]

1) 조세의 종목별로 세액을 누가 납부하여야 하는지는 법률에 따라 정해진다.
2) 조세의 종목별로 세액을 누가 부담하여야 하는지는 법률에 따라 정해진다.
3) 세액의 납부자가 그 세액을 모두 부담하는 것은 아니다.
4) 세액을 누가 부담하는지는 법률이 아니라 경제적 원리에 따라 정해진다.

3. 조세정책에 관한 설명으로 옳은 것은?[8)]

1) 조세정책의 일차적인 목표는 효율성의 제고이며, 공평성의 제고에 우선한다.
2) 모든 구성원에게 균등하게 조세 부담을 배분하는 조세정책이 공평성 측면에서 최선이다.
3) 자원배분의 효율성을 제고시킬 수 있는 조세정책은 조세 부담의 공평성을 제고시킨다.
4) 경제의 효율성을 높이기 위해서는 초과부담을 감소시키는 조세정책을 시행하여야 한다.

핵심 요약

- 조세는 정부의 재정 운영 원가를 회수하기 위하여 국민들이 부담하는 재원이며, 재정은 정부의 활동을 화폐적으로 파악한 것으로, 국가의 독립과 안녕 질서를 유지하고 복리증진이나 문화향상 등 공익을 추구하는데 그 목적이 있음.
- 조세를 누가 납부할 것인가는 법률에서 정해지지만 실제로 그 조세를 누가 부담하게 되는지는 경제적 원리에 의해 정해지게 되며, 납부세액을 초과하는 조세로 인한 경제적 부담은 조세중립성이 높을수록 감소하게 됨.

---

7) 정답 2). 세액의 부담은 그 납부에 관한 법률의 규정에도 불구하고 경제적 원리에 따라 정해진다.

8) 정답 4).

제3장 세법의 주요 개념

이 장에서 살펴볼 내용은 과세요건, 세무신고와 세액의 결정, 세액의 납부에 관한 것이다. 이 장의 학습 목표로는 과세요건에 관한 개념을 이해하고 활용하는 것, 세무신고와 세액 결정에 관한 개념을 이해하고 활용하는 것, 세액의 납부에 관한 개념을 이해하고 활용하는 것을 들 수 있다.

제1절 | 과세요건

과세요건은 조세를 부과하기 위해 필요한 조건으로 납세의무자의 관점에서는 납세의무의 성립요건이다. 또한 과세권자와 납세의무자 간의 관계의 관점에서는 조세채권채무의 구성요건이다. 과세요건의 구성요소로는 과세권자, 납세의무자, 과세대상, 과세표준, 세율을 들 수 있다.

1. 과세권자

과세권자는 법률에 의하여 조세를 부과할 수 있는 권한을 부여받고 있는 과세주체이다. 조세채권채무의 관점에서는 과세권자는 조세채권자에 해당된다. 중앙정부가 과세권자인 조세를 국세, 지방자치단체가 과세권자인 조세를 지방세로 구분한다.[1] 국세의 세무 행정을 담당하는 관청은 내국세와 관

1) 지방세기본법 제2조 제1항에서는 "지방자치단체"란 특별시·광역시·특별자치시·도·특별자치도·시·군·구(자치구)로 정의하고 있다.

세로 구분된다.

(1) 내국세 행정관청

국세청과 그 소속기관인 지방국세청 및 세무서로 구성되어 있다.[2)]

(2) 관세 행정관청

관세청과 그 소속기관인 세관으로 구성된다.[3)]

2. 납세의무자

납세의무자는 법률에 따라 조세를 납부할 의무가 있는 주체이다. 조세채권채무의 관점에서는 납세의무자는 조세채무자이다. 사업상 독립적으로 재화 또는 용역을 공급하는 사업자의 경우 각종 조세의 납세의무자가 될 가능성이 높으므로 사업자등록을 통해 관리하고 있다.[4)] 조세를 실질적으로 부담하는 주체는 경제적 원리에 따라 결정되게 되므로 법률상의 납세의무자가 반드시 모든 납부세액을 부담하는 것은 아니다.

3. 과세대상

과세대상은 법률에 따라 조세가 부과되는 대상이다. 대표적인 과세대상으로는 소득, 거래 또는 소비, 특정재산 등을 들 수 있다.

---

2) 정부조직법 제27조 제3항에서는 '내국세의 부과·감면 및 징수에 관한 사무를 관장하기 위하여 기획재정부장관 소속으로 국세청을 둔다'고 규정하고 있으며, 대통령령인 국세청과 그 소속기관 직제 제2조 제2항에서는 '국세청장의 소관사무를 분장하게 하기 위하여 국세청장소속하에 지방국세청을 두고, 지방국세청장소속하에 세무서를 둔다'고 규정하고 있다.

3) 정부조직법 제27조 제5항에서는 '관세의 부과·감면 및 징수와 수출입물품의 통관 및 밀수출입단속에 관한 사무를 관장하기 위하여 기획재정부장관 소속으로 관세청을 둔다'고 규정하고 있으며, 대통령령인 관세청과 그 소속기관 직제 제2조 제2항에서는 '관세청장의 소관 사무를 분장하기 위하여 관세청장소속하에 세관을 둔다'고 규정하고 있다.

4) 사업자등록에 관한 대표적인 규정으로는 부가가치세법 제8조, 소득세법 제111조, 법인세법 제168조를 들 수 있다.

4. 과세표준

과세표준은 과세대상에 대한 측정치로 세액을 산정함에 있어 기준이 된다. 과세표준의 대표적인 예로는 과세대상의 가격이나 금액을 들 수 있으며, 수량·중량·용적 등이 적용되는 경우도 있다.[5)]

소득과 같이 지속적으로 발생하는 과세대상의 경우 일정 기간별로 과세표준을 계산할 필요가 있다. 과세표준의 계산에 기초가 될 기간으로써 특정의 과세표준이 귀속될 기간을 과세기간이라고 한다.

5. 세 율

세율은 세액을 산정하기 위하여 과세표준에 곱하는 비율이다. 세율은 과세표준이 가격이나 금액인 경우에는 보통 백분비(%)로 표시되고, 과세표준이 수량인 경우에는 그 과세단위 수량당 몇 원으로 표시된다. 세율의 대표적인 형태로는 비례세율과 초과누진세율을 들 수 있다.

(1) 비례세율

과세표준의 크기와 관계없이 일정한 비율 등이 적용되는 형태의 세율이다. 과세표준의 증가에 따라 일정비율로 세액이 증가하게 된다.

(2) 초과누진세율

과세표준의 금액을 여러 단계로 구분하고, 높은 단계로 올라감에 따라 점차적으로 보다 높은 비율을 적용하는 형태의 세율이다. 담세 능력의 차이에 따라 조세부담이 달라져야 한다는 수직적 공평성을 달성하기 위해 적용하는 것으로 볼 수 있다.

예제 과세표준 200,000,000원에 대해 다음의 세율이 적용되는 경우 세액을 계산해 보자.

---

5) 과세표준이 과세대상의 화폐단위(가격)로 표시되는 경우를 종가세, 과세대상의 수량·중량·용적 등으로 표시되는 경우를 종량세로 구분할 수 있다. 종량세의 대표적 예로는 개별소비세법에서 규정하고 있는 유류 등에 대한 개별소비세를 들 수 있다.

(1) 비례세율 : 10%

(2) 초과누진세율 : 과세표준 100,000,000원 이하 10%, 100,000,000원 초과 20%

| 풀이 |

(1) 세액＝200,000,000(과세표준)×10%(세율)＝20,000,000원

(2) 세액＝100,000,000(과세표준 중 100,000,000원)×10%(세율)
＋100,000,000(과세표준 중 100,000,000원 초과금액)×20%(세율)
＝30,000,000원

제2절 | 세무신고와 세액의 결정

과세요건의 충족에 따라 세액을 납부하거나 징수하기 위해서는 구체적으로 세액을 특정하는 것이 필요하다. 세액을 특정하는 방법에는 세무신고와 결정이 있다.

1. 세무신고

세무신고는 납세의무자가 산정한 과세표준과 세액 및 그 근거 자료 등을 과세관청에 제출하는 것이다.[6] 대부분의 조세에 관한 법규에서는 해당 조세의 납세의무자의 세무신고 절차에 관해 규정하고 있으며, 그 주요 내용으로는 신고서의 구성, 신고기한, 관할관청 등을 들 수 있다. 납세의무자의 성실한 세무신고를 유도하기 위해 세무조사, 가산세, 형벌과 같은 제도들이 운영되고 있다.

(1) 세무조사

과세관청이 과세표준과 세액 등에 관하여 납세의무자에게 질문하거나 관련된 장부 등을 조사하는 활동이다.[7] 세무신고를 수리한 과세관청은 신고의

6) 신고의 방법에는 방문신고, 우편신고, 전산매체신고, 전자신고 등이 있다.

적법성을 검증하기 위하여 세무조사를 할 수 있다.

(2) 가산세

과세표준에 세율을 적용하여 산출한 세액에 가산하는 세액으로 행정재제에 해당된다. 불성실한 신고 등에 대해 부과한다.

(3) 형벌

범죄행위에 대해 적용되는 제재이다. 조세포탈 등의 조세범칙행위에 대해서는 징역형이나 벌금형의 형벌이 적용된다.

2. 세액의 결정

세액의 결정은 과세관청이 조세의 부과 등에 관한 처분을 위하여 세액을 결정하는 것을 의미한다. 처분은 행정청이 행하는 구체적 사실에 관한 법집행으로서의 공권력의 행사 또는 그 거부와 그 밖에 이에 준하는 행정작용을 의미한다.[8] 과세관청이 세액을 결정하는 경우는 법률에서 세액을 과세관청이 결정하도록 규정하고 있는 경우 외에도 세무신고가 누락된 경우가 있다.

국세기본법에서는 과세관청이 국세를 부과함에 있어 지켜야 할 원칙으로 실질과세, 신의·성실, 근거과세, 조세감면의 사후관리를 규정하고 있다.[9]

(1) 실질과세

과세요건사실의 형식이나 외관이 아닌 실질에 따라 과세하여야 한다는 것이다.

(2) 신의·성실

납세자가 그 의무를 이행하고, 세무공무원이 그 직무를 수행함에 있어서는 신의에 따라 성실하게 하여야 한다는 것이다.

7) 국세기본법 제2조에서는 '"세무조사"란 국세의 과세표준과 세액을 결정 또는 경정하기 위하여 질문을 하거나 해당 장부·서류 또는 그 밖의 물건(이하 "장부등"이라 한다)을 검사·조사하거나 그 제출을 명하는 활동을 말한다'고 정의하고 있다.

8) 행정소송법 제2조 제1항 제1호.

9) 국세기본법 제14조, 제15조, 제16조, 제17조에서 규정하고 있다. 지방세기본법에서도 실질과세(제17조), 신의성실(제18조), 근거과세(제19조)에 대해 규정하고 있다.

(3) 근거과세

납세의무자가 기록한 장부와 증빙자료에 의하여 과세표준을 객관적으로 조사하고 결정하여야 한다는 것이다. 장부의 기록 내용이 사실과 다르거나 장부의 기록에 누락된 것이 있을 때에는 그 부분에 대해서만 정부가 조사한 사실에 따라 결정할 수 있다.

(4) 조세감면의 사후관리

감면의 취지 등을 감안하여 법률에서 정하는 바에 따라 감면된 세액에 상당하는 자금이나 자산의 운용범위를 정할 수 있다는 것이다.

제3절 | 세액의 납부

세액을 납부하는 절차로는 납부고지서에 따른 납부, 원천징수에 따른 납부, 중간예납, 신고납부 등이 있다.

(1) 납부고지서에 따른 납부

납부 또는 납세 고지는 과세관청이 결정한 세액에 대하여 납부기한을 정하여 납세의무자에게 그 이행을 청구하는 것이다. 내국세의 경우 납부 고지는 과세기간, 세목, 세액, 산출근거, 납부하여야 할 기한 및 납부장소를 적은 납부고지서를 발급하는 방식으로 하여야 한다.[10)]

(2) 원천징수에 따른 납부[11)]

원천징수는 급여 등을 지급하는 자가 급여 등을 지급할 때 지급받는 자가 납부하여야 할 세액을 징수하여 납부하는 것이다. 원천징수로서 납세의무자의 모든 납세의무 및 신고의무가 종결될 수도 있다.[12)]

10) 국세징수법 제6조 제1항.
11) 지방세기본법에서는 원천징수 대신 특별징수라는 용어를 사용하고 있다.
12) 이를 완납적 원천징수라고도 한다.

(3) 중간예납

중간예납은 과세기간의 중간까지의 기간에 대한 세액을 과세기간 중에 미리 납부하는 것이다. 조세수입의 조기 확보, 조세부담의 분산, 조세회피의 미연 방지 등의 효과가 있을 수 있다.

(4) 신고납부

신고납부는 납세의무자가 제출한 세무신고서에 기초하여 그 세무신고서에 기재한 세액을 납부하는 것이다.

납부한 세액 중 잘못 납부하거나 초과하여 납부한 금액이 있는 경우 과세관청은 그 금액을 국세환급금 등으로 결정하여야 한다.[13] 국세환급금과 관련하여 법정이자에 해당하는 금액인 국세환급금가산금이 발생하게 된다.[14]

정·리·문·제

1. 과세요건에 관한 설명으로 옳은 것은?[15]

1) 과세권자는 조세를 부과할 수 있는 권한을 법적으로 부여받고 있는 주체로서 국가, 지방자치단체, 법인 등이 있다.
2) 납세의무자는 세법에 의하여 조세를 납부하는 개별 경제주체로서 자연인만이 해당된다.
3) 과세대상은 조세가 부과되는 대상으로 물건, 행위, 사실 등이 있다.
4) 세율은 과세표준을 산정하기 위하여 과세대상에 곱하는 비율이다.

13) 국세기본법 제51조 제1항, 지방세기본법 제60조 제1항, 관세법 제46조 제1항.
14) 법정이자는 과오 납부일부터 환급결정일까지의 기간에 대통령령으로 정하는 이자율을 곱하여 산정한다(국세기본법 제52조 제1항).
15) 정답 3).

2. 세무신고에 관한 설명으로 옳지 않은 것은?[16)]

1) 납세의무자가 산정한 과세표준과 세액 및 그 근거 자료 등을 과세관청에 보고하는 것이다.
2) 세무신고를 받은 과세관청은 신고의 적정성을 검증하기 위하여 세무조사를 할 수 있다.
3) 세무신고가 누락된 경우 과세관청이 세액을 결정하게 된다.
4) 불성실한 세무신고에 대해서는 형벌이 적용된다.

3. 세액을 납부하는 절차에 관한 설명으로 옳은 것은?[17)]

1) 납부고지는 과세관청이 결정한 세액에 대하여 납부기한을 정하여 납세의무자에게 그 이행을 청구하는 것이다.
2) 원천징수는 급여 등을 지급하는 자가 급여 등을 지급할 때 지급받는 자가 납부하여야 할 세액을 과세관청이 직접 징수하는 것이다.
3) 중간예납은 과세기간의 중간까지의 기간에 대한 세액의 납부를 유예하는 것이다.
4) 신고납부는 납세의무자가 납부고지서에 기재된 세액을 직접 납부하는 것이다.

핵심 요약

- 조세채권과 채무의 구성요건인 과세요건의 요소로는 과세권자, 납세의무자, 과세대상, 과세표준, 세율을 들 수 있음.
- 세무신고는 납세의무자가 스스로 계산한 과세표준과 세액 및 그 근거 자료 등을 과세관청에 보고하는 것이며, 세액의 결정은 과세관청이 조세의 부과 등에 대한 처분을 위하여 세액을 결정하는 것을 의미함.

16) 정답 4). 불성실한 세무신고에는 가산세가 적용되며, 형벌은 조세범칙행위에 대해 적용된다.
17) 정답 1).

연·습·문·제

1. 과세표준과 세율이 다음과 같은 경우 세액은?[18)]

> –과세표준 : 300,000,000원
> –세율 : 과세표준 200,000,000원 이하 10%, 200,000,000원 초과 20,000,000,000원 이하 20%

1) 30,000,000원
2) 40,000,000원
3) 50,000,000원
4) 60,000,000원

2. 세율이 다음과 같은 경우 과세표준이 170,000,000원에서 220,000,000원으로 증가함에 따라 증가하는 세액은?[19)]

> –세율 : 과세표준 200,000,000원 이하 10%, 200,000,000원 초과 20,000,000,000원 이하 20%

1) 5,000,000원
2) 6,000,000원
3) 7,000,000원
4) 10,000,000원

18) 정답 2). 200,000,000×10%+(300,000,000−200,000,000)×20%=40,000,000원.

19) 정답 3). [200,000,000×10%+(220,000,000−200,000,000)×20%]−170,000,000×10%=7,000,000원.

제4장 주요 조세의 과세요건

이 장에서 살펴볼 내용은 우리나라의 주요 조세, 주요 국세의 과세요건, 주요 지방세의 과세요건에 관한 것이다. 이 장의 학습 목표로는 우리나라의 주요 조세에 관한 세법 체계를 이해하고 간략하게 설명하는 것, 주요 국세의 과세요건을 이해하고 활용하는 것, 주요 지방세의 과세요건을 이해하고 활용하는 것을 들 수 있다.

제1절 | 우리나라의 주요 조세

우리나라의 조세는 세법의 체계에 따라 국세기본법 상의 국세에 해당하는 조세, 관세법에서 규정하고 있는 조세, 지방세법에서 규정하고 있는 조세로 구분할 수 있다.

(1) 국세기본법 상의 국세에 해당되는 조세[1)]

소득세, 법인세, 부가가치세 등이 이에 해당하는 주요 조세로 국세 중 관세를 제외한 내국세로 분류되는 조세이다. 이러한 내국세에 관한 기본적이고 공통적인 사항, 납세자의 권리구제에 관한 사항 등에 대해서는 국세기본법에서 규정하고 있으며, 범칙행위와 처벌에 대해서는 조세범처벌법에서 규정하고 있다. 내국세에 관한 행정업무는 중앙정부의 기관 중 하나인 국세청과 국세청 산하의 지방국세청, 세무서에서 담당하고 있다.

---

1) 국세기본법 제2조 제1호에서 규정하고 있다.

(2) 관세법에서 규정하고 있는 조세

관세가 이에 해당한다. 관세법에서는 관세에 관한 기본적인 사항 외에도 납세자의 권리구제에 관한 사항, 범칙행위와 처벌 등에 관하여 규정하고 있다. 관세에 관한 행정업무는 중앙정부의 기관 중 하나인 관세청과 관세청 산하의 세관에서 담당하고 있다.

(3) 지방세법에서 규정하고 있는 조세

취득세, 재산세, 지방소득세 등이 이에 해당하는 주요 조세이다. 이러한 지방세에 관한 기본적이고 공통적인 사항, 납세자의 권리구제에 관한 사항, 범칙행위와 처벌 등에 대해서는 지방세기본법에서 규정하고 있다. 지방세에 관한 행정업무는 해당 지방자치단체의 장 또는 지방세의 부과·징수 등에 관한 사무에 대하여 그 위임을 받은 공무원이 담당하고 있다.

제2절 | 주요 국세의 과세요건

1. 소득세의 과세요건

소득세법에서 규정하고 있는 소득세의 과세요건은 다음과 같이 요약할 수 있다.[2)]

(1) 소득세의 과세권자

국가이며, 과세업무는 소득세 납세의무자를 관할하는 세무서장 등이 수행한다.[3)]

(2) 소득세의 납세의무자

대표적인 납세의무자는 거주자(국내에 주소를 두거나 183일 이상의 거소를

---

2) 소득세법은 1949년 7월에 제정되었으며, 현행 소득세법 제1조에서는 "이 법은 개인의 소득에 대하여 소득의 성격과 납세자의 부담능력 등에 따라 적정하게 과세함으로써 조세부담의 형평을 도모하고 재정수입의 원활한 조달에 이바지함을 목적으로 한다"고 규정하고 있다.

3) 소득세의 과세관할에 대해서는 소득세법 제11조에서 규정하고 있다.

둔 개인)이다.[4)]

(3) 소득세의 과세대상

대표적인 과세대상은 사업소득과 근로소득 등으로 구성된 종합소득이다.[5)] 소득은 수익에서 비용(소득세 납부세액 등의 세금비용 제외)을 차감한 세전이익에 해당하는 개념이다.

(4) 소득세의 과세표준

종합소득에 대한 소득세의 과세표준은 연의 기간을 단위로 산정되며, 해당연도의 종합소득금액에서 종합소득공제를 차감하여 산정된다. 종합소득금액은 종합소득에 포함되는 개별소득금액들의 합계이며, 종합소득공제는 거주자와 생계를 같이 하는 가족의 구성의 차이에 따라 조세부담에 차등을 두기 위한 목적 등으로 과세표준에서 제외하는 금액이다.[6)]

(5) 소득세의 세율

종합소득에 대한 소득세의 세율로는 초과누진세율이 적용된다.[7)]

2. 법인세의 과세요건

법인세법에서 규정하고 있는 법인세의 과세요건은 다음과 같이 요약할 수 있다.[8)]

(1) 법인세의 과세권자

국가이며, 과세업무는 법인세 납세의무자를 관할하는 세무서장 등이 수행한다.[9)]

---

4) 소득세의 납세의무자에 대해서는 소득세법 제2조에서 규정하고 있으며, 거주자의 정의에 대해서는 제1조의2 제1항 제1호에서 규정하고 있다.
5) 소득세법 제3조.
6) 종합소득공제에는 소득세법 제50조의 기본공제, 소득세법 제51조의 추가공제 등이 있다.
7) 소득세법 제55조 제1항.
8) 법인세법은 1949년 1월에 제정되었다.
9) 법인세의 과세관할에 대해서는 법인세법 제12조에서 규정하고 있다.

(2) 법인세의 납세의무자

대표적인 납세의무자는 내국법인(본점, 주사무소 또는 사업의 실질적 관리장소가 국내에 있는 법인)이다.[10]

(3) 법인세의 과세대상

대표적인 과세대상은 각 사업연도의 소득이다.[11] 각 사업연도는 법인별로 정하는 1회계기간으로 1년을 초과하지 못한다.

(4) 법인세의 과세표준

내국법인의 각 사업연도의 소득에 대한 법인세의 과세표준은 각 사업연도의 소득에서 이월결손금 등을 차감하는 방식으로 산정된다.[12] 법인의 각 사업연도의 소득은 법인의 재무제표 상 법인세비용을 차감하기 전의 당기순이익과 유사한 개념으로 볼 수 있으며, 각 사업연도의 소득이 0 미만인 경우 그 금액을 결손금이라고 한다. 이월결손금은 과거기간에 발생한 결손금 중 후속기간의 각 사업연도 소득에서 차감되지 못하고 이월된 결손금을 의미한다.

(5) 법인세의 세율

내국법인의 각 사업연도의 소득에 대한 법인세의 세율로는 초과누진세율이 적용된다.[13]

3. 부가가치세의 과세요건

부가가치세법에서 규정하고 있는 부가가치세의 과세요건은 다음과 같이 요약할 수 있다.[14]

---

10) 법인세의 납세의무자에 대해서는 법인세법 제3조에서 규정하고 있으며, 내국법인의 정의에 대해서는 제2조 제1호에서 규정하고 있다.

11) 법인세법 제4조 제1항.

12) 법인세법 제13조.

13) 법인세법 제55조 제1항.

14) 부가가치세법은 1976년 12월에 제정되었으며, 현행 부가가치세법 제1조에서는 "이 법은 부가가치세의 과세 요건 및 절차를 규정함으로써 부가가치세의 공정한 과세, 납세의무의 적정한 이행 확보 및 재정수입의 원활한 조달에 이바지함을 목적으로 한다"고 규정하고 있다.

(1) 부가가치세의 과세권자

국가이며, 과세업무는 부가가치세 납세의무자를 관할하는 세무서장 등이 수행한다.[15]

(2) 부가가치세의 납세의무자

사업자(사업상 독립적으로 재화 또는 용역을 공급하는 자)와 재화를 수입하는 자이다.[16]

(3) 부가가치세의 과세대상

부가가치세의 과세대상은 사업자가 행하는 재화 또는 용역의 공급과 재화의 수입이다.[17]

(4) 부가가치세의 과세표준

재화 또는 용역의 공급에 대한 부가가치세의 과세표준은 반년의 기간을 단위로 산정되며, 해당 과세기간에 공급한 재화 또는 용역의 공급가액을 합한 금액이다.[18]

(5) 부가가치세의 세율

비례세율이 적용된다.[19] 사업자는 재화 또는 용역의 공급에 대한 부가가치세의 과세표준에 세율을 적용하여 산정된 산출세액에서 공급받은 재화나 용역의 대가에 포함된 부가가치세액을 공제할 수 있다.[20]

4. 관세의 과세요건

관세법에서 규정하고 있는 관세의 과세요건은 다음과 같이 요약할 수

---

15) 부가가치세의 과세관할에 대해서는 부가가치세법 제7조에서 규정하고 있다.

16) 부가가치세세의 납세의무자에 대해서는 부가가치세법 제3조에서 규정하고 있으며, 사업자의 정의에 대해서는 제2조 제3호에서 규정하고 있다.

17) 부가가치세법 제4조 제1호.

18) 부가가치세법 제29조 제1항.

19) 부가가치세법 제30조.

20) 재화 또는 용역의 공급에 대한 부가가치세의 과세표준이 과세기간 동안의 부가가치가 아니라 과세기간 동안의 공급가액이라는 문제를 사업자가 과세관청에 실제로 납부하는 부가가치세액을 매출거래시 징수한 부가가치세액에서 매입거래시 징수당한 부가가치세액을 차감한 후의 금액으로 함으로써 해결한다.

있다.[21)]

(1) 관세의 과세권자

국가이며, 과세업무는 수출입을 관할하는 세관 등이 수행한다.

(2) 관세의 납세의무자

대표적인 납세의무자는 수입물품에 대한 수입신고를 하는 때의 물품의 화주이다.[22)] 물품을 수출·수입 또는 반송하려면 해당 물품의 품명·규격·수량 및 가격 등을 세관장에게 신고하여야 한다.[23)]

(3) 관세의 과세대상

수입물품을 과세대상으로 한다.[24)]

(4) 관세의 과세표준

수입물품의 가격 또는 수량이다.[25)]

(5) 관세의 세율

관세의 세율로는 비례세율이 적용되며, 수입물품의 품목별로 일정한 세율이 적용된다.[26)] 특정 수입물품에 대해 임시로 적용되는 잠정세율이나, 덤핑방지관세 등을 위한 세율이 기본세율에 우선하여 적용된다.

예제 사업연도가 매년 1월 1일부터 12월 31일까지인 어떤 주식회사의 02년의 자료가 다음과 같은 경우 납세의무에 대해 살펴보자.

- 제품매출액 : 100,000원
- 원재료매입액 : 50,000원
- 원재료매입액 중 수입액은 20,000원이며, 이 주식회사는 수입원재료의

---

21) 관세법은 1949년 11월에 제정되었다.

22) 관세법 제19조 제1항 제1호. 관세법 제19조 제1항에서는 납세의무자를 제1호부터 제12호까지로 열거하고 있다.

23) 관세법 제241조 제1항.

24) 관세법 제14조.

25) 관세법 제15조.

26) 수입물품의 가격에 세율을 적용한 세액과 수량에 세율(킬로그램당 세액)을 적용한 세액 중 고액을 세액으로 하는 품목도 있다.

수입신고시 화주임

| 풀이 |

주식회사는 우리나라의 상법상의 회사의 한 형태로 대표적인 내국법인이므로 이 주식회사는 02년의 각 사업연도소득에 대한 법인세 납세의무자이다. 그리고 이 주식회사는 사업상 독립적으로 재화에 해당되는 제품을 공급하는 사업자이므로 02년의 제품매출액에 대한 부가가치세 납세의무자이다. 또한 이 주식회사는 02년에 수입한 수입원재료의 수입신고시 화주이므로 02년의 수입원재료에 대한 관세 납세의무자이며, 재화의 수입에 대한 부가가치세 납세의무자이다.

제3절 | 주요 지방세의 과세요건

1. 취득세의 과세요건

지방세법에서 규정하고 있는 취득세의 과세요건은 다음과 같이 요약할 수 있다.[27)]

(1) 취득세의 과세권자

지방자치단체 중 특별시, 광역시, 특별자치시, 도, 특별자치도이다.[28)]

(2) 취득세의 납세의무자

대표적인 납세의무자는 부동산 등 취득세 과세대상을 취득한 자이다.[29)]

(3) 취득세의 과세대상

대표적인 과세대상은 부동산이며, 차량, 기계장비, 항공기, 선박, 입목 등도 취득세 과세대상이다.[30)]

---

27) 지방세법은 1949년 12월에 제정되었다.

28) 지방세기본법 제2조 제1항에서는 "지방자치단체"란 특별시 · 광역시 · 특별자치시 · 도 · 특별자치도 · 시 · 군 · 구(자치구)로 정의하고 있다.

29) 지방세법 제7조 제1항.

30) 광업권, 어업권, 양식업권, 골프회원권, 승마회원권, 콘도미니엄 회원권, 종합체육시설 이용회원권 또는 요트회원권도 취득세 과세대상에 해당된다(지방세법 제7조 제1항 참조).

(4) 취득세의 과세표준

과세대상의 취득 당시의 가액이다.[31] 취득 당시의 가액은 사실상의 취득 가액을 의미하며, 무상취득의 경우에는 시가표준액을 의미한다.[32] 토지 및 주택에 대한 시가표준액은 「부동산 가격공시에 관한 법률」에 따라 공시된 가액인 개별공시지가 또는 개별주택가격 등을 의미한다.[33]

(5) 취득세의 세율

과세대상별로 일정한 비례세율이 적용되며, 부동산의 경우 취득 원인별로 세율에 차이가 있다.[34]

2. 재산세의 과세요건

지방세법에서 규정하고 있는 재산세의 과세요건은 다음과 같이 요약할 수 있다.

(1) 재산세의 과세권자

지방자치단체 중 특별시, 특별자치시, 특별자치도, 시, 군, 구이다.[35] 특별시 관할구역의 재산세 중 일부에 대해서는 특별시와 그 관할구역내의 구가 공동으로 과세권을 갖는 경우가 있다.[36]

(2) 재산세의 납세의무자

대표적인 납세의무자는 과세기준일 현재 과세대상 재산을 사실상 소유하고 있는 자이다.[37] 재산세 납세의무는 매년 재산세 과세기준일별로 성립하게 된다.[38]

---

31) 지방세법 제10조 제1항.
32) 대법원 2003. 9. 26. 선고 2002두240 판결.
33) 지방세법 제4조 제1항.
34) 지방세법 제11조, 제12조.
35) 지방세기본법 제8조.
36) 지방세기본법 제9조.
37) 지방세법 제107조 제1항.
38) 재산세의 과세기준일은 매년 6월 1일이다(지방세법 제114조).

(3) 재산세의 과세대상

토지, 건축물, 주택, 항공기 및 선박이다.[39] 주택은 세대의 구성원이 장기간 독립된 주거생활을 할 수 있는 구조로 된 건축물의 전부 또는 일부 및 그 부속토지를 의미한다.[40]

(4) 재산세의 과세표준

과세대상의 적정가격 등을 기준으로 정해지는 시가표준액을 기초로 산정한다.[41]

(5) 재산세의 세율

과세대상별로 비례세율이 적용되는 경우와 초과누진세율이 적용되는 경우가 있다.[42] 초과누진세율은 종합합산과세대상 및 별도합산과세대상 토지, 주택에 대해 적용된다.[43]

3. 지방소득세의 과세요건

지방세법에서 규정하고 있는 지방소득세의 과세요건은 다음과 같이 요약할 수 있다.

(1) 지방소득세의 과세권자

지방자치단체 중 특별시, 광역시, 특별자치시, 특별자치도, 시, 군이다.[44]

(2) 지방소득세의 납세의무자

소득세법에 따른 소득세 또는 법인세법에 따른 법인세의 납세의무가 있는 자이다.[45]

---

39) 지방세법 제105조.

40) 지방세법 제104조 제3호.

41) 지방세법 제110조. 토지 · 건축물 · 주택에 대한 재산세의 과세표준은 시가표준액에 부동산 시장의 동향과 지방재정 여건 등을 고려하여 지방세법 제110조 제1항 각 호의 어느 하나에서 정한 범위에서 대통령령으로 정하는 공정시장가액비율을 곱하여 산정한다.

42) 지방세법 제111조.

43) 토지 중 종합합산과세대상과 별도합산과세대상의 구분에 대해서는 지방세법 제106조 제1항에서 규정하고 있다.

44) 지방세기본법 제8조.

45) 지방세법 제86조.

(3) 지방소득세의 과세대상

소득세법과 법인세법에 따른 소득세와 법인세의 과세대상을 대상으로 한다.[46)]

(4) 지방소득세의 과세표준

거주자의 종합소득에 대한 지방소득세의 과세표준은 소득세의 과세표준과 동일한 금액으로 하며, 내국법인의 각 사업연도의 소득에 대한 지방소득세의 과세표준은 법인세 과세표준과 동일한 금액으로 한다.[47)]

(5) 지방소득세의 세율

거주자의 종합소득과 내국법인의 각 사업연도의 소득에 대한 지방소득세의 세율로는 초과누진세율이 적용된다.[48)]

정·리·문·제

1. 조세 관련 법률들에 관한 설명으로 옳은 것은?[49)]

1) 소득세법에서는 납세자의 권리구제에 관한 사항을 규정하고 있다.
2) 부가가치세법에서는 범칙행위와 그에 대한 처벌에 대해서 규정하고 있다.
3) 관세법에서는 납세자의 권리구제에 관한 사항을 규정하고 있다.
4) 지방세법에서는 범칙행위와 그에 대한 처벌에 대해서 규정하고 있다.

2. 납세의무에 관한 설명으로 옳지 않은 것은?[50)]

1) 부가가치세법상 사업자에 해당되는 소득세법상의 거주자는 부가가치세 납세의무자이며, 소득세 납세의무자이다.
2) 부가가치세법상 사업자에 해당되는 법인세법상의 내국법인은 부가가

46) 지방세법 제87조.
47) 지방세법 제91조 제1항, 제103조의19 제1항.
48) 지방세법 제92조 제1항, 제103조의20 제1항. 소득세와 법인세 세율의 1/10 수준이다.
49) 정답 3).
50) 정답 4). 재화의 수입자는 사업자가 아니어도 부가가치세 납세의무자에 해당한다.

치세 납세의무자이며, 소득세 납세의무자는 아니다.

3) 부가가치세법상 사업자가 아닌 재화의 수입자에 해당되는 소득세법상의 거주자는 부가가치세 납세의무자이며, 소득세 납세의무자이다.

4) 부가가치세법상 사업자가 아닌 재화의 수입자에 해당되는 관세법상 수입물품에 대한 수입신고를 하는 때의 물품의 화주는 관세 납세의무자이며, 부가가치세 납세의무자는 아니다.

3. 과세표준에 관한 설명으로 옳은 것은?[51)]

1) 종합소득에 대한 소득세의 과세표준은 과세기간의 종합소득금액에서 종합소득공제를 차감하여 산정한다.

2) 내국법인의 각 사업연도의 소득에 대한 법인세의 과세표준은 각 사업연도의 소득에 이월결손금을 가산하여 산정한다.

3) 재화 또는 용역의 공급에 대한 부가가치세의 과세표준은 해당 과세기간에 공급한 재화 또는 용역의 부가가치액을 합하여 산정한다.

4) 취득세의 과세표준은 과세대상의 취득 당시의 시가표준액을 기초로 산정한다.

핵심 요약

- 국세기본법 상의 국세에 해당되는 조세인 소득세, 법인세, 부가가치세의 과세요건은 소득세법, 법인세법, 부가가치세법에서 각각 규정하고 있으며, 관세의 경우 관세법에서 과세요건과 관세에 관한 기본적인 사항, 납세자의 권리구제에 관한 사항, 범칙행위와 처벌 등에 관하여 규정하고 있음.
- 취득세, 재산세 등의 지방세의 과세요건은 지방세법에서 규정하고 있으며, 지방세에 관한 기본적이고 공통적인 사항, 납세자의 권리구제에 관한 사항, 범칙행위와 처벌 등에 대해서는 지방세기본법에서 규정하고 있음.

---

51) 정답 1).

제5장 납세의무의 확정과 소멸

이 장에서 살펴볼 내용은 납세의무의 성립과 이행, 납세의무의 확정, 납세의무의 소멸에 관한 것이다. 이 장의 학습 목표로는 납세의무의 성립, 확정, 소멸 과정의 개요를 이해하고 간략하게 설명하는 것, 납세의무의 확정 절차를 이해하고 활용하는 것, 부과제척기간과 소멸시효의 적용을 이해하고 활용하는 것을 들 수 있다.

제1절 | 납세의무의 성립과 이행

과세요건이 충족되면 납세의무자에게는 납세의무가 발생하게 되어 납세의무가 성립되게 된다. 이러한 납세의무의 성립은 추상적인 개념으로 과세관청이나 납세의무자의 특별한 행위나 절차 없이 자동으로 이루어진다. 납세의무의 성립 시기에 관해서는 법률에서 규정하고 있으며, 그 시기는 조세의 종목 등에 따라 과세기간이 끝나는 때, 과세요건사실이 발생하는 때, 소득금액 또는 수입금액을 지급하는 때 등으로 달라진다.[1)]

(1) 과세기간이 끝나는 때

소득세, 각 사업연도의 소득에 대한 법인세, 재화 또는 용역의 공급에 대한 부가가치세 등은 과세기간이 끝나는 때 납세의무가 성립한다.[2)]

1) 납세의무의 성립시기에 대해서는 국세기본법 제21조, 지방세기본법 제34조에서 규정하고 있다.

2) 중간예납하는 소득세와 법인세는 중간예납기간 종료시 납세의무가 성립하며, 예정신고기

(2) 과세요건사실이 발생하는 때

취득세의 경우 과세물건의 취득이라는 과세요건사실이 발생하는 때, 즉 취득시에 납세의무가 성립한다.

(3) 소득금액 또는 수입금액을 지급하는 때

원천징수하는 소득세와 법인세의 납세의무는 원천징수의무자가 소득금액 또는 수입금액을 지급하는 때 성립한다.

납세의무의 성립시기는 소급입법 여부에 대한 기준일이 된다.[3] 즉 조세에 관한 법규의 제정 또는 개정으로 새로운 규정이 시행되는 경우, 그 시행일 전에 이미 성립된 납세의무에 대해 그 새로운 규정을 적용하도록 하는 것은 소급입법금지원칙에 위배된다.[4] 납세의무의 성립시기가 도래하였다고 하여도 납세의무의 구체적 내용이 특정되는 것은 아니다. 납세의무의 구체적 내용인 납세의무자가 납부하고 과세권자가 수령할 세액을 특정하기 위해서는 과세요건사실에 과세표준과 세액을 산정하는 규정들을 적용하여야 한다. 그리고 그렇게 특정된 세액을 해당 조세채권채무 관계의 당사자 모두가 알 수 있도록 하여야 한다. 이와 같이 성립된 납세의무를 구체적인 세액으로 특정하고 당사자들이 이를 알 수 있도록 하는 것을 납세의무의 확정이라고 하며, 주로 납세의무자의 신고에 의해 이루어지며 과세관청의 결정에 의해 이루어지는 경우도 있다. 확정된 세액을 납부하는 것으로 납세의무의 이행이 완료되어 납세의무가 소멸되는 것이 통상적이지만 세액의 납부 외에도 납세의무가 소멸되는 경우가 있을 수 있다.

간에 대한 부가가치세는 예정신고기간의 종료시 성립한다.

3) 과세기간 종료시가 납세의무 성립시기인 조세에 관한 법률에 대하여 과세기간 중에 개정 등이 있는 경우 이미 경과된 과세기간분에 대하여 소급과세하는 것은 부진정소급으로 가능하다.

4) 소급입법금지원칙은 헌법 제13조 제2항에도 규정되어 있는 것으로 법적 안정성의 확보를 위해 적용되어야 할 주요 원칙 중 하나이다.

제2절 | 납세의무의 확정

납세의무의 확정은 성립된 납세의무를 구체적인 세액으로 특정하고 조세채권채무의 당사자들이 이를 알 수 있도록 하는 것이다. 조세에 관한 법규에서는 성립된 납세의무에 따라 납부할 세액을 누가 1차적으로 산정하고 그 내용을 상대방에게 언제까지 어떻게 알려줄 것인지에 관한 절차에 관해 규정하고 있다. 이러한 납세의무 확정절차에 따라 세액이 확정되면 과세권자는 조세채권자의 권리에 따라 법률에서 정하는 방법에 따라 세액을 징수할 수 있게 된다. 그런데 납세의무가 확정되었다고 하여도 그 확정 행위의 하자로 세액에 오류가 있는 경우 수정될 수 있다. 다만 확정 세액이 적법한 세액과 차이가 있더라도 그와 관련된 과세관청의 행정행위에는 공정력이 인정되므로 그 하자가 중대하고 명백하지 않으면 과세관청이나 법원에 의해 취소되기 전까지는 납세의무자가 그 효력을 부정할 수 없다.[5]

1. 납세의무의 확정절차

납세의무를 확정하는 절차로는 대부분의 주요 조세에서 납세의무자의 세무신고가 적용되지만 과세권자의 결정이 적용되는 경우도 적지 않다.[6]

(1) 세무신고

납세의무자가 산정한 세액 등을 과세관청에 신고하는 것으로, 세무신고에 의해 납세의무를 확정하는 대표적인 조세는 소득세, 법인세, 부가가치세이다. 납세의무자가 과세표준과 세액을 과세관청에 신고했을 때에 납세의무가 확정된다. 납세의무자가 과세표준과 세액의 신고를 신고기한까지 하지 아니하여 과세관청이 과세표준과 세액을 결정하는 경우에는 그 결정을 하는 때에 납세의무가 확정된다.

---

5) 행정행위의 공정력의 의의는 행정처분이 아무리 위법하다고 하여도 그 하자가 중대하고 명백하여 당연무효라고 보아야 할 사유가 있는 경우를 제외하고는 아무도 그 하자를 이유로 무단히 그 효과를 부정하지 못하는 것이다(대법원 1994. 11. 11. 선고 94다28000 판결).

6) 납세의무의 확정절차와 확정시기에 대해서는 국세기본법 제22조, 지방세기본법 제35조에서 규정하고 있다.

(2) 결정

과세관청이 부과처분을 위해 하는 세액 결정으로, 결정에 의해 납세의무를 확정하는 대표적인 조세는 재산세, 상속세, 증여세이다. 과세관청이 결정하는 때에 납세의무가 확정되지만 그 효력은 납세의무자에게 고지된 때에 발생한다.[7] 결정의 통지는 납부 또는 납세 고지를 통해 이루어진다.

그런데 납세의무의 성립시에 세액을 징수하는 원천징수대상 소득세 및 법인세의 경우에는 특별한 절차 없이 납세의무의 성립과 동시에 납세의무가 확정된다는 점에 유의하여야 한다.

2. 확정된 세액 등의 수정

납세의무자의 신고나 과세관청의 결정에 의해 1차적으로 확정된 세액이라도 그 내용에 오류가 있는 경우 납세의무자와 과세관청 모두에게는 이를 수정할 수 있는 권리가 있다.

(1) 납세의무자

세무신고에 의해 확정된 과세표준 및 세액이 과소한 경우 과세표준과 세액을 증액하는 수정신고를 할 수 있다. 그리고 확정된 과세표준 및 세액이 과다하게 잘못되어 불리한 경우 과세관청에 경정 청구를 할 수 있다.

(2) 과세관청

확정된 과세표준 및 세액에 오류가 있을 때 이를 시정하기 위하여 세액을 증액 또는 감액할 수 있으며, 이러한 행정 처분을 경정이라고 한다. 조세부과처분을 위법 등의 사유로 그 효력을 상실시킬 필요가 있는 경우 과세관청은 부과처분을 취소할 수도 있다.

예제 어떤 회사의 01년 제2기(7월 1일부터 12월31일까지) 부가가치세 신고와 관련된 자료가 다음과 같은 경우 이 회사의 01년 제2기 부가가치세 납세의

7) 대법원 1995. 2. 28. 선고 94누5052 판결.

무의 성립과 확정에 대하여 살펴보자.

- 02년 1월 25일에 관할 세무서에 01년 제2기 부가가치세 확정신고를 하고 부가가치세 30,000,000원을 납부하였음.
- 02년 10월 30일 과세관청은 이 회사의 01년 제2기 부가가치세 세액을 40,000,000원으로 증액하는 경정을 하였음.

| 풀이 |

부가가치세의 경우 과세기간이 끝나는 때에 납세의무가 성립되므로 01년 제2기 부가가치세 납세의무는 01년 12월 31일에 성립되었다. 그리고 01년 제2기 부가가치세 납세의무는 신고일인 02년 1월 25일에 확정되었다. 그런데 신고에 의해 확정된 부가가치세액의 오류를 시정하기 위하여 과세관청이 세액을 증액하는 경정을 하였으므로 경정한 때인 02년 10월 30일에 부가가치세 납세의무가 수정되어 확정되었다.

제3절 | 납세의무의 소멸

1. 납세의무 소멸의 유형

납세의무가 소멸되는 형태로는 납부, 충당, 부과의 취소, 부과제척기간의 만료, 소멸시효의 완성을 들 수 있다.

(1) 납부

세액을 납세자 스스로 납부하거나 과세관청에 의해 징수되는 것이다.

(2) 충당

과세관청이 환급할 환급금과 납세자가 납부할 세액이 서로 대립하고 있는 경우 대등액에 관하여 동시에 소멸시키는 것이다.[8]

---

8) 과세관청의 충당은 체납액 및 강제징수비와 납부기한 전 징수 사유에 해당되어 납부고지에 따라 납부하는 세액을 제외하고는 납세자의 동의가 필요하다.

(3) 부과의 취소

조세 부과처분의 효력을 상실시키는 행위로 과세관청의 직권에 의한 취소와 법원의 판결 등에 의한 취소가 있다.

(4) 부과제척기간의 만료

과세관청의 조세 부과권의 제척기간이 만료되는 경우 더 이상 조세 부과권을 행사할 수 없게 되므로 확정되지 않은 세액에 대한 권리와 의무는 소멸하게 된다.

(5) 소멸시효의 완성

과세관청의 조세 징수권의 소멸시효가 완성되는 경우 더 이상 조세 징수권을 행사할 수 없으므로 납세의무는 소멸하게 된다.[9)]

2. 조세 부과권의 제척기간

제척기간은 특정의 권리에 대하여 법질서를 조속히 안정시키고자 법률상으로 정하여진 존속기간이라고 할 수 있다. 과세관청이 세액을 결정, 경정하는 등의 권리인 조세 부과권에 대해서도 그 권리를 행사할 수 있는 기간인 부과제척기간이 법률로 정해져 있다.[10)] 대부분의 국세와 지방세의 일반적인 부과제척기간은 국세나 지방세를 부과할 수 있는 날(신고기한의 다음날 등)로부터 5년이다.[11)] 조세불복과 관련된 소송 등이 있는 경우 부과제척기간이 만료 된 이후라도 소송의 판결 등에 따라 필요한 처분을 일정기간(1년) 이내에 할 수 있다.

성립된 납세의무가 확정되지 않은 상태에서 부과제척기간이 만료되어 납세의무가 소멸되는 경우도 있을 수 있다.

---

9) 소멸시효는 권리자가 권리를 행사할 수 있음에도 불구하고 권리를 행사하지 않는 사실상태가 일정기간 계속된 경우에 그 권리의 소멸을 인정하는 제도이다.

10) 부과제척기간에 대해서는 국세기본법 제26조의2, 관세법 제21조, 지방세기본법 제38조에서 규정하고 있다.

11) 국세나 지방세를 부과할 수 있는 날에 대해서는 국세기본법 시행령 제12조의3와 지방세기본법 시행령 제18조에서 규정하고 있다. 신고기한까지 과세표준신고서를 제출하지 아니한 경우나 부정행위에 의한 조세포탈의 경우 등에 대해서는 연장된 제척기간을 적용하고 있으며, 상속세와 증여세에 대해서는 별도의 제척기간을 적용하고 있다.

예제 사업연도가 매년 1월 1일부터 12월31일까지인 어떤 회사의 01년 각 사업연도의 소득에 대한 법인세 신고와 관련된 자료가 다음과 같은 경우 이 회사의 법인세 납세의무의 성립, 확정, 소멸에 대하여 살펴보자.

- 01년의 각 사업연도의 소득은 520,000,000원, 과세표준은 500,000,000원, 납부세액은 50,000,000원임.
- 02년 3월 30일에 관할 세무서에 01년 각 사업연도의 소득에 대한 법인세 신고를 하고 법인세 50,000,000원을 납부하였음.
- 07년 5월 1일에 01년의 각 사업연도의 소득이 담당자의 착오에 의해 100,000,000원 과소하게 산정된 것으로 밝혀졌음.

| 풀이 |

법인세의 경우 과세기간이 끝나는 때에 납세의무가 성립되므로 01년의 각 사업연도의 소득에 대한 법인세 납세의무는 01년 12월 31일에 성립되었다. 그리고 01년의 각 사업연도의 소득에 대한 법인세 납세의무는 신고일인 02년 3월 30일에 확정되었다. 또한 01년의 각 사업연도의 소득에 대한 법인세 신고액 50,000,000원의 납세의무는 02년 3월 30일에 납부로 인해 소멸되었다. 한편 01년의 각 사업연도의 소득에 대한 법인세 중 신고 누락 금액에 대한 납세의무는 부과제척기간(신고기한인 02년 3월 31일부터 5년)의 만료로 소멸되었다.

3. 조세 징수권의 소멸시효

소멸시효는 권리자가 권리를 행사할 수 있음에도 불구하고 권리를 행사하지 않는 사실상태가 일정기간 계속된 경우에 그 권리의 소멸을 인정하는 제도이다. 확정된 세액 등의 징수를 목적으로 하는 과세권자의 권리인 조세 징수권에 대해서도 소멸시효가 법률로 정해져 있다.[12] 과세관청이 조세 징수권을 일정기간 행사하지 않는 경우 그 징수권을 소멸시키는 것에 그 의의가 있다. 조세 징수권의 소멸시효는 징수권을 행사할 수 있는 날(납부기한 등의 다음 날)로부터 세액에 따라 10년 또는 5년 동안 행사하지 아니하는 경우

12) 징수권의 소멸시효에 대해서는 국세기본법 제27조, 관세법 제22조, 지방세기본법 제39조에서 규정하고 있다.

완성된다.[13)]

과세관청이 징수권을 행사하거나 징수권을 행사할 수 없는 사유가 발생하는 경우 조세 징수권의 소멸시효는 중단되거나 정지되게 된다.

(1) 소멸시효의 중단

소멸시효의 진행 중에 납세의 고지 등 징수권의 행사로 이미 경과한 소멸시효기간이 의미가 없어지는 경우이다. 소멸시효가 중단되는 경우 이미 진행된 소멸시효기간은 효력을 상실하고 중단사유가 종료한 때(고지한 납부기간 등)로부터 새로이 소멸시효가 진행된다.

(2) 소멸시효의 정지

소멸시효의 진행 중에 징수유예 등으로 인해 징수권을 행사할 수 없는 사유가 발생하는 경우 그 사유기간 동안 소멸시효는 진행되지 않는다. 소멸시효가 정지되는 경우 정지사유가 종료한 후 소멸시효기간의 잔여기간이 경과하면 소멸시효가 완성된다.

정·리·문·제

1. 납세의무의 성립과 확정에 관한 설명으로 옳은 것은?[14)]

1) 납세의무의 성립은 과세권자와 납세의무자가 모두 특정된 조세채권채무의 내용을 주지할 수 있도록 일정한 절차를 따르게 되어 있다.
2) 납세의무의 성립 시기는 개정된 법률의 시행에 있어 소급입법여부에 대한 기준일이 된다.
3) 납세의무의 확정은 과세관청이나 납세의무자의 특별한 행위나 절차 없이 자동적으로 이루어진다.
4) 납세의무자가 과세표준과 세액의 신고를 하지 아니한 경우 납세의무의 확정 시기는 신고기한이 경과한 때이다.

---

13) 징수권을 행사할 수 있는 날에 대해서는 국세기본법 시행령 제12조의4와 지방세기본법 시행령 제19조에서 규정하고 있다.

14) 정답 2).

2. 납세의무의 확정과 소멸에 관한 설명으로 옳지 않은 것은?[15)]

1) 납세의무의 성립시에 세액을 징수하는 원천징수대상 소득세 및 법인세의 경우에는 특별한 절차 없이 납세의무의 성립과 동시에 납세의무가 확정된다
2) 납세의무가 과세관청의 결정에 의해 확정되었지만 세액에 오류가 있는 경우 납세자는 그 세액의 수정을 과세관청에 청구할 권리가 있다.
3) 성립된 납세의무가 확정되지 않은 상태에서 부과제척기간이 만료되면 그 납세의무는 소멸된다.
4) 성립되었지만 확정되지 않은 납세의무가 소멸되는 이유 중 하나는 소멸시효이다.

3. 01년의 소득세를 신고하였지만 납부하지 않는 어떤 거주자에 대해 소득세신고기한 후 1년이 경과한 때에 과세관청이 납부고지를 한 경우 조세징수권의 소멸시효에 관한 설명으로 옳은 것은?[16)]

1) 소멸시효는 소득세 신고기한의 다음날부터 지속적으로 진행된다.
2) 과세관청의 납부고지 이후에는 소멸시효는 진행되지 않는다.
3) 납부고지에 의한 납부기한이 지난 때부터 소멸시효가 새로 진행된다.
4) 납부고지일부터 납부기한까지의 기간 동안 소멸시효는 정지 된다.

핵심 요약

- 과세요건이 충족되어 성립된 납세의무의 구체적 내용을 특정하는 것을 확정이라고 하며, 세무신고와 결정이라는 절차에 따라 이루어지는 것이 일반적임.
- 과세관청의 조세 부과권은 제척기간이 만료한 후에는 행사할 수 없으며, 조세 징수권에 대해서는 소멸시효가 적용됨.

15) 정답 4). 과세관청은 확정되지 않은 세액에 대해서는 조세 징수권을 행사할 수 없으므로 그 소멸시효도 적용되지 않는다.

16) 정답 3).

제6장 조세징수절차

이 장에서 살펴볼 내용은 조세징수절차의 개요, 강제징수, 배분의 개요에 관한 것이다. 이 장의 학습 목표로는 조세징수절차의 개요를 이해하고 간략하게 설명하는 것, 강제징수의 개념과 절차를 이해하고 활용하는 것, 강제징수로 확보한 금전의 배분방법을 이해하고 활용하는 것을 들 수 있다.

제1절 | 조세징수절차의 개요

조세징수절차는 과세관청이 조세채권의 원활한 회수를 위하여 적용하는 일련의 조세채권 회수의 절차이다. 이러한 조세징수절차에 관해서는 법률에서 규정하고 있으며, 과세관청은 그 규정에 따라 조세채권을 회수하여야 한다.[1] 납세의무자가 세액을 신고하고 그 신고로 확정된 세액을 납부하였고 더 이상 세액에 수정이 없는 경우 조세채권의 징수를 위한 특별한 노력이나 절차는 필요하지 않다. 조세징수를 위한 절차가 필요한 통상적인 경우는 법률에 따라 과세관청이 세액을 확정하여 징수하여야 하는 경우 또는 납세의무자가 신고하고 납부한 세액을 과세관청이 증액하고 그 증액된 세액을 징수하여야 하는 경우일 것이다. 그런데 조세채권을 징수하는 과정에서 납세자가 일시적인 곤궁에 처하거나 채무불이행 상태에 처하는 등의 특별한 사정이 발생할 수 있으며 조세징수절차에는 그러한 사정을 반영할 필요가 있다. 이에 따라 조세채권의 징수를 위한 절차에서는 통상적인 경우의 절차와

1) 국세징수법, 관세법, 지방세징수법에서 규정하고 있다.

납세자의 사정으로 징수에 어려움이 있는 경우의 절차에 차이를 두고 있다. 또한 납세자의 사정으로 징수에 어려움이 있는 경우의 징수절차는 완화된 절차와 단축된 절차로 구분할 수 있다.

1. 통상적인 조세징수절차

통상적으로 조세징수절차는 납부고지, 독촉, 강제징수의 순으로 진행된다.[2] 납부고지와 독촉은 납세자가 스스로 조세채무에 따른 세액의 납부를 이행하도록 하는 것인 데 비해 강제징수는 조세채무자의 재산에 직접 권리를 행사하여 징수하는 것이다.

(1) 납부고지

조세징수절차는 통상적으로 납세자에게 세액을 납부할 것을 고지하는 납부고지 또는 납세의 고지에 의해 개시된다. 납부고지는 납세자에게 세액을 납부할 것을 고지하는 것으로 납세의무의 확정을 위한 결정의 고지를 겸할 수도 있다. 납부고지 또는 납세의 고지는 과세기간 또는 과세연도, 세목, 세액, 산출근거, 납부기한 및 납부장소를 명시한 납부고지서와 같은 문서로 하여야 한다.[3] 납부고지서 등의 서류를 납세자에게 보내주는 것을 송달이라고 하며, 송달되는 서류의 효력은 송달받을 자에게 도달한 때부터 발생한다.[4]

(2) 독촉

납세자가 납부고지에서 지정한 납부기한까지 납부할 금액을 완납하지 않는 것을 체납이라고 하며, 독촉은 그 체납된 세액 등의 납부를 독촉하는 것이다. 독촉은 독촉장의 발급에 의해 이루어지며 독촉장의 납부기한까지 체납액을 납부하지 않는 경우 강제징수절차가 개시된다는 점을 예고한다.[5]

(3) 강제징수

납세자의 재산에 대해 직접 권리를 행사하여 징수하는 것으로 압류, 압

2) 강제징수는 체납처분을 대체한 용어이다.
3) 납부고지 또는 납세의 고지에 대해서는 국세징수법 제9조 등에서 규정하고 있다.
4) 국세기본법 제12조, 지방세기본법 제32조.
5) 독촉장의 서식은 국세징수법 시행규칙 별지 제17호 서식 등을 사용한다.

류재산의 금전화, 충당 및 배분의 순으로 진행된다. 법원을 통해서만 강제집행을 할 수 있는 민사채권과는 달리 과세관청은 조세징수를 위해 자력집행에 의한 강제징수를 할 수 있다.[6)]

2. 완화된 조세징수절차

재난으로 재산에 심한 손실이 발생하는 등의 사유가 납세자에게 있는 경우 조세징수절차를 완화할 필요가 있다.[7)] 완화된 조세징수절차에는 통상적 조세징수절차를 완화하는 절차가 포함된다. 이에 해당하는 절차에는 납부고지의 유예, 납부기한의 연장이 있다.

(1) 납부고지의 유예

전체 세액에 대한 납부고지를 유예기간 동안 보류하거나, 세액을 분할하여 납부의 고지를 하는 것이다.[8)]

(2) 납부기한의 연장

납부기한을 늦추거나 세액을 분할하여 납부하도록 하는 것이다.[9)]

납부고지의 유예나 납부기한의 연장을 적용 받고자 하는 납세자는 관할 과세관청에 신청할 수 있으며, 과세관청은 그 신청서를 검토하여 적용 여부를 결정하거나 신청이 없는 경우에도 직권에 의해 적용을 결정할 수 있다. 과세관청이 납부고지의 유예를 하거나 납부기한을 연장하는 경우 그와 관계되는 금액에 상당하는 납세담보의 제공을 요구할 수 있다. 납세담보는 조세채무의 변제를 확보하기 위하여 과세관청이 납세자 등으로부터 제공받는 담보이다. 재산상황이나 그 밖의 사정이 변경되는 등의 사유가 있는 경우 납

---

6) 민사채권의 강제집행은 민사집행법에 따라 진행된다.

7) 완화된 조세징수절차가 적용될 수 있는 경우에 관해서는 국세징수법 제13조 제1항, 지방세징수법 제25조에서 규정하고 있다.

8) 국세징수법 제14조 제1항, 지방세징수법 제25조에서는 고지유예와 분할고지로 구분하고 있다.

9) 국세징수법 제13조 제1항, 지방세징수법 제25조의2에서 규정하고 있는 징수유예도 이에 해당되는 것으로 볼 수 있다.

부고지의 유예 등을 취소하고 일시에 징수할 수 있다.[10)]

3. 단축된 조세징수절차

납세자가 채무를 이행할 능력이 없는 상태이거나 조세를 포탈하기 위한 행위를 하는 등의 경우 통상적인 조세징수절차로는 조세채권을 회수하기 어려울 수 있다. 이에 따라 체납된 국세에 대해 강제징수절차가 진행중인 경우 등 조세징수가 어려울 긴급한 사정이 있는 경우 신속한 징수를 위해 단축된 조세징수절차를 적용할 필요가 있다. 단축된 조세징수절차는 신속한 조세징수를 위한 것으로 통상적 조세징수절차 중 일부를 생략하거나 강제징수를 앞당기는 절차가 포함된다. 이에 해당하는 절차에는 납부기한 전 징수, 독촉 절차의 생략, 납세의무 확정 전 압류가 있다.[11)]

(1) 납부기한 전 징수[12)]

납부기한 전에 확정된 세액을 징수하는 것이다. 당초의 납부기한보다 단축된 기한을 정하여 납세자에게 납부고지를 하고 그 기한까지 납부하지 않는 경우 강제징수를 하게 된다.

(2) 독촉 절차의 생략

통상적인 조세징수절차에서 독촉을 생략하는 것으로 납부고지의 결과 발생한 체납액에 대해 바로 강제징수를 적용할 수 있다.

(3) 납세의무 확정 전 압류[13)]

세액이 확정되기 전에 확정되리라고 추정되는 금액의 한도에서 납세자의 재산을 압류하는 것이다. 조세징수가 어려울 긴급한 사정으로 세액이 확정된 후에는 그 세액을 징수할 수 없는 경우 적용할 수 있다.[14)]

---

10) 국세징수법 제16조 제1항, 지방세징수법 제29조 제1항.
11) 조세의 징수가 어려울 긴급한 사정에 관해서는 국세징수법 제7조 제1항, 지방세징수법 제22조 제1항에서 규정하고 있다.
12) 국세징수법 제7조 제1항의 각호, 지방세징수법 제22조 제1항에서 규정하고 있다.
13) 국세징수법 제31조 제2항, 지방세징수법 제33조 제2항에서 규정하고 있다.
14) 민사집행법에 따른 사전적 보전절차인 가압류와 유사하다고 볼 수 있다.

제2절 | 강제징수

강제징수는 과세관청이 직접 납세자의 재산을 압류하여 그 압류재산을 금전으로 전환시킨 후 그 금전으로 체납액의 회수에 충당하는 것이다. 이러한 강제징수를 집행하는데는 비용이 발생하게 되며, 과세관청이 징수할 체납액에는 강제징수비도 포함된다. 강제징수비의 발생 외에도 조세채권은 납세자에 대한 다른 채권들과 배분순위에서 경합하게 되므로 과세관청은 강제징수를 집행하기에 앞서 그 효익과 비용을 비교할 필요가 있다. 한편 납세자를 채무자로 하는 민사상의 채권을 보유한 일반인의 관점에서도 채권의 원활한 회수를 위해서는 과세관청의 강제징수절차와 조세채권이 채무의 배분순위에 미치는 영향에 대해 충분히 이해할 필요가 있다.

1. 압 류

강제징수를 위한 첫 번째 절차는 납세자의 재산을 압류하는 것이다. 압류는 납세자가 재산을 양도하거나, 제한물권을 설정하는 등의 처분을 할 수 없도록 하는 것이다.[15] 과세관청이 납세자의 재산을 압류할 수 있는 경우에 관해서는 법률에서 규정하고 있다.[16]

첫 번째 경우는 통상적인 조세징수절차에서 납세자가 독촉장을 받고 지정된 기한까지 납부할 금액을 납부하지 않는 경우이다. 두 번째 경우는 단축된 조세징수절차 중 납부기한 전 징수에서는 납부기한 전 납부고지의 지정기한까지 납부하지 않는 경우이다. 세 번째 경우는 납세자에 대한 강제징수절차가 진행중인 경우 등의 긴급한 사정으로 압류 없이는 세액을 징수할 수 없다고 인정되는 경우이다. 이 경우 확정되리라고 추정되는 세액의 한도에서 납세자의 재산을 압류할 수 있다.

압류의 대상이 되는 재산은 금전적 가치가 있는 양도 가능한 재산이며, 체납자의 생활필수품 등은 압류할 수 없다.[17] 또한 세액 등을 징수하기 위하

15) 압류의 효력에 대해서는 국세징수법 제43조와 제44조에서 규정하고 있다.
16) 국세징수법 제31조, 지방세징수법 제33조에서 규정하고 있다.

여 필요한 재산 외의 재산은 압류할 수 없는 것이 원칙이다.

압류의 절차로는 부동산의 경우 압류등기, 자동차의 경우 압류의 등록, 동산과 유가증권의 경우 점유, 채권의 경우 채무자에 대한 통지가 적용된다. 금전을 압류한 경우에는 그 금전 액수만큼 체납자의 압류에 관계되는 체납액을 징수한 것으로 본다.[18] 압류의 효력에 따라 체납자는 압류된 재산에 관하여 양도, 제한물권의 설정, 채권의 영수, 그 밖의 처분을 할 수 없으며, 압류된 채권 또는 그 밖의 재산권의 채무자 및 그 밖의 재산권의 채무자는 체납자에 대한 지급을 할 수 없다.

강제징수의 대상인 납세자에 대해서는 다수의 채권자들이 채권의 회수를 위해 경합할 수 있다. 이에 따라 강제징수를 위해 납세자의 재산을 압류할 수 있는 때가 되었다고 하여도 이미 다른 채권자가 미래에 있을 강제집행을 위해 납세자가 그 재산을 처분하지 못하도록 하는 조치를 취한 상태이거나 그보다 더 진전되어 다른 기관에 의한 강제징수나 강제집행이 개시된 경우가 있을 수 있다.

(1) 미래에 있을 강제집행을 위한 조치가 있는 경우

압류 대상인 재산에 대해 가압류 또는 가처분이 되어 있는 경우이다.[19] 가압류는 금전채권이나 금전으로 환산할 수 있는 채권에 적용되며, 가처분은 그 외의 채권에 적용되는 것으로 채권자의 신청과 법원의 결정에 따라 이루어진다. 이러한 선행 재산보전절차에도 불구하고 과세관청은 강제징수 절차를 적용한다.[20]

(2) 다른 강제징수나 강제집행절차가 선집행 중인 경우

압류 대상인 납세자의 재산에 대해 이미 다른 기관의 강제징수나 강제집

---

17) 체납자의 급여에 대해서는 1/2를 초과하여 압류할 수 없다.

18) 국세징수법 제50조, 지방세징수법 제33조에서 규정하고 있다.

19) 가압류는 민사집행법 제276조에서 규정하고 있으며, 가처분은 민사집행법 제300조에서 규정하고 있다.

20) 국세징수법 제26조. 다만, 처분금지가처분이 된 재산을 압류한 경우로서 가처분권자가 본안소송에서 승소하여 자기 앞으로 소유권이전을 하는 경우에는 가처분 이후에 이루어진 강제징수에 의한 압류등기를 말소신청할 수 있으므로(대법원등기예규 제1061호) 관할 세무서장은 당해 가처분에 대한 본안소송의 확정결정을 기다려 그 결과에 따라 공매 여부를 결정하여야 한다(국세징수법 집행기준 26-0-4).

행절차가 선집행 중인 경우이다. 이 경우에는 그 선행 절차에 따른 압류에 참가하는 참가압류를 하거나, 그 다른 기관에 배분을 요구하는 교부청구를 하는 방식으로 강제징수를 한다.

압류와 관계되는 체납액의 전부가 납부되는 등의 사유로 압류가 필요 없게 되었을 때는 과세관청은 즉시 압류를 해제하여야 한다.[21] 또한 압류한 총 재산의 추산가액이 강제징수비와 변제순위에서 앞서는 다른 채권 금액의 합계를 초과하지 않는 경우에는 강제징수의 비용이 효익보다 크므로 강제징수를 종료하고 압류를 해제하여야 한다.

예제 과세관청이 어떤 체납자에 대한 강제징수를 위해 그 재산을 압류한 것과 관련된 자료가 다음과 같은 경우 필요한 절차에 대해 살펴보자.

- 체납된 세액 : 50,000,000원
- 압류재산의 추산가액 : 120,000,000원
- 강제징수비 추산액 : 10,000,000원
- 조세채권에 우선하는 다른 채권 금액 : 150,000,000원

| 풀이 |

강제징수를 집행하는 경우의 효익은 압류재산의 추산가액인 120,000,000원이며, 비용은 강제징수비 추산액 10,000,000원과 조세채권에 우선하는 다른 채권 금액 150,000,000원의 합계 160,000,000원이다. 따라서 강제징수의 효익이 비용보다 적으므로 강제징수를 종료할 필요가 있으므로 과세관청은 압류를 해제하여야 한다.

2. 압류재산의 금전화

압류재산이 금전이 아닌 경우 압류한 재산으로 체납액에 충당하기 위해서는 압류재산을 추심하거나 매각하여 금전화하여야 한다. 압류재산이 금전채권이고 그 채무자가 채무를 이행하는 경우와 같이 추심이 원활하게 될 수

21) 압류해제의 요건에 대해서는 국세징수법 제57조, 지방세징수법 제63조에서 규정하고 있다.

도 있지만, 금전채권의 채무자가 채무이행을 하지 않을 경우에는 채무이행의 소송을 법원에 제기하여 추심하여야 한다.[22)]

압류재산의 매각 방법에는 경쟁입찰이나 경매에 의한 공매, 직접 매각, 수의계약이 있다. 그 중 직접 매각은 증권시장에 상장된 증권 등 특정 자산에만 적용되며, 수의계약은 특정의 사유가 있는 경우에만 적용한다.[23)] 공매를 하는 경우 관련사항에 관해 공고를 하고, 공매공고를 한 압류재산이 권리의 변동에 등기 또는 등록이 필요한 경우 공매공고 즉시 그 사실의 등기 또는 등록을 관할 등기소 등에 촉탁하여야 한다.

3. 충당 및 배분

과세관청의 강제징수는 압류와 압류재산의 매각 등으로 확보된 금전을 체납액에 충당하는 것이 주된 목적이지만 압류재산과 관련된 다른 권리자들이 있는 경우 이들에 대한 배분도 이루어져야 한다. 강제징수에서 확보하여야 할 체납액에는 재산의 압류와 압류한 재산의 보관과 운반 및 매각에 소요되는 비용인 강제징수비가 포함된다.

4. 압류·매각의 유예

체납자가 성실납세자에 해당되는 것으로 인정되거나 사업을 정상적으로 운영할 수 있도록 하는 것이 체납액의 징수를 가능하게 할 것이라고 인정되는 경우 압류 또는 압류재산매각을 일시적으로 보류하는 유예를 할 수 있다.[24)] 압류 · 매각의 유예를 적용 받고자 하는 납세자는 관할 과세관청에 신청할 수 있으며, 과세관청은 그 신청서를 검토하여 적용 여부를 결정하거나 신청이 없는 경우에도 직권에 의해 적용을 결정할 수 있다. 과세관청이 압류의 유예를 하는 때에는 그에 상당하는 납세담보의 제공을 요구할 수 있다.

22) 채무이행의 소송 제기에 대해서는 국세징수법 제52조 제3항에서 규정하고 있다.
23) 수의계약으로 매각할 수 있는 경우에 대해서는 국세징수법 제67조와 지방세징수법 제72조에서 규정하고 있다.
24) 국세징수법 제105조, 지방세징수법 제105조에서 규정하고 있다.

제3절 | 배분의 개요

강제징수로 확보한 금전의 배분은 압류재산과 관련된 다른 권리자들이 있는 경우 상당히 복잡해질 수 있다. 다만 압류한 금전과 교부청구에 따라 받은 금전은 각각 그 압류 또는 교부청구와 관계되는 체납액에 배분되므로 복잡한 배분의 문제는 없다. 강제징수를 집행하는 과세관청의 압류재산과 관계되는 체납액 외의 다른 채권에 대해서도 배분되어야 하는 금전은 다음과 같다.

압류재산의 매각대금 및 그 매각대금의 예치 이자와 채권·유가증권·그 밖의 재산권의 압류에 따라 체납자 또는 제3채무자로부터 받은 금전이다.

이러한 압류재산의 매각대금 등이 배분될 수 있는 채권에는 압류재산과 관계되는 체납액 외에 교부청구를 받은 체납액 또는 공과금, 압류재산과 관계되는 담보된 채권, 우선변제권이 있는 임차보증금 반환채권, 우선변제권이 있는 근로관계로 인한 채권, 압류재산에 관계되는 가압류채권. 집행문이 있는 판결정본에 의한 채권이 포함된다.

(1) 교부청구를 받은 체납액 또는 공과금

다른 과세관청 등의 교부청구를 받은 경우 그 체납액과 공과금을 의미한다.

(2) 압류재산과 관계되는 담보된 채권

전세권·질권·저당권 또는 가등기담보권에 의하여 담보된 채권을 의미한다.[25] 다만 이들 담보된 채권이 배분대상에 포함되는 이유는 압류재산의 매각으로 소멸되기 때문이므로 압류재산의 매각으로 소멸되지 않고 매수인이 인수하는 것은 제외된다. 압류재산이 매각되면 그 재산에 설정된 모든 질권·저당권 및 가등기담보권은 소멸되며, 이들 소멸되는 담보권·압류채권·가압류채권에 대항할 수 없는 전세권도 소멸된다.[26] 소멸되는 담보권·

---

25) 전세권, 저당권, 가등기담보권은 부동산에 관한 물권에 해당되며, 질권은 동산질권과 권리질권으로 구분된다. 이와 같이 담보를 제공받은 채권은 그렇지 못한 채권에 우선하여 변제를 받을 수 있다.

26) 전세권은 부동산에 관한 물권에 해당하는 것으로 그 변동의 효력은 등기에 의해 생기는

압류채권·가압류채권에 대항할 수 있는 전세권에 의하여 담보된 채권은 매수인이 인수하거나 배분을 요구하여 배분대상에 포함될 수 있다.

(3) 우선변제권이 있는 임차보증금 반환채권

주택임대차보호법 또는 상가건물임대차보호법에 따라 우선변제권이 있는 임차보증금 반환채권이다. 이들 법률에 따르면 주택의 인도와 주민등록 또는 건물의 인도와 사업자등록신청 등의 대항요건과 임대차계약증서상의 확정일자를 갖춘 임차인은 후순위권리자나 그 밖의 채권자보다 우선하여 보증금을 변제받을 권리가 있다.[27] 또한 대항요건을 갖춘 임차인은 보증금 중 일정 금액을 다른 담보물권자보다 우선하여 변제받을 권리가 있다.[28]

(4) 우선변제권이 있는 근로관계로 인한 채권

근로기준법 또는 근로자퇴직급여보장법에 따라 우선변제권이 있는 임금, 퇴직금, 재해보상금 및 그 밖에 근로관계로 인한 채권이다.[29] 이들 법률에 따라 근로관계로 인한 채권은 담보된 채권과 담보된 채권에 우선하는 조세·공과금 외의 다른 채권에 우선하여 변제되어야 한다. 또한 최종 3개월분의 임금, 최종 3년간의 퇴직급여, 재해보상금은 담보된 채권을 포함한 다른 채권에 우선하여 변제되어야 한다. 다만, 다른 담보물권자보다 우선하여 변제받을 권리가 있는 임차인의 임차보증금 중 일정 금액과는 동등한 순위이다.[30]

(5) 압류재산에 관계되는 가압류채권

압류재산에 대해 민사집행법에 따른 재판상의 가압류가 된 채권이다. 가압류나 가처분 재산에 대해서도 강제징수절차는 진행되므로 그 대신 배분대상에 포함될 수 있다. 다만 가처분채권의 경우 금전으로 환산할 수 없으므

것이 원칙이다(민법 제186조). 그런데 주택임대차보호법 제3조 제1항에서는 '임대차는 그 등기가 없는 경우에도 임차인이 주택의 인도와 주민등록을 마친 때에는 그 다음 날부터 제삼자에 대하여 효력이 생긴다'고 규정하고 있으며, 이 규정은 동법 제12조에 따라 등기를 하지 아니한 전세계약에 관하여 준용된다.

27) 주택임대차보호법 제3조의2, 상가임대차보호법 제5조.

28) 주택임대차보호법 제8조, 상가임대차보호법 제14조.

29) 근로기준법 제38조, 근로자퇴직급여보장법 제12조.

30) 대법원 재판예규 제692호.

로 금전의 배분과는 관련이 없다.

(6) 집행문이 있는 판결정본에 의한 채권

강제집행을 위하여 주어진다는 내용의 집행문이 적힌 판결정본에 의한 채권이다. 판결정본은 법원의 판결 선고 후 재판의 당자자에게 송달되는 판결서로 판결원본에 따라 작성된 것이다.

이들 배분대상 채권 중 대부분은 금전을 배분받기 위해서 배분요구를 하여야 한다. 다만, 저당권·전세권, 그 밖의 우선변제청구권으로서 공매공고의 등기 또는 등록 전까지 등기 또는 등록되었고 매각으로 소멸하는 것을 가진 채권자와 공매공고의 등기 또는 등록 전까지 등기 또는 등록되었던 가압류채권자는 배분요구를 하지 않아도 배분대상에 포함된다. 압류재산의 매각 등으로 확보된 금전이 체납액 등의 배분대상 금액보다 적은 경우 체납액과 채권의 변제순위에 따라 배분한다. 따라서 이 경우 변제순위가 늦은 채권은 배분 금액이 부족하거나 배분받지 못할 수도 있다. 확보된 금전이 배분대상 금액보다 많은 경우 배분하고 남은 금액은 체납자에게 지급한다.

예제 도소매업을 영위하고 있는 어떤 거주자가 02년 5월 30일에 신고한 01년의 소득세를 체납하였다. 이 거주자의 체납액에 대한 강제징수와 관련된 자료가 다음과 같은 경우 확보된 금전의 배분방법에 대해 살펴보자.

- 체납된 세액 : 100,000,000원
- 압류주택의 매각가액 : 300,000,000원
- 압류주택의 매각비용 등의 강제징수비 : 10,000,000원
- 배분대상인 다른 채권 :
  압류주택에 관계되는 저당권에 의하여 담보된 채권 60,000,000원
  우선변제권이 있는 임차보증금 반환채권 16,000,000원
  우선변제권이 있는 근로관계로 인한 채권 50,000,000원

| 풀이 |

배분대상 금전은 압류재산의 매각대금이므로 압류재산에 관계되는 체납액 외에도 관련 채권들에 대해 배분하여야 한다. 배분대상 금전의 금액은 압류재산의

매각대금 300,000,000원으로 배분받을 대상인 체납액 등의 총액 236,000,000원(100,000,000+10,000,000+60,000,000+16,000,000+50,000,000)을 64,000,000원 초과하고 있다. 따라서 다음과 같이 체납액 등에 배분하고 차액 64,000,000원은 체납자에게 지급한다.

배분대상 금전 가액		300,000,000원
배분받을 대상		236,000,000원
체납액(강제징수비 포함)	110,000,000원	
담보된 채권	60,000,000원	
임차보증금 반환채권	16,000,000원	
근로관계로 인한 채권	50,000,000원	
차액(체납자에게 지급할 금액)		64,000,000원

정·리·문·제

1. 조세징수절차에 관한 설명으로 옳은 것은?[31)]

1) 납부고지는 납세자에게 세액을 납부할 것을 고지하는 것으로 조세징수절차는 통상적으로 납부고지에 의해 개시된다.
2) 독촉은 체납된 세액의 납부를 독촉하는 것으로 조세에 대한 강제징수절차에 해당된다.
3) 납부고지의 유예는 납세자의 체납된 세액에 대해 강제징수절차가 진행 중인 경우 적용한다.
4) 납기 전 징수는 재난으로 재산에 심한 손실이 납세자에게 발생하는 경우 적용한다.

2. 조세징수절차 중 강제징수에 관한 설명으로 옳지 않은 것은?[32)]

1) 강제징수를 위한 압류의 대상이 되는 재산은 금전적 가치가 있는 양도

31) 정답 1).
32) 정답 3). 납세자의 재산에 대해 이미 다른 기관의 강제징수나 강제집행절차가 선집행 중인 경우 과세관청이 체납액을 징수하기 위해서는 참가압류를 하거나 교부청구를 하여야 한다.

가능한 재산이며, 체납자의 생활필수품은 압류할 수 없다.

2) 압류 대상인 재산에 대해 다른 채권자에 의한 가압류가 되어 있는 경우에도 과세관청은 강제징수절차를 적용한다.

3) 강제징수를 위한 압류 대상인 납세자의 재산에 대해 이미 다른 기관의 강제집행절차가 선집행 중인 경우 과세관청은 참가압류를 할 수 없다.

4) 압류한 총 재산의 추산가액이 강제징수비와 변제순위에서 앞서는 다른 채권 금액의 합계를 초과하지 않는 경우에는 강제징수의 비용이 효익보다 크다.

3. 압류재산의 매각으로 확보한 금전의 배분대상에 관한 설명으로 옳은 것은?[33)]

1) 압류재산의 매각으로 소멸되는 압류재산과 관계되는 담보된 채권은 배분요구를 하지 않는 경우 배분대상에서 제외된다.

2) 근로기준법 또는 근로자퇴직급여보장법에 따라 우선변제권이 있는 임금, 퇴직금, 재해보상금은 배분요구를 하는 경우 배분대상에 포함된다.

3) 공매공고의 등기 또는 등록 전까지 등기 또는 등록되었던 가압류채권자는 배분요구를 하지 않는 경우 배분대상에서 제외된다.

4) 집행문이 있는 판결정본이 있는 채권은 배분요구를 하지 않아도 배분대상에 포함된다.

핵심 요약

- 조세의 징수는 통상적으로 납부고지, 독촉, 강제징수의 순으로 이루어지며, 납부고지와 독촉은 각각 납부고지서와 독촉장의 발부에 의하여 이루어짐.
- 조세채권의 강제징수절차는 압류, 금전화, 충당 및 배분의 절차를 통해 이루어지며, 강제징수절차에는 압류재산과 관계되는 체납액뿐만 아니라 체납자와 관련된 다른 채권에 대한 배분과정이 포함됨.

---

33) 정답 2).

연·습·문·제

1. 과세관청이 어떤 체납자에 대한 강제징수를 위해 그 재산을 압류한 것과 관련된 자료가 다음과 같은 경우 강제징수를 종료하고 압류를 해제하여야 하는 경우는?[34)]

−압류재산의 추산가액 : 200,000,000원 −강제징수비 추산액 : 20,000,000원

1) 체납 세액이 170,000,000원인 경우
2) 체납 세액이 190,000,000원인 경우
3) 체납 세액에 우선하는 다른 채권 금액이 170,000,000원 경우
4) 체납 세액에 우선하는 다른 채권 금액이 190,000,000원 경우

2. 어떤 체납자의 체납액에 대한 강제징수와 관련된 자료가 다음과 같은 경우 체납액 중 징수할 수 없는 금액은?[35)]

−체납 세액 : 100,000,000원 −압류재산의 매각가액 : 200,000,000원 −강제징수비 : 10,000,000원 −체납 세액에 우선하는 다른 채권 금액 : 150,000,000원

1) 40,000,000원
2) 50,000,000원
3) 60,000,000원
4) 70,000,000원

34) 정답 4), 체납 세액에 우선하는 다른 채권 금액이 190,000,000원 경우 강제징수의 효익(압류재산의 추산가액)이 강제징수의 비용(강제징수비 추산액과 체납 세액에 우선하는 다른 채권 금액의 합계)을 초과하지 않게 된다.

35) 정답 3). 체납액 중 징수할 수 없는 금액＝체납액－징수할 수 있는 체납액＝(100,000,000＋10,000,000)－(200,000,000－150,000,000)＝60,000,000원.

제7장 조세채권의 우선권과 사해행위 취소

이 장에서 살펴볼 내용은 조세채권의 우선권, 조세채권 간의 우선관계, 사해행위 취소에 관한 것이다. 이 장의 학습 목표로는 조세채권의 우선권에 대해 이해하고 활용하는 것, 조세채권 간의 우선관계에 대해 이해하고 활용하는 것, 사해행위 취소에 대해 이해하고 활용하는 것을 들 수 있다.

제1절 | 조세채권의 우선권

조세채권의 우선권은 납세자의 재산이 강제징수 등의 강제집행으로 압류되어 환가되고, 그 배당의 우선순위를 놓고 여러 채권이 경합하는 경우, 그 순위에서의 우선권을 의미한다.[1] 이러한 조세채권의 우선권은 자력 집행인 강제징수와 함께 과세관청이 체납된 조세채권을 회수하는 데 있어 유용한 수단이라고 할 수 있다. 조세채권의 우선권은 납세자의 총재산에 대해 적용되므로 조세채무자의 부동산이 다수인 경우 그 부동산 전부에 대하여 행사할 수 있으며, 부동산 중 일부의 경매대가를 먼저 배당하는 경우에는 그 대가에서 조세채권 전부의 변제를 받을 수 있다.[2]

1) 조세채권의 우선권에 대해서는 국세기본법 제35조, 관세법 제3조, 지방세기본법 제71조에서 규정하고 있다. 헌법재판소는 조세채권의 우선권에 대해 '조세에 우선권이 인정된다고 하여 모든 경우에 다른 공과금과 채권에 우선하여 징수된다는 뜻은 아니고, 납세자의 재산이 강제집행, 경매, 체납처분 등의 절차에서 강제로 환가되어 그 배당의 우선순위를 놓고 공과금 그 밖의 채권과 조세채권이 경합하는 경우 그 성립의 전후에 관계없이 조세채권이 공과금 그 밖의 다른 채권에 우선하여 변제받을 수 있다는 뜻이다'고 설시하고 있다(헌법재판소 2017. 12. 28. 결정 2016헌바160 전원재판부 결정).

그런데 조세채권 외에도 우선권이 보장되는 다른 채권들도 있으므로 조세채권에 적용되는 우선권은 다른 채권에 적용되는 우선권과 조화롭게 운영될 필요가 있다. 이에 따라 조세채권의 우선권은 조세채권의 성격에 따라 다르게 적용되고 있다. 조세채권의 우선권에 영향을 주는 특성에 따라 조세채권은 강제징수비, 압류재산에 부과된 조세채권, 그 밖의 조세채권으로 구분할 수 있다.

(1) 강제징수비

압류 등의 강제징수를 하는 과정에서 발생하는 비용인 강제징수비에 대해서는 최우선권이 보장된다. 즉 강제징수비는 채권자 모두를 위한 공익비용에 해당하므로 배분대상 금전에서 최우선적으로 충당된다. 이는 과세관청의 강제징수비뿐만 아니라 다른 기관의 강제징수나 강제집행 등의 비용에도 적용된다. 이들 절차 비용 간에 경합이 있는 경우 우선 순위는 그 절차의 시간적 순서에 따르게 된다. 즉 납세자에 대해서 이미 집행되고 있는 다른 기관의 강제징수나 강제집행 등을 통해 조세채권을 징수하는 경우에도 조세채권의 우선권은 적용되지만 그 선집행 강제징수 등의 절차 비용에 대해서는 조세채권의 우선권이 배제된다.

(2) 압류재산에 부과된 조세채권

국세기본법 등에서는 압류되어 환가되는 재산에 대하여 부과된 조세채권에 해당하는 것을 규정하고 있으며, 이들 조세채권은 강제징수비를 제외한 그 밖의 조세채권에 비해 그 우선권이 더 보장된다. 이는 압류재산에 부과된 조세채권의 유무를 확인하는 것이 그 밖의 조세채권에 비해 용이하다는 점이 반영된 것으로 볼 수 있다. 즉 다른 채권자들의 예측가능성을 침해하는 정도가 비교적 낮은 조세채권에 해당한다고 할 수 있다.

---

2) 대법원은 조세채무자의 부동산이 여럿인 경우의 조세우선변제권에 대해 '조세우선변제권은 일정한 범위 내에서는 조세채무자의 총재산에 대하여 우선변제권이 인정된다는 점에서 이른바 법정 담보물권으로서의 성격을 갖고 있으며, 따라서 조세채무자의 부동산이 여럿인 경우에는 마치 그 부동산 전부에 대한 공동저당권자와 유사한 지위에 서게 되므로, 납세의무자 소유의 여러 부동산에 대하여 조세우선변제권이 행사된 경우에는 공동저당권에 관한 민법 제368조가 유추 적용되어야 한다'고 설시하고 있다(대법원 2015. 4. 23. 선고 2011다47534 판결).

강제징수비 외의 조세채권의 우선권의 범위에 영향을 주는 다른 채권으로는 담보된 채권, 소액임차보증금 반환채권, 근로관계 채권을 들 수 있다.

(1) 담보된 채권

재산에 설정된 전세권, 질권 또는 저당권, 가등기담보권에 의하여 담보된 채권은 대항요건과 확정일자를 갖춘 임차권에 따른 임대차보증금반환채권과 함께 재산 매각금액의 배분 순서에서 우선권이 있는 가장 대표적이고 일반적인 채권이다.[3] 이러한 담보된 채권 등은 그 권리의 설정 시기에 등기 등에 의해 공시되며, 그에 따라 우선순위가 결정된다. 이러한 일반적인 법질서에도 불구하고 조세채권의 우선권을 제한 없이 적용하는 것은 담보된 채권 등의 권리자의 예측가능성을 과도하게 침해하게 되므로 조세채권의 우선권도 이러한 일반적인 담보 관련 법질서와 조화를 이룰 필요가 있다. 이에 따라 조세채권과 담보된 채권 등의 우선순위는 그 기준 시기에 따라 결정되는 것이 원칙이다. 조세채권의 기준 시기로는 법정기일을 적용하며 대표적인 법정기일로는 납세의무 확정일을 들 수 있다. 즉 신고에 따라 납세의무가 확정되는 국세 등의 경우 신고한 세액에 대해서는 세액 신고일이 법정기일이며, 과세권자가 세액을 결정하는 경우 고지한 세액에 대해서는 납부고지서의 발송일이 법정기일이다.[4]

이러한 기준 시기 원칙에 따라 '해당 재산에 대하여 부과된 조세로 규정된 것'을 제외한 조세채권은 그 법정기일보다 먼저 권리가 설정된 담보된 채권 등에 대해 우선하지 않는다. '해당 재산에 대하여 부과된 조세로 규정된 것'은 그 법정기일보다 먼저 권리가 설정된 담보된 채권 등에 대해서도 우선한다.[5] 이에 해당하는 것에는 종합부동산세, 관세, 재산세, 자동차 소유

3) 가등기담보권은 납세의무자를 등기의무자로 하고 채무불이행을 정지조건으로 하는 대물변제의 예약에 따라 채권 담보의 목적으로 가등기(가등록 포함)를 마친 가등기 담보권을 말한다.

4) 실무상으로는 담보된 채권을 보유한 채권자가 법정기일에 조세채권이 있다는 것을 확인하는 것은 불가능하다는 문제가 있지만, 헌법재판소의 판례는 이러한 문제가 담보권자의 예측가능성을 현저히 해하는 것은 아니라는 입장이다(헌법재판소 2007. 5. 31. 결정 2005헌바60 전원재판부결정 참조).

5) 이러한 우선권에도 불구하고 주택이나 주거용 건물의 임대차보증금반환채권에 대해서는 그 설정일보다 법정기일이 늦은 해당 재산에 대하여 부과된 상속세, 증여세 및 종합부동산세의 우선 징수 순서에 대신하여 변제될 수 있도록 규정하고 있다(국세기본법 제35조 제7항).

에 대한 자동차세, 소방분에 대한 지역자원시설세 및 재산세와 자동차세에 부가되는 지방교육세가 포함되며, 특정한 경우를 제외하면 상속세와 증여세도 포함된다.[6]

담보된 채권 등의 권리가 설정된 재산이 양도, 상속 또는 증여된 경우 상속세와 증여세는 '해당 재산에 대하여 부과된 조세로 규정된 것'에서 제외된다. 그리고 이 경우 그 재산에 권리가 설정된 담보된 채권 등과 경합하게 되는 조세채권은 종전 소유자에 대한 것에서 변경된 소유자에 대한 것으로 변경되게 된다. 따라서 이 경우에도 기준 시기 원칙을 그대로 적용하는 경우 담보된 채권 등의 권리자의 예측가능성을 침해할 수 있다. 이에 따라 이 경우 담보된 채권 등의 권리 설정 시기보다 법정기일이 빠른 조세채권이라도 종전 소유자에게 각 권리보다 앞서는 국세 체납이 있었던 경우에 한하여만 그 한도금액 내에서 변경된 소유자의 체납국세를 우선 징수한다.

(2) 소액임차보증금 반환채권

주택 또는 건물의 임차보증금 중 일정 금액인 소액임차보증금에 대해서는 담보물권자에 우선하여 변제받을 수 있도록 법률로 임차인을 보호하고 있다.[7] 우선하여 변제받을 수 있는 소액임차보증금의 우선순위는 강제징수 등의 절차 비용 다음이다. 즉 소액임차보증금에 대해서는 강제징수비 외의 조세채권의 우선권이 배세된다.

(3) 근로관계 채권

근로자의 근로관계 채권에 대해서는 법률로 우선권을 부여하여 보호하고 있다.[8] 먼저 최종 3개월분의 임금, 최종 3년간의 퇴직금, 재해보상금에 대해서는 소액임차보증금과 같은 순위의 우선권이 부여되고 있다. 그 밖의 근로관계 채권에 대해서도 담보된 채권과 담보된 채권에 우선하는 조세, 공과금을 제외한 다른 채권보다 우선하도록 하고 있다. 따라서 담보된 채권보다 후순위인 조세채권 또는 담보된 채권이 없는 경우의 조세채권은 그 밖의 근

6) 상속세, 증여세, 관세를 제외한 조세들은 모두 재산의 소유 자체를 과세대상으로 하는 것으로 상대적으로 예측가능성이 높다고 볼 수 있을 것이다.

7) 주택임대차보호법 제8조와 상가건물 임대차보호법 제14조에서 규정하고 있으며, 우선권이 적용되는 금액은 지역별로 차이가 있다.

8) 근로기준법 제38조와 근로자퇴직급여보장법 제11조.

로관계 채권에 대해 후순위가 된다.

예제 어떤 사업자가 02년 5월 30일에 신고한 01년의 소득세를 체납하였다. 이 사업자의 체납액에 대한 강제징수와 관련된 자료가 다음과 같은 경우 배분 순서를 살펴보자.

- 소득세 체납액 : 100,000,000원
- 압류재산의 매각가액 : 200,000,000원
- 압류재산의 매각비용 등의 강제징수비 : 10,000,000원
- 압류재산의 임차보증금 중 소액임차보증금 : 25,000,000원
- 근로채권 총액 : 55,000,000원(최종 3개월분의 임금과 최종 3년간의 퇴직금 30,000,000원 포함)
- 압류재산에 대해 02년 5월 1일에 담보가 제공된 채권 금액 : 50,000,000원

| 풀이 |

압류재산의 매각으로 확보한 금전의 배분 1순위는 강제징수비 10,000,000원이며, 2순위는 소액임차보증금 25,000,000원과 최종 3개월분의 임금과 최종 3년간의 퇴직금 30,000,000원이며, 3순위는 체납된 소득세의 법정기일인 02년 5월 30일 이전에 담보가 제공된 채권 금액 50,000,000원이며, 4순위는 기타 근로채권 25,000,000원(근로채권 총액 55,000,000원－최종 3개월분의 임금과 최종 3년간의 퇴직금 30,000,000원)이며, 소득세는 그 다음 순위로 선순위에 배분되고 남은 금액을 배분받게 된다.

순위	배분 대상	금액
1순위	강제징수비	10,000,000
2순위	소액임차보증금	25,000,000
	최종 3개월분의 임금 등	30,000,000
3순위	법정기일 전 담보된 채권	50,000,000
4순위	기타 근로채권	25,000,000
	소계	140,000,000
5순위	소득세 체납액	60,000,000
	합계	200,000,000

제2절 | 조세채권 간의 우선관계

조세채권자가 다수인 경우 조세채권 간의 우선 순위에 따라 조세채권자별 배분 금액이 달라지게 된다. 조세채권 간의 우선 순위에 영향을 주는 요소에는 조세채권의 성격, 납세담보 여부 외에도 압류의 순서가 있다.

(1) 조세채권의 성격

먼저 앞에서 살펴본 바와 같이 강제징수비 등의 절차 비용은 채권자 모두를 위한 공익비용에 해당되므로 배분대상 금전에서 최우선적으로 충당된다. 또한 '해당 재산에 대하여 부과된 조세로 규정된 것'은 그 법정기일이나 압류의 순서와 관계없이 그 외의 조세채권에 우선하는 것으로 보는 것이 일반적이다.[9)]

(2) 납세담보 여부

납세담보가 있는 조세채권의 경우 해당 납세담보물의 매각을 통한 징수에서 다른 조세채권에 우선한다.[10)] 이는 납세자의 재산에 대한 압류의 순서와 관계없이 적용된다.[11)]

납세담보는 조세채무의 변제를 확보하기 위하여 과세관청이 납세자 등으로부터 제공받는 담보이다. 과세관청이 납세담보의 제공을 요구할 수 있는 경우로는 납부고지를 유예하는 경우, 납부기한을 연장하는 경우, 재산의 압류나 압류재산 매각을 유예하는 경우를 들 수 있다. 재산이 압류된 납세자가 압류를 해제하기 위해 납세담보를 제공하는 경우도 있다. 납세담보의 종류에 대해서는 법률에서 정하고 있으며, 내국세의 경우 금전, 규정된 유가증권, 납세보증보험증권, 은행 등의 납세보증서, 토지, 보험에 든 등기·등록된 건물 등으로 한정된다.[12)]

---

9) 대법원판례해설 58호 452쪽.

10) 납세담보물의 경우 우선순위에 대해서는 국세기본법 제37조와 지방세기본법 제74조에서 규정하고 있다.

11) 즉 납세담보가 있는 조세채권은 그 담보제공일 전에 재산을 압류한 조세채권에 우선한다(대법원 2015. 4. 23. 선고 2013다204959 판결을 참조할 수 있음).

12) 납세담보의 종류에 대해서는 국세징수법 제18조와 지방세기본법 제65조에서 규정하고 있다.

(3) 압류의 순서

납세담보가 없는 경우 강제징수비 등의 절차 비용과 '해당 재산에 대하여 부과된 조세로 규정된 것'을 제외한 내국세와 지방세 조세채권 간의 우선순위는 압류의 순서에 따른다. 즉 납세자의 재산을 먼저 압류한 조세채권이 그 이후에 이루어지는 압류, 교부청구, 참가압류를 한 조세채권보다 우선한다.[13)]

그런데 조세채권과 담보된 채권 간의 우선순위는 법정기일과 권리 설정일의 순서에 따르므로 담보된 채권보다 후순위인 조세채권의 압류 순서가 담보된 채권보다 선순위인 조세채권보다 앞서는 경우가 있을 수 있다. 이 경우 배분 방법은 먼저 법정기일과 권리 설정일의 순서에 따라 조세채권에 배분될 총금액을 결정한 후 그 금액을 압류의 순서에 따라 조세채권들에 배분한다.[14)]

예제 어떤 체납자의 체납액에 대한 강제징수와 관련된 자료가 다음과 같은 경우 배분 방법에 대해 살펴보자('해당 재산에 대하여 부과된 조세로 규정된 것'의 체납액은 없음).

- 국세 체납액 : 100,000,000원(법정기일 01년 7월 20일, 압류 01년 10월 15일)
- 지방세 체납액 : 30,000,000원(법정기일 01년 9월 30일, 압류 01년 10월 5일)
- 압류재산의 매각가액 : 200,000,000원
- 압류재산의 매각비용 등의 강제징수비 : 10,000,000원
- 압류재산에 설정된 저당권에 의하여 담보된 채권 : 150,000,000원(권리 설정일 01년 9월 10일)

| 풀이 |

국세 체납액은 그 법정기일이 담보된 채권의 권리 설정일보다 앞서므로 담보된 채권보다 우선순위이지만 압류 순서에 따라 지방세 체납액보다 후순위가 되는 경우이다. 따라서 먼저 법정기일과 권리 설정일의 순서에 따라 조세채권에

---

13) 압류선착주의라고도 하며, 압류에 따른 우선권에 대해서는 국세기본법 제36조와 지방세기본법 제73조에서 규정하고 있다.

14) 대법원 2005. 11. 24. 선고 2005두9088 판결.

배분될 총금액을 결정한 후 그 금액을 압류의 순서에 따라 조세채권들에 배분한다. 즉 1차적으로 압류재산 매각가액 200,000,000원에서 강제징수비 10,000,000원에 충당되는 금액을 차감한 잔액 190,000,000원 중 강제징수비를 제외한 조세채권에 배분될 총금액은 국세 체납액 100,000,000원이며, 나머지 90,000,000원은 담보된 채권에 배분한다. 다음으로 조세채권에 배분된 100,000,000원은 지방세 체납액 30,000,000원에 먼저 배분하고 나머지 70,000,000원을 국세 체납액에 배분한다.

제3절 | 사해행위 취소

과세관청은 강제징수를 할 때 납세자가 조세의 징수를 피하기 위하여 사해행위를 한 경우 사해행위의 취소 및 원상회복을 법원에 청구할 수 있다.[15] 이는 민법상 채권자취소권과 같은 성격의 과세관청의 사해행위 취소권으로 볼 수 있다.

(1) 사해행위

채무자가 적극재산을 감소시키거나 소극재산을 증가시킴으로써 채무초과상태에 이르거나 이미 채무초과상태에 있는 것을 심화시킴으로써 채권자를 해하는 행위이다.[16] 즉 사해행위는 채무자의 재산권을 목적으로 하는 행위에 기초한다. 채무초과상태 등에 대한 판단은 채무자의 행위 당시를 기준으로 한다.

(2) 사해행위 취소권의 요건

과세관청의 사해행위 취소권이 인정되기 위한 요건으로는 다음을 들 수 있다. 첫째, 조세채권이 사해행위 이전에 성립하여 존재하거나 사해행위 당

15) 국세징수법 제25조와 지방세징수법 제39조에서는 채무자가 채권자를 해함을 알고 제3자와 짜고 재산권을 목적으로 한 법률행위를 한 때에는 채권자는 그 취소 및 원상회복을 법원에 청구할 수 있는 내용의 채권자취소권을 부여하고 있는 민법 제406조와 제407조를 준용하도록 하고 있다.

16) 대법원 2017. 10. 26. 선고 2015다254675 판결.

시 조세채권 성립의 기초가 되는 법률관계가 발생되어 있고, 그에 따라 실제로 가까운 장래에 성립된 것이어야 한다. 둘째, 납세자 및 수익자 또는 전득자의 사해의사가 있어야 한다. 수익자는 납세자의 사해행위에 따라 직접 이익을 얻은 자이며, 전득자는 수익자를 거쳐서 이익을 얻은 자를 말한다.

(3) 허위통정 담보제공의 경우

납세자가 제3자와 짜고 거짓으로 재산의 담보 제공 등을 이용하여 조세채권에 우선하는 채권을 발생시킴으로써 조세채권을 해하는 사해행위를 하는 경우 과세관청은 납세자의 사해행위 취소를 법원에 청구할 수 있다.[17] 이 경우 납세자가 국세나 지방세의 법정기일 전 1년 내에 친족 등의 특수관계인과 전세권·질권 또는 저당권 설정계약, 임대차 계약, 가등기 설정계약 또는 양도담보 설정계약을 한 경우에는 짜고 한 거짓 계약으로 추정한다.[18]

(4) 법원에 청구

민사소송의 일종인 사해행위취소소송을 제기하여야 한다. 이때 피고는 사해행위의 수익자 또는 전득자이다.

정·리·문·제

1. 조세채권의 우선권에 관한 설명으로 옳은 것은?[19]

1) 납세담보가 있는 조세채권의 변제순서에서의 우선권을 의미한다.
2) 납세자가 채무를 변제하는 순서를 정함에 있어 조세채무를 우선적으로 변제하여야 한다는 것을 의미한다.
3) 주택 또는 건물의 임차보증금 중 일정 금액인 소액임차보증금에 대해서는 국세의 강제징수를 위한 강제징수비의 우선권도 배제된다.

---

17) 국세기본법 제35조 제4항, 지방세기본법 제99조 제4항. 담보를 제공받는 자와 통모하여 허위로 담보제공을 하는 등의 행위는 민법 제108조의 통정한 허위의 의사표시에 의한 가장행위로 인정되는 경우 무효이다.

18) 짜고 한 거짓 계약이 아닌 경우 납세자 또는 특수관계인이 이를 증명하여야 할 책임이 있다.

19) 정답 4).

4) 납세자에 대해서 이미 집행되고 있는 법원의 강제집행을 통해 조세채권을 징수하는 경우에도 적용된다.

2. 조세채권 간의 우선관계에 관한 설명으로 옳지 않은 것은?[20]

1) 강제징수비 등의 절차 비용은 다른 조세채권에 우선한다.
2) 압류한 조세채권은 압류하지 않은 해당 재산에 대하여 부과된 조세로 규정된 것에 우선한다.
3) 납세담보가 있는 조세채권은 먼저 압류하였지만 납세담보가 없는 조세채권에 우선한다.
4) 압류한 조세채권은 이후에 교부청구한 조세채권에 우선한다.

3. 과세관청의 사해행위 취소권에 관한 설명으로 옳은 것은?[21]

1) 납세자가 특수관계인과의 거래로 적극재산을 감소시키는 경우 채무초과상태가 아니어도 인정될 수 있다.
2) 조세채권이 사해행위 이후에 성립하는 경우 인정되지 않는다.
3) 납세자 및 수익자 또는 전득자의 사해의사가 있는 경우 인정될 수 있다.
4) 납세자가 제3자와 짜고 거짓으로 재산을 담보로 제공한 경우 인정되지 않는다.

핵심 요약

- 조세채권에는 다른 채권에 비해 우선적으로 변제되는 권리가 부여되어 있지만, 소액임차보증금 관련 채권, 근로관계 채권, 담보된 채권에 대해서는 조세채권의 우선권이 제한됨.
- 납세자가 재산권의 행사를 통해 조세채권을 해치는 사해행위를 하는 경우 과세관청은 조세채권의 보전을 위해 납세자의 사해행위 취소를 법원에 청구할 수 있음.

---

20) 정답 2). 해당 재산에 대하여 부과된 조세로 규정된 것은 압류의 순서와 관계없이 그 외의 조세채권에 우선한다.

21) 정답 3).

연·습·문·제

1. 어떤 소득세 체납자에 대한 강제징수와 관련된 자료가 다음과 같은 경우 소득세 체납액 중 징수할 수 있는 금액은?[22)]

- 소득세 체납액 : 100,000,000원 - 압류재산의 매각가액 : 150,000,000원 - 압류재산의 매각비용 등의 강제징수비 : 5,000,000원 - 근로채권 : 90,000,000원(최종 3개월분의 임금과 최종 3년간의 퇴직금 70,000,000원 포함) - 압류재산에 대해 체납된 소득세 신고일 후에 담보가 제공된 채권 금액 : 50,000,000원

1) 5,000,000원
2) 25,000,000원
3) 55,000,000원
4) 75,000,000원

2. 어떤 체납자의 체납액에 대한 강제징수와 관련된 자료가 다음과 같은 경우 국세 체납액 중 징수할 수 있는 금액은? ('해당 재산에 대하여 부과된 조세로 규정된 것'의 체납액은 없음)[23)]

- 국세 체납액 : 150,000,000원(법정기일 01년 3월 30일, 압류 01년 7월 25일) - 지방세 체납액 : 50,000,000원(법정기일 01년 5월 20일, 압류 01년 7월 15일) - 압류재산의 매각가액 : 300,000,000원 - 압류재산의 매각비용 등의 강제징수비 : 10,000,000원 - 압류재산에 설정된 저당권에 의하여 담보된 채권 : 200,000,000원(권리 설정일 01년 4월 10일)

1) 100,000,000원
2) 110,000,000원
3) 120,000,000원
4) 150,000,000원

---

22) 정답 4). 소득세 체납액 중 징수할 수 있는 금액=압류재산의 매각가액－강제징수비－최종 3개월분의 임금과 최종 3년간의 퇴직금=150,000,000－5,000,000－70,000,000=75,000,000원.

23) 정답 1). 국세 체납액 중 징수할 수 있는 금액=강제징수비를 제외한 조세채권에 배분된 총금액－선순위 지방세 체납액=150,000,000－50,000,000=100,000,000원.

제8장 납세의무의 범위

이 장에서 살펴볼 내용은 납세의무의 승계, 제2차 납세의무, 연대납세의무에 관한 것이다. 이 장의 학습 목표로는 납세의무의 승계에 대하여 이해하고 활용하는 것, 제2차 납세의무에 대하여 이해하고 활용하는 것, 연대납세의무에 대하여 이해하고 활용하는 것을 들 수 있다.

제1절 | 납세의무의 승계

납세의무의 범위를 결정하는 1차적인 요소는 납세의무를 지는 납세의무자와 과세대상의 귀속관계이다. 즉 납세의무자가 납부할 세액은 자신에게 귀속되는 과세대상을 기준으로 산정되는 것이 원칙이다. 이러한 귀속관계 기준은 납세의무의 범위가 해당 납세의무자의 납부 능력에 따라 정해질 수 있도록 하는 데 있어 중요한 역할을 한다. 그런데 납세의무자와 과세대상의 귀속관계가 항상 명확한 것은 아니며, 과세대상이 납세의무자를 도관으로 하여 실질적으로는 제3자에게 귀속되는 경우도 있을 수 있다. 또한 납세의무자가 납세의무를 이행하기 전에 소멸 등으로 더 이상 존속하지 않게 되는 경우도 있다. 이에 따라 납세의무의 범위도 이들 다양한 상황들을 합리적으로 반영할 필요가 있으며, 이를 위한 규정으로는 연대납세의무, 제2차 납세의무, 납세의무의 승계에 관한 규정을 들 수 있다.

(1) 연대납세의무에 관한 규정

하나의 과세단위에 포함되는 과세대상이 다수의 납세의무자에게 귀속되는 경우 각각의 납세의무자에게 전체 납세의무를 이행하도록 하고 그중 한 납세의무자가 납세의무를 이행하면 전체 납세의무가 소멸되도록 하는 내용이다.

(2) 제2차 납세의무에 관한 규정

납세의무자의 재산으로는 조세채권을 완전히 징수할 수 없는 경우 납세의무자와 일정한 관계에 있는 자가 그 부족한 금액을 납부하도록 하는 내용이다.

(3) 납세의무의 승계

납세의무자인 법인이 소멸되거나 개인이 사망하는 경우에도 그 납세의무를 소멸시키지 않고 승계되도록 하는 내용이다.

납세의무자의 재산이 승계되는 경우 그 재산을 승계받은 자가 납세의무도 같이 승계받도록 하는 것이 합당할 것이다. 납세의무의 승계가 적용되는 경우는 법인의 합병과 상속이다.

(1) 법인의 합병으로 인한 납세의무의 승계[1)]

법인의 합병은 2개 이상의 법인이 하나의 법인으로 통합되는 것으로 그 방식에는 흡수합병과 신설합병이 있다. 흡수합병은 합병 대상 법인 중 1개를 제외한 다른 법인은 해산하고 그 권리와 의무가 존속법인에 포괄적으로 승계되는 방식이다. 신설합병은 모든 합병 대상 법인들이 해산하고 그 권리와 의무가 새로 설립된 신설법인에 포괄적으로 승계되는 방식이다. 법인의 합병으로 인해 해산되어 소멸된 법인의 납세의무는 소멸되지 않고 그 해산법인의 권리 의무를 포괄적으로 승계한 법인에게 승계된다. 즉 흡수합병의 경우 합병 후 존속하는 법인이 납세의무를 승계하며, 신설합병의 경우 합병으로 설립된 법인이 납세의무를 승계한다.

---

1) 법인의 합병으로 인한 납세의무의 승계에 대해서는 국세기본법 제23조와 지방세기본법 제41조에서 규정하고 있다.

(2) 상속으로 인한 납세의무의 승계[2)]

피상속인의 재산과 관련된 상속의 효력은 상속이 개시된 때로부터 상속인이 피상속인의 재산에 관한 포괄적 권리의무를 승계하는 것이다.[3)] 다만, 상속되는 총재산이 상속되는 채무에 미달하는 경우 상속인은 상속의 포기를 신고하여 초과 채무를 부담하지 않을 수 있다. 이러한 민사상의 상속의 효력은 피상속인의 납세의무에도 유사하게 적용되도록 되어 있다. 즉 상속되는 총재산에서 채무를 차감한 상속재산을 한도로 피상속인의 납세의무에 따라 과세관청이 징수할 금액에 대한 조세채무를 상속인이 승계하게 된다.[4)] 상속인이 있는지 분명하지 아니하여 법원에 의해 상속재산관리인이 선임된 경우에는 상속재산관리인이 승계한다.

상속포기자는 상속으로 인한 납세의무를 승계하는 상속인에 포함되지 않는 것이 원칙이지만 예외가 있다. 납세의무 승계를 피하면서 재산을 상속받기 위하여 피상속인이 상속인을 수익자로 하는 보험계약을 체결하고 상속인은 상속을 포기한 것으로 인정되는 경우로서 상속포기자가 피상속인의 사망으로 인하여 보험금을 받는 때에는 상속포기자를 상속인으로 보고, 보험금을 상속받은 재산으로 보는 방식으로 상속으로 인한 납세의무를 승계한다.

상속으로 인한 납세의무 승계자가 2인 이상인 경우 각 승계자는 상속으로 받은 재산의 한도에서 연대하여 납부할 의무가 있다.

제2절 | 제2차 납세의무

제2차 납세의무는 납세의무자의 재산이 조세 징수액에 충당하기 부족한 경우 그 징수부족액을 납부할 의무이다. 즉 납세의무자가 아닌 자에게 납세의무자의 납세의무를 보충하도록 하는 것이다. 따라서 납세의무자에 대한

2) 상속으로 인한 납세의무의 승계에 대해서는 국세기본법 제24조와 지방세기본법 제42조에서 규정하고 있다.

3) 민법 제1005조.

4) 납세의무를 승계할 상속인에는 민법상의 상속인에 추가하여 상속세 및 증여세법 제3조 제1항 본문의 수유자가 포함된다.

징수부족액이 발생하는 데 상당한 관련성이 있는 등의 사정이 있는 경우에 적용되는 것이 바람직할 것이다. 제2차 납세의무는 출자자, 법인, 청산인, 사업양수인에게 적용될 수 있다.

1. 출자자의 제2차 납세의무[5)]

법인에 자본을 출자한 출자자의 제2차 납세의무는 피출자 법인에 대한 징수부족액을 기준으로 산정되는 세액을 납부할 의무이다. 출자자에게 제2차 납세의무가 적용되는 요건은 다음과 같다.

첫째, 유가증권시장 또는 코스닥시장에 주권이 상장된 법인을 제외한 법인에 출자한 출자자여야 한다.[6)]

둘째, 법인의 재산으로 과세권자가 징수할 금액에 충당하여도 부족하여야 한다.

셋째, 징수부족 세액의 납세의무 성립일 현재 무한책임사원 또는 과점주주이어야 한다.

(1) 무한책임사원의 제2차 납세의무

무한책임사원에는 합명회사의 사원과 합자회사의 무한책임사원이 포함되며, 피출자 회사의 재산으로 회사의 채무를 완제할 수 없는 때에는 각각의 무한책임사원이 연대하여 변제할 책임이 있다.[7)] 무한책임사원의 제2차 납세의무는 피출자 법인에 대한 징수부족액 전체에 대해 적용된다.

(2) 과점주주의 제2차 납세의무

과점주주는 주주 등 유한책임의 출자자 1명과 그의 특수관계인들의 출자지분비율 합계가 50%를 초과하면서 그 법인의 경영에 대하여 지배적인 영

---

5) 출자자의 제2차 납세의무에 대해서는 국세기본법 제39조와 지방세기본법 제46조에서 규정하고 있다.

6) 유가증권시장은 한국증권거래소가 개설하는 시장을 의미한다. 이 요건은 국세기본법의 경우 2014년 12월 23일의 개정으로 폐지되었다가 2020년 12월 22일의 개정으로 다시 복구되었다.

7) 합명회사의 사원의 책임에 대해서는 상법 제212조에서 규정하고 있으며, 이 규정은 상법 제269조에 따라 합자회사에도 준용된다.

향력을 행사하는 자들이다.[8] 과점주주는 징수부족액 중 실질적으로 권리를 행사할 수 있는 출자지분의 비율에 해당되는 금액을 한도로 제2차 납세의무를 지게 된다.

예제 어떤 비상장 주식회사의 체납액 중 그 재산으로 충당할 수 없는 징수부족액과 주주에 관한 자료가 다음과 같은 경우 제2차 납세의무자가 납부할 금액을 산정하여 보자.

- 징수부족액
  01년 제1기(1월 1일부터 6월 30일까지)의 부가가치세 체납액 중 징수부족액 : 50,000,000원
  01년 제2기(7월 1일부터 12월 31일까지)의 부가가치세 체납액 중 징수부족액 : 100,000,000원
- 주주와 지분비율(실질적으로 권리를 행사하는 주식 수 기준) : 01년 1월 1일 현재 가(개인) 25%, 나(가의 배우자) 20%, 다(특수관계 없음) 30%, 라(특수관계 없음) 25% 였으며, 01년 9월 1일 가와 다의 주식매매로 지분비율이 가 40%, 다 15% 로 변경되어 가와 나는 회사의 경영에 대하여 지배적인 영향력을 행사하게 되었음

| 풀이 |

01년 제1기의 부가가치세 체납액 중 징수부족액에 대한 주주의 제2차 납세의무는 그 납세의무 성립일인 01년 6월 30일 현재 과점주주가 없으므로 그 적용요건을 충족하지 못한다. 그런데 01년 제2기의 부가가치세 체납액 중 징수부족액에 대한 주주의 제2차 납세의무는 01년 9월 1일의 주식매매로 그 납세의무 성립일인 01년 12월 31일 현재 과점주주의 요건을 충족하게 되었으므로 그에 해당되는 가와 나에게 적용된다.

과점주주인 가와 나의 제2차 납세의무는 주된 납세의무자인 회사에 대한 징

8) 특수관계인은 친족관계에 있는 혈족 인척, 경제적 연관관계에 있는 임원 사용인, 경영지배관계에 있는 주주 출자자로 국세기본법 제2조와 지방세기본법 제2조에서 정의하고 있다. 주주의 유한책임원칙에도 불구하고, 과점주주의 경우 법인을 조세회피의 수단으로 이용할 수 있는 지위에 있다는 점을 고려하여 과점주주에게 법인에 대한 징수부족액에 대하여 제2차 납세의무를 부과하고 있다.

수부족액에 각자의 실질적으로 권리를 행사하는 주식 수 기준 출자지분비율을 곱한 금액이다.

가의 제2차 납세의무 금액 = 징수부족액 × 지분비율
= 100,000,000 × 40%
= 40,000,000원

나의 제2차 납세의무 금액 = 징수부족액 × 지분비율
= 100,000,000 × 20%
= 20,000,000원

2. 법인의 제2차 납세의무[9)]

법인의 제2차 납세의무는 그 법인의 출자자에 대한 징수부족액을 기준으로 산정되는 세액을 순자산 중 지분가액을 한도로 납부할 의무이다. 법인에게 제2차 납세의무가 적용되는 요건은 다음과 같다.

첫째, 무한책임사원 또는 과점주주의 재산(출자지분 제외)으로 과세권자가 징수할 금액에 충당하여도 부족하여야 한다.

둘째, 징수부족 세액의 납부기간 만료일(납부기한이 둘 이상인 경우 최종 기한) 현재 무한책임사원 또는 과점주주이어야 한다.

셋째, 출자지분의 매수희망자가 없거나, 법률 또는 정관에 의하여 그 양도가 제한된 경우여야 한다.

법인의 제2차 납세의무는 자산총액에서 부채총액을 차감한 가액에 해당 무한책임사원 또는 과점주주의 그 법인에 대한 출자지분의 비율을 곱한 금액을 한도로 한다.

3. 청산인 등의 제2차 납세의무[10)]

해산한 법인의 청산인과 잔여재산을 분배 또는 인도받은 자의 제2차 납

9) 법인의 제2차 납세의무에 대해서는 국세기본법 제40조와 지방세기본법 제47조에서 규정하고 있다.

10) 청산인의 제2차 납세의무에 대해서는 국세기본법 제38조와 지방세기본법 제45조에서 규정하고 있다.

세의무는 그 법인에 대한 징수부족액을 기준으로 산정되는 세액을 납부할 의무이다.[11] 청산인 등에게 제2차 납세의무가 적용되는 요건은 다음과 같다.

첫째, 해산된 법인의 재산으로 과세권자가 징수할 금액에 충당하여도 부족하여야 한다.

둘째, 청산인이 해산된 법인에 대한 징수금을 납부하지 않고 잔여 재산을 분배 또는 인도한 경우이어야 한다.

청산인의 제2차 납세의무는 분배 또는 인도한 재산가액을 한도로 하며, 분배 또는 인도 받은 자의 제2차 납세의무는 각자가 받은 재산의 가액을 한도로 한다.

4. 사업양수인의 제2차 납세의무[12]

사업양수인의 제2차 납세의무는 사업양도인에 대한 징수부족액을 기준으로 산정되는 세액을 납부할 의무이다. 사업양수인에게 국세기본법에 따라 제2차 납세의무가 적용되는 요건은 다음과 같다.

첫째, 사업양도인의 재산으로 과세권자가 징수할 금액에 충당하여도 부족하여야 한다.

둘째, 양도인과 특수관계인인 자 또는 양도인의 조세회피를 목적으로 사업을 양수한 자로서 사업장별로 그 사업에 관한 권리와 의무를 포괄적으로 승계하여야 한다.[13]

셋째, 징수부족 세액에 대한 사업양도인의 납세의무가 사업양도일 이전에 확정된 것으로 그 양도된 사업에 관한 것이어야 한다.

사업양수인의 제2차 납세의무는 양수한 재산의 가액을 한도로 한다.

---

11) 청산인은 정관의 규정, 주주총회의 결의 또는 법원에 의하여 선임(법정청산인)되어, 해산법인의 청산사무를 집행하는 자를 말한다.

12) 사업양수인의 제2차 납세의무에 대해서는 국세기본법 제41조와 지방세기본법 제48조에서 규정하고 있다.

13) 일반적 상거래에서 발생하지 않은 미수금이나 미지급금은 제외한다. 지방세기본법에서는 사업장별로 그 사업에 관한 모든 권리와 의무를 포괄승계한 자로서 양도인이 사업을 경영하던 장소에서 양도인이 경영하던 사업과 같거나 유사한 종목의 사업을 경영하여야 한다는 요건을 규정하고 있다.

제3절 | 연대납세의무[14]

연대납세의무는 하나의 과세단위에 대한 납세의무자가 다수인 경우 그 납세의무자 각각이 전체 납세의무를 부담하는 것이다.[15] 그리고 연대납세의무자 중 한 납세의무자가 납세의무를 이행하면 전체 납세의무가 소멸된다. 과세권자의 관점에서는 다수의 연대납세의무자를 대상으로 조세채권 전체의 권리를 행사할 수 있으므로 조세채권을 실현하는 것이 용이하게 되는 이점이 있다. 그러나 전체 납세의무를 이행한 납세의무자는 자신이 부담할 몫을 초과하는 의무를 부담하는 결과가 발생할 수 있다. 따라서 연대납세의무는 이를 적용하지 않는 경우 해당 과세단위의 전체 세액을 징수하는 것이 어려운 사정이 있는 경우에 적용되는 것이 바람직할 것이다. 연대납세의무는 공유물과 공동사업, 법인분할과 분할합병, 회생계획에 따른 신회사의 설립 등에 적용되고 있다.

1. 공유물과 공동사업에 관한 연대납세의무

공유물은 지분에 따라 수인이 소유하는 것을 의미하는 공유되는 재산 등의 물건을 의미한다.[16] 한편 공동사업은 사업이 당사자 전원의 공동의 것으로서, 공동으로 경영되고 따라서 당사자 전원이 그 사업의 성공 여부에 대하여 이해관계를 가지는 사업을 말한다.[17]

(1) 공유물에 관한 연대납세의무

공유물과 관계되는 조세채무에 대해 공유자가 연대납세의무를 지는 내용이다. 모든 공유물과 조세에 적용되는 것은 아니다. 지방세의 경우 공동주택

---

14) 연대납세의무에 대해서는 국세기본법 제25조와 지방세기본법 제44조 등에서 규정하고 있다. 그 외에 상속세 및 증여세법에서는 상속세와 증여세의 연대납세의무에 대해 규정하고 있으며, 법인세법에서는 연결납세방식을 적용하는 경우에 적용되는 연대납세의무에 대해 규정하고 있다.

15) 국세기본법 제25조의2에서는 연대납세의무에 관하여 민법의 연대채무에 대한 규정을 준용하도록 하고 있다.

16) 공유에 대해서는 민법 제262조 제1항에서 규정하고 있다.

17) 국세기본법 집행기준 25-0-1 제3항.

의 공유물에는 적용되지 않는다. 또한 공동으로 소유한 자산의 양도소득에 대한 소득세 납세의무에 대해서도 적용되지 않는다.[18)]

(2) 공동사업에 관한 연대납세의무

공동사업 또는 공동사업에 속하는 재산과 관계되는 조세채무에 대해 공동사업자가 연대납세의무를 지는 내용이다. 사업소득이 발생하는 사업을 공동으로 경영하고 그 손익을 분배하는 형태의 공동사업의 소득에 대한 소득세 납세의무에 대해서는 적용되지 않는 것이 원칙이다.[19)]

2. 법인분할과 분할합병에 따른 연대납세의무

법인분할은 1개의 법인을 나누어 법인(들)을 신설하는 것으로 분할되는 법인은 존속할 수도 있고 해산하여 소멸할 수도 있다. 분할합병은 분할되는 법인의 일부(들)가 존립 중인 법인(들)과 합병하는 것으로, 존립 중인 법인에 흡수합병되는 형태와 존립 중인 법인의 일부와 합병하여 새로운 법인이 설립되는 형태가 있다. 법인분할 또는 분할합병의 경우 분할되는 법인의 존속 여부에 따라 연대납세의무의 내용에 차이가 있다.

(1) 분할되는 법인이 존속하는 경우의 연대납세의무

분할되는 법인, 분할신설법인, 분할합병의 상대방 법인은 분할등기일 이전에 분할되는 법인에 부과되거나 납세의무가 성립한 조세채무에 대하여 분할로 승계된 재산가액을 한도로 연대하여 납부할 의무가 있다.

(2) 분할되는 법인이 소멸하는 경우의 연대납세의무

분할신설법인, 분할합병의 상대방 법인은 분할되는 법인에 부과되거나 분할되는 법인이 납부하여야 할 조세채무에 대하여 분할로 승계된 재산가액을 한도로 연대하여 납부할 의무가 있다.

---

18) 소득세법 제2조의2 제5항.
19) 소득세법 제2조의2 제1항.

3. 회생계획에 따라 설립된 신회사의 연대납세의무

채무자 회생 및 파산에 관한 법률에 따라 파산 위기에 처한 회사의 사업을 계속하기 위한 회생계획에는 신회사의 설립을 통한 회생 방식이 있을 수 있다.[20] 회생계획에 따라 설립된 신회사는 기존의 법인에 부과되거나 납세의무가 성립한 조세채무에 대하여 연대하여 납부할 의무를 진다.

정·리·문·제

1. 납세의무의 승계에 관한 설명으로 옳은 것은?[21]

1) 흡수합병의 경우 합병으로 설립된 법인이 합병으로 소멸되는 법인의 납세의무를 승계한다.
2) 분할합병의 경우 분할합병의 상대방 법인이 분할되어 소멸되는 법인의 납세의무를 승계한다.
3) 상속인이 있는 것이 분명한 경우 상속인이 피상속인의 납세의무를 승계한다.
4) 상속인이 있는지 분명하지 아니한 경우 상속포기자가 피상속인의 납세의무를 승계한다.

2. 제2차 납세의무에 관한 설명으로 옳지 않은 것은?[22]

1) 주권이 상장되지 않은 법인에 출자한 출자자는 그 법인에 대한 징수부족액을 납부할 의무가 없다.
2) 유가증권시장에 주권이 상장된 주식회사는 그 주식회사의 과점주주가 아닌 주주에 대한 징수부족액을 납부할 의무가 없다.

---

20) 채무자 회생 및 파산에 관한 법률 제220조 제1항에 따라 법원은 채무자의 사업을 계속할 때의 가치가 채무자의 사업을 청산할 때의 가치보다 크다고 인정되는 때에는 관리인에게 사업의 계속을 내용으로 하는 회생계획안의 제출을 명하도록 하고 있다.

21) 정답 3).

22) 정답 1). 주권이 상장되지 않은 법인에 출자한 출자자는 제2차 납세의무의 적용요건을 충족하는 경우 제2차 납세의무가 있다.

3) 해산한 법인의 청산인은 그 법인의 잔여재산을 분배받은 자에 대한 징수부족액을 납부할 의무가 없다.
4) 사업양수인은 사업양도인의 양도된 사업 외의 사업에 관한 징수부족액을 납부할 의무가 없다.

3. 연대납세의무에 관한 설명으로 옳은 것은?[23)]

1) 법인분할로 1개의 법인이 신설되고 분할되는 법인은 존속하는 경우 분할등기일 이후 1년 이내의 분할신설법인의 조세채무에 대해 분할법인에게 연대납세의무가 있다.
2) 신설합병의 경우 소멸하는 법인의 조세채무에 대해서는 그 법인의 출자자에게 연대납세의무가 있다.
3) 공동주택의 공유물에 대한 재산세에 대해서는 그 공유자에게 연대납세의무가 있다.
4) 사업소득이 발생하는 사업을 공동으로 경영하고 그 손익을 분배하는 형태의 공동사업의 부가가치세에 대해서는 그 공동사업자에게 연대납세의무가 있다.

핵심 요약

- 제2차 납세의무는 납세의무자의 재산이 조세 징수액에 충당하기 부족한 경우 그 징수부족액을 납부하도록 하는 보충적 납세의무로 출자자, 법인, 청산인, 사업양수인에게 적용될 수 있음.
- 연대납세의무는 하나의 과세단위에 대한 납세의무자가 다수인 경우 그 납세의무자 각각이 전체 납세의무를 부담하는 것으로 공유물과 공동사업, 법인분할과 분할합병, 회생계획에 따른 신회사의 설립 등에 적용됨.

23) 정답 4).

연·습·문·제

1. 어떤 비상장 주식회사의 체납액 중 그 재산으로 충당할 수 없는 징수부족액과 주주에 관한 자료가 다음과 같은 경우 제2차 납세의무자에 대해 징수할 수 있는 금액은?[24)]

– 징수부족액 : 01년 제1기(1월 1일부터 6월 30일까지)의 부가가치세 체납액 중 징수부족액 100,000,000원 – 주주와 지분비율(실질적으로 권리를 행사하는 주식 수 기준) : 가(개인) 30%, 나(가의 배우자) 25%, 다(특수관계 없음) 25%, 라(특수관계 없음) 20%. 01년 중 변동이 없었으며 가와 나는 회사의 경영에 대하여 지배적인 영향력을 행사함

1) 25,000,000원
2) 30,000,000원
3) 40,000,000원
4) 55,000,000원

2. 어떤 비상장 주식회사의 체납액 중 그 재산으로 충당할 수 없는 징수부족액과 이 회사의 경영에 대하여 지배적인 영향력을 행사하는 한 주주의 지분비율이 다음과 같은 경우 이 주주에 대해 징수할 수 있는 금액은?[25)]

– 징수부족액 : 01년 제1기(1월 1일부터 6월 30일까지)의 부가가치세 체납액 중 징수부족액 30,000,000원, 01년 제2기(7월 1일부터 12월 31일까지)의 부가가치세 체납액 중 징수부족액 20,000,000원 – 지분비율(실질적으로 권리를 행사하는 주식 수 기준) : 01년 1월 1일부터 01년 5월 31일까지 60%, 01년 6월 1일부터 01년 12월 31일까지 70%

1) 30,000,000원
2) 32,000,000원
3) 35,000,000원
4) 38,000,000원

24) 정답 4). 100,000,000×(30%+25%)=55,000,000원.
25) 정답 3). (30,000,000+20,000,000)×70%=35,000,000원.

제9장 세액의 수정과 가산세

이 장에서 살펴볼 내용은 세액의 수정, 세무신고 관련 가산세, 납부지연가산세에 관한 것이다. 이 장의 학습 목표로는 수정신고와 경정청구에 대해 이해하고 활용하는 것, 세무신고 관련 가산세에 대해 이해하고 활용하는 것, 납부지연가산세에 대해 이해하고 활용하는 것을 들 수 있다.

제1절 | 세액의 수정

신고나 결정에 의해 특정된 세액에 오류가 있는 경우 그 세액을 수정하는 방법은 과세관청과 납세의무자에 따라 차이가 있다.

1. 과세관청의 세액 수정

과세관청은 신고나 결정에 의해 특정된 세액에 오류가 있을 때 이를 적법한 금액으로 정정할 의무가 있으며 이를 위해 단독으로 세액을 증액하거나 감액하는 결정 또는 경정을 할 수 있다. 확정된 세액은 경정으로 수정하게 될 것이며, 확정의 효력이 없는 신고로 특정된 세액은 결정으로 수정하게 될 것이다.[1] 결정 또는 경정은 과세관청의 행정처분에 해당하며, 경정을 할 수 있는 횟수에 제한이 없지만 조세 부과권의 제척기간이 만료되기 전에만

1) 확정의 효력이 없는 신고로는 상속세와 증여세의 신고, 기한 후 신고를 들 수 있다.

할 수 있다. 과세관청은 적법한 세액의 산정을 위해 세무조사를 할 수 있다.[2)]

(1) 세무조사

과세표준과 세액을 결정 또는 경정하기 위하여 질문을 하거나 해당 장부·서류 또는 그 밖의 물건을 검사·조사하거나 그 제출을 명하는 활동을 말한다.[3)] 공평한 과세를 실현하기 위하여 필요한 최소한의 범위에서 세무조사를 하여야 하며, 다른 목적 등을 위하여 조사권을 남용해서는 아니 된다. 또한 같은 세목 및 같은 과세기간에 대하여 재조사를 할 수 있는 경우를 한정하고 있다.[4)] 정기적으로 신고의 적정성을 검증하기 위한 세무조사의 경우 객관적 기준에 따라 공정하게 그 대상을 선정하여야 한다. 세무조사를 실시하기 전에 납세자에게 조사대상 세목, 조사기간 및 조사 사유 등을 통지하는 것이 원칙이다.[5)] 세무조사의 사전통지를 받은 납세자는 천재지변 등으로 조사를 받기 곤란한 경우 연기 신청을 할 수 있다. 세무조사가 종료되면 그 조사의 결과를 서면으로 납세자에게 통지하는 것이 원칙이다. 그 통지 내용에 대해 이의가 있는 납세자는 과세전적부심사를 청구하여 다툴 수 있다.[6)]

과세관청이 세액을 증액하는 결정 또는 경정을 하는 경우 증액되는 세액에는 가산세가 포함되는 것이 일반적이다.

(2) 가산세

세무신고나 납부 등 법률에서 규정한 의무를 위반하는 경우 부과하는 금액으로 그 세목은 해당 의무가 규정된 세법의 해당 세목으로 한다.[7)] 가산세는 정당한 사유 없이 의무를 위반하는 것에 대한 행정제재에 해당한다. 가산세 부과의 원인이 되는 사유가 기한연장 사유에 해당하거나, 납세자가 의무를 이행하지 아니한 데 대한 정당한 사유가 있는 때에는 해당 가산세를

---

2) 개별 세법에서는 세무공무원이 필요한 경우 납세의무자 등에 대해 질문과 조사를 할 수 있도록 규정하고 있는 것이 일반적이다(소득세법 제170조 등).

3) 국세기본법 제2조 제21호, 지방세기본법 제2조 제1항 제36호.

4) 재조사를 할 수 있는 경우에 대해서는 국세기본법 제81조의4와 지방세기본법 제80조에서 규정하고 있다.

5) 다만, 사전통지를 하면 증거인멸 등으로 조사 목적을 달성할 수 없다고 인정되는 경우에는 그러하지 아니하다(국세기본법 제81조의7 제1항, 지방세기본법 제83조 제1항).

6) 과세전적부심사에 대해서는 국세기본법 제81조의15, 지방세기본법 제88조에서 규정하고 있다.

7) 예를 들어 부가가치세 가산세는 부가가치세에 해당된다(국세기본법 제47조 제2항 참조).

부과하지 않는다.[8] 신고와 납부 기한이 모두 연장될 수 있는 사유로는 천재지변, 재해·도난 등과 같은 부득이한 경우와 장부 · 서류가 권한 있는 기관에 압수 · 영치된 경우 등이 규정되어 있다.[9]

2. 납세의무자의 세액 수정

납세의무자의 관점에서 세액의 수정을 주장하게 될 경우는 두 가지 정도를 들 수 있다. 먼저 세액이 적법한 세액보다 과다하여 감액하여야 하는 경우이다. 다음으로 세액이 과세관청의 결정 또는 경정으로 증액될 가능성에 따르는 가산세 부담을 감소시키고자 하는 경우이다. 관세관청은 단독으로 세액의 감액은 물론 증액도 할 수 있지만 납세의무자가 세액을 감액하기 위해서는 과세관청의 승인을 얻거나 조세불복절차를 제기하여야 한다. 조세불복절차는 과세관청의 부과 처분 등의 처분에 따른 세액이 정당한 세액보다 많은지의 여부에 대해 이견이 있는 경우 그 처분의 취소를 다투는 절차이다. 세액의 감액에 대해 과세관청의 승인을 얻기 위해 납세의무자가 적용할 방법은 경정 등의 청구이며, 가산세 부담을 감소시키기 위해 적용할 방법은 수정신고이다.

(1) 경정 등의 청구[10]

적법한 세액보다 과다한 세액을 정정하는 데 적용되는 방법으로 과세관청에게 세액을 감액하는 결정 또는 경정을 할 것을 청구하는 것이다. 과세표준 및 세액이 과다하거나 결손금액 또는 환급세액이 과소한 경우이면 신고한 것은 물론 결정 또는 경정된 것의 정정을 위해서도 적용할 수 있다. 다만 신고한 것과 결정 또는 경정된 것에 대한 경정 등의 청구의 절차적 의미에는 상당한 차이가 있다. 신고한 세액 등에 대한 경정 등의 청구는 과세관청의 행정처분의 취소를 청구하는 조세불복절차의 제기를 위한 필수적 절차이다. 조세불복절차는 과세관청의 처분의 취소를 다투는 것으로 과세관청의

8) 국세기본법 제48조 제1항, 지방세기본법 제57조 제1항.
9) 기한의 연장에 대해서는 국세기본법 제6조와 지방세기본법 제26조에서 규정하고 있다.
10) 경정 등의 청구에 대해서는 국세기본법 제45조의2와 지방세기본법 제50조에서 규정하고 있다.

처분이 있는 경우 제기할 수 있는데, 납세자가 신고한 세액과 관련하여서는 과세관청의 처분이 있었다고 인정되지 않으므로 경정 청구를 통해 과세관청의 처분을 유도하여야 한다. 이에 비해 결정 또는 경정된 세액 등에 대한 경정 청구는 생략이 가능한 선택적 절차인 것이 일반적이다. 또한 신고한 세액 등에 대한 경정 등의 청구의 기한은 조세부과권의 제척기간에 대응되도록 규정되어 있는 데 비해, 결정 또는 경정된 세액 등에 대한 경정 청구는 조세쟁송의 제기기한에 맞추어 규정되어 있다.[11] 다만, 소송에 대한 판결 등과 같이 과세표준 및 세액의 산정근거가 되는 사실관계 등이 변경되는 등의 사유가 발생하는 경우 그 사유가 발생한 것을 안 날로부터 일정기간 이내에 결정 또는 경정을 청구할 수 있다는 점에는 차이가 없다.[12] 그리고 이 경우 조세쟁송의 제기기한이 지난 후라면 결정 또는 경정된 세액 등에 대한 경정 청구는 과세관청의 행정처분의 취소를 청구하는 조세쟁송의 제기를 위한 필수적 절차가 될 것이다.

결정 또는 경정의 청구를 받은 과세관청은 결정 또는 경정을 하거나, 결정 또는 경정을 하여야 할 이유가 없다는 뜻을 청구인에게 통지하여야 한다.[13] 과세관청으로부터 결정 또는 경정을 하여야 할 이유가 없다는 뜻을 통지 받은 청구인은 조세소송 등의 조세불복절차를 통해 그 행정처분의 취소를 다툴 수 있다.

(2) 수정신고[14]

세액 자체는 납세의무자에게 불리하게 수정되지만 과소신고에 대한 가산세를 감소시킬 수 있는 방법이다. 즉 수정신고는 납세의무자가 자발적으로 과소신고한 세액을 수정할 수 있도록 하는 것으로 이를 장려하기 위하여 과소신고에 대한 가산세의 감면이라는 혜택이 부여될 수 있다.

납세의무자의 수정신고에 대해 가산세 감면이 적용되기 위한 요건은 다음과 같다. 첫째, 과세표준신고서를 법정신고기한까지 제출하였으며, 그 제

---

11) 신고한 세액 등에 대한 경정 등의 청구의 기한은 법정신고기한이 지난 후 5년 이내이며, 결정 또는 경정된 세액 등에 대한 경정 청구의 기한은 법정신고기한이 지난 후 5년 이내이면서 해당 처분이 있음을 안 날로부터 90일 이내이다.

12) 일정기간은 국세기본법의 경우 3개월, 지방세기본법은 90일이다.

13) 2개월 이내에 통지하여야 한다.

14) 수정신고에 대해서는 국세기본법 제45조와 지방세기본법 제49조에서 규정하고 있다.

출한 신고서에 기재된 과세표준 및 세액이 세법에 따라 신고하여야 할 과세표준 및 세액에 미치지 못하거나 결손금액 또는 환급세액이 세법에 따라 신고하여야 할 결손금액이나 환급세액을 초과하여야 한다. 둘째, 법정신고기한이 지난 후 일정기간 내에 수정신고를 하여야 하며, 과세관청이 과세표준과 세액을 경정할 것을 미리 알고 한 수정신고가 아니어야 한다. 셋째, 관할 과세관청이 세법에 따라 해당 조세의 과세표준과 세액을 결정 또는 경정하여 통지하기 전이어야 한다.[15] 이에 따라 결정에 의해 납세의무가 확정되는 경우는 결정 전에, 신고에 의해 납세의무가 확정되는 경우는 경정 전에 수정신고를 하여야 한다. 가산세 감면금액은 가산세에 감면비율을 곱하여 산정되며 수정신고의 시기가 속한 기간이 빠를수록 가산세 감면비율이 높아진다.[16]

수정신고는 불완전한 신고를 보완하거나, 기한 후 신고의 수정을 위해서도 할 수 있지만 가산세 감면은 적용되지 않는다.

제2절 | 세무신고 관련 가산세

신고에 관한 의무를 적법하게 이행하지 않는 경우 내국세에 대해 적용되는 대표적인 가산세로는 무신고가산세와 과소신고·초과환급신고가산세를 들 수 있다.[17]

(1) 무신고가산세[18]

법정신고기한까지 과세표준 신고를 하지 아니한 경우에 적용된다.[19] 무신고가산세의 산정 기준은 무신고납부세액이 적용되는 것이 일반적이다. 다만, 신고의무 위반의 책임이 중하다고 할 수 있는 소득세법에 따른 복식부

---

15) 과세표준수정신고서는 조세 부과권의 제척기간에 대한 규정(일부 조항 제외)에 따른 기간이 끝나기 전까지 제출할 수 있다.

16) 가산세의 감면에 대해서는 국세기본법 제48조와 지방세기본법 제57조에서 규정하고 있다.

17) 지방세의 경우 지방세기본법 제53조(무신고가산세), 제54조(과소신고가산세·초과환급신고가산세)가 적용된다.

18) 내국세의 무신고가산세에 대해서는 국세기본법 제47조의2에서 규정하고 있다.

19) 예정신고 및 중간신고를 포함하며, 「교육세법」 제9조에 따른 신고 중 금융·보험업자가 아닌 자의 신고와 「농어촌특별세법」 및 「종합부동산세법」에 따른 신고는 제외한다.

기의무자 또는 법인의 소득세 또는 법인세 무신고에 대해서는 무신고납부세액을 기준으로 산정한 금액과 수입금액을 기준으로 산정한 금액 중 큰 금액을 적용한다. 신고하고 납부하여야 할 세액이 없어 무신고납부세액이 영인 경우 무신고가산세가 없을 수 있다는 점을 반영한 것이다. 부정행위에 의한 무신고에 대해서는 가중된 가산세율을 적용하고 있다.[20] 부정행위는 장부의 거짓 기장 등의 행위로서 조세의 부과와 징수를 불가능하게 하거나 현저히 곤란하게 하는 적극적 행위이다.[21]

과세표준과 세액을 결정할 것을 미리 알고 기한후과세표준신고서를 제출한 경우를 제외하고 법정신고기한이 지난 후 일정기간 내에 기한 후 신고를 하는 경우 무신고가산세를 감면해 준다.[22]

(2) 과소신고·초과환급신고가산세[23]

법정신고기한까지 과세표준 신고를 한 경우로서 과소신고나 초과환급신고에 대해 적용된다. 과소신고는 납부할 세액을 신고하여야 할 세액보다 적게 신고한 경우이며, 초과환급신고는 환급받을 세액을 신고하여야 할 금액보다 많이 신고한 경우이다.

과소신고 · 초과환급신고가산세의 산정 기준은 과소신고한 납부세액과 초과신고한 환급세액을 합한 금액이 적용되는 것이 일반적이다. 다만, 신고의무 위반의 책임이 중하다고 할 수 있는 소득세법에 따른 복식부기의무자 또는 법인의 부정행위에 의한 소득세 또는 법인세 과소신고 · 초과환급신고에 대해서는 부정행위에 의한 과소신고 · 초과환급신고세액을 기준으로 산정한 금액과 부정행위에 의한 과소신고 관련 수입금액을 기준으로 산정한 금액 중 큰 금액을 적용한다. 부정행위에 의한 과소신고 · 초과환급신고세액에 대해서는 가중된 가산세율을 적용한다.[24]

---

20) 무신고납부세액에 적용되는 가산세율은 100분의 20이지만 부정행위의 경우 100분의 40(역외거래에서 발생한 부정행위인 경우에는 100분의 60)이 적용된다.

21) 국세기본법 시행령 제12조의2에 따라 부정행위는 조세범처벌법 제3조 제6항에서 규정하고 있는 사기나 그 밖의 부정한 행위를 의미한다.

22) 6개월 이내에 기한 후 신고를 하여야 한다(국세기본법 제48조 제2항 제2호).

23) 내국세의 과소신고 · 초과환급신고가산세에 대해서는 국세기본법 제47조의3에서 규정하고 있다.

24) 부정행위가 아닌 경우 가산세율은 100분의 10이지만 부정행위의 경우 100분의 40(역외거래에서 발생한 부정행위인 경우에는 100분의 60)이 적용된다.

과세표준과 세액을 경정할 것을 미리 알고 과세표준수정신고서를 제출한 경우를 제외하고 법정신고기한이 지난 후 일정기간 내에 수정신고를 하는 경우 과소신고·초과환급신고가산세를 감면해 준다.[25)]

예제 사업연도가 매년 1월 1일부터 12월 31일까지인 어떤 주식회사가 01년 각 사업연도의 소득에 대한 법인세 과세표준 신고를 하지 않았으며, 02년 각 사업연도의 소득에 대한 법인세 과세표준 신고(납부세액 10,000,000원)를 법정신고 기한 전에 신고하였다. 05년 10월 31일에 통지된 이 회사에 대한 과세관청의 세무조사 결과가 다음과 같은 경우 이 회사에 적용될 세무신고 관련 가산세에 대해 살펴보자.

- 01년의 수입금액은 5,000,000,000원이며, 각 사업연도의 소득에 대한 법인세 납부세액은 20,000,000원으로 결정되었으며, 부정행위는 없었음
- 02년의 수입금액은 6,000,000,000원이며, 각 사업연도의 소득에 대한 법인세 납부세액은 30,000,000원으로 경정되었으며, 부정행위와 관련된 수입금액은 500,000,000원, 납부세액은 10,000,000원임

| 풀이 |

01년에는 법정신고기한까지 법인세 과세표준 신고를 하지 아니하였으므로 무신고가산세가 적용되며, 02년에는 과소신고(납부할 세액을 신고하여야 할 세액보다 적게 신고)하였으므로 과소신고·초과환급신고가산세가 적용된다.

01년의 무신고가산세는 법인의 법인세 무신고에 대해 적용되는 기준을 적용하여 무신고납부세액을 기준으로 산정한 금액과 수입금액을 기준으로 산정한 금액 중 큰 금액을 적용한다.

02년의 과소신고·초과환급신고가산세는 법인의 부정행위에 의한 법인세 과소신고·초과환급신고에 대해서는 부정행위에 의한 과소신고·초과환급신고세액을 기준으로 산정한 금액과 부정행위에 의한 과소신고 관련 수입금액을 기준으로 산정한 금액 중 큰 금액을 적용하며, 그 외의 법인세 과소신고·초과환급신고에 대해서는 과소신고·초과환급신고세액을 기준으로 산정한다.

---

25) 2년 이내에 수정신고를 하여야 한다(국세기본법 제48조 제2항 제1호).

제3절 | 납부지연가산세[26)]

납부에 관한 의무를 적법하게 이행하지 않는 경우 내국세와 지방세에 대해 적용되는 대표적인 가산세는 납부지연가산세이다. 납부지연가산세가 적용되는 경우는 납부기한까지 납부하여야 할 세액을 납부하지 아니하는 경우, 납부하여야 할 세액보다 적게 납부하는 경우, 환급받아야 할 세액보다 많이 환급받는 경우이다.

내국세에 적용되는 납부지연가산세는 일반적으로 지연납부 기간의 이자 상당액, 초과환급 기간의 이자 상당액, 납부의무 불이행에 대한 제재금 상당액으로 구성된다.[27)]

(1) 지연납부 기간의 이자 상당액

납부하지 아니한 세액 또는 과소납부분 세액에 법정납부기한의 다음날부터 납부일까지의 경과일수를 곱하고 일이자율을 곱한 금액을 말한다.[28)] 납부일 전에 납부의 고지가 있는 경우 납부고지일부터 납부고지서에 따른 납부기한까지의 기간에 대해서는 적용하지 아니한다.

(2) 초과환급 기간의 이자 상당액

초과환급받은 세액에 환급받은 날의 다음날부터 납부일까지의 경과일수를 곱하고 일이자율을 곱한 금액을 말한다. 납부일 전에 납부의 고지가 있는 경우 납부고지일부터 납부고지서에 따른 납부기한까지의 기간에 대해서는 적용하지 아니한다.

(3) 납부고지 불이행에 대한 제재금 상당액

법정납부기한까지 납부하여야 할 세액 중 납부고지서에 따른 납부기한까지 납부하지 아니한 세액 또는 과소납부분 세액의 100분의 3으로 산정한다.

---

26) 납부지연가산세에 대해서는 국세기본법 제47조의4, 지방세기본법 제55조에서 규정하고 있다.

27) 인지세법 제8조 제1항에 따른 인지세에 대해서 다른 방식으로 산정하며, 부가가치세법에 따른 사업자가 같은 법에 따른 납부기한까지 어느 사업장에 대한 부가가치세를 다른 사업장에 대한 부가가치세에 더하여 신고납부한 경우 등에 대해서도 예외 규정이 있다.

28) 일이자율에 대해서는 국세기본법 시행령 제27조의4에서 규정하고 있다.

예제 사업연도가 매년 1월 1일부터 12월 31일까지인 어떤 주식회사가 02년 3월 30일에 신고한 01년 각 사업연도의 소득에 대한 법인세 과세표준 및 세액(법정신고기한과 법정납부기한은 02년 3월 31일임)과 세무조사 결과 밝혀진 과세표준 및 세액이 다음과 같은 경우 적용될 가산세에 대해 살펴보자.

- 신고 내역 : 과세표준 (-)100,000,000원, 환급세액 10,000,000원(환급일은 02년 4월 30일임)
- 세무조사 결과 : 과세표준 200,000,000원, 산출세액 20,000,000원(부정행위는 없었음)
- 세무조사 결과에 따른 납부고지일은 02년 12월 1일이며, 납부고지서 상 납부기한인 02년 12월 30일에 납부할 금액을 납부하였음.

| 풀이 |

환급받을 세액을 신고하여야 할 금액보다 많이 신고하였으며(초과신고 환급세액 10,000,000원), 납부할 세액을 신고하여야 할 세액보다 적게 신고하였으므로(과소신고 납부세액 20,000,000원) 과소신고·초과환급신고가산세가 적용되며, 환급받아야 할 세액보다 많이 환급받았으며(초과환급세액 10,000,000원), 납부하여야 할 세액보다 적게 납부하였으므로(과소납부세액 20,000,000원) 납부지연가산세가 적용된다.

과소신고·초과환급신고가산세는 부정행위가 없으므로 과소신고·초과환급신고세액을 기준으로 산정한다.

납부지연가산세는 지연납부 기간의 이자 상당액과 초과환급 기간의 이자 상당액으로 구성되며, 납부고지서 상 납부기한까지 납부하였으므로 납부고지 불이행에 대한 제재금 상당액은 제외된다.

지연납부 기간의 이자 상당액은 과소납부세액 20,000,000원에 대해 납부기한의 다음날인 02년 4월 1일부터 납부일인 02년 12월 30일까지의 경과일수 274일에서 납부고지일인 02년 12월 1일부터 02년 12월 30일까지의 경과일수 30일을 제외한 244일을 적용하여 산정한다.

초과환급 기간의 이자 상당액은 초과환급세액 10,000,000원에 대해 환급받은 날의 다음날인 02년 5월 1일부터 납부일인 02년 12월 30일까지의 경과일수 244일에서 납부고지일인 02년 12월 1일부터 02년 12월 30일까지의 경과일수 30일을 제외한 214일을 적용하여 산정한다.

정·리·문·제

1. 경정 등의 청구에 관한 설명으로 옳은 것은?[29)]

1) 과세관청이 세액을 증액하는 결정 또는 경정을 하기 위해서는 그에 앞서 법원에 경정 등의 청구를 하여야 한다.
2) 납세의무자가 세액의 증액에 따라 부과될 가산세를 감면받기 위해서는 과세관청에 경정 등의 청구를 하여야 한다.
3) 과세관청이 결정 또는 경정한 세액을 감액하는데는 적용할 수 없다.
4) 납세의무자가 신고한 세액에 대한 경정 등의 청구는 과세관청의 행정처분의 취소를 청구하는 조세불복절차의 제기를 위한 필수적 절차이다.

2. 국세기본법에 따른 무신고가산세와 과소신고·초과환급신고가산세에 관한 설명으로 옳지 않은 것은?[30)]

1) 법인의 부정행위에 의한 법인세 무신고에 대한 무신고가산세는 무신고납부세액을 기준으로 산정한 금액과 수입금액을 기준으로 산정한 금액 중 큰 금액을 적용한다.
2) 소득세법에 따른 복식부기의무자의 부가가치세세 무신고에 대한 무신고가산세는 무신고납부세액을 기준으로 산정한다.
3) 법인의 법인세 과소신고 · 초과환급신고에 대한 과소신고 · 초과환급신고가산세는 과소신고 · 초과환급신고세액을 기준으로 산정한 금액과 과소신고 관련 수입금액을 기준으로 산정한 금액 중 큰 금액을 적용한다.
4) 소득세법에 따른 복식부기의무자의 부정행위에 의한 부가가치세세 과소신고 · 초과환급신고에 대한 과소신고 · 초과환급신고가산세는 과소신고 · 초과환급신고세액을 기준으로 산정한다.

---

29) 정답 4).

30) 정답 3). 부정행위가 아닌 경우 과소신고한 납부세액과 초과신고한 납부세액을 합한 금액을 기준으로 함.

3. 국세기본법에 따른 납부지연가산세의 구성 요소에 관한 설명으로 옳은 것은?[31)]

1) 과소납부분 세액에 대해 법정납부기한의 다음날부터 납부일까지의 경과일수를 적용하여 산정한 이자 상당액이 포함된다.
2) 납부하지 아니한 세액에 대해 납부고지일의 다음날부터 납부일까지의 경과일수를 적용하여 산정한 이자 상당액이 포함된다.
3) 초과환급받은 세액에 대해 법정납부기한의 다음날부터 납부일까지의 경과일수를 적용하여 산정한 이자 상당액이 포함된다.
4) 납부고지서에 따른 납부기한까지 납부하지 아니한 세액에 대해 납부고지일의 다음날부터 납부기한까지의 경과일수를 적용하여 산정한 이자 상당액이 포함된다.

핵심 요약

- 과세관청은 단독으로 세액을 증액하거나 감액하는 결정 또는 경정을 할 수 있지만, 납세의무자는 세액을 감액하기 위해서는 경정 등의 청구로 과세관청의 승인을 얻거나 조세불복절차를 제기하여야 함.
- 가산세는 세무신고와 납부 등 의무의 성실한 이행을 확보하기 위하여 각 조세의 산출된 세액에 가산하여 징수하는 조세이며, 신고와 납부를 기한 내에 이행하지 않는 경우 내국세에 대해서는 무신고가산세, 과소신고·초과환급신고가산세, 납부지연가산세 등이 적용됨.

31) 정답 1).

연·습·문·제

1. 사업연도가 매년 1월 1일부터 12월 31일까지인 어떤 주식회사는 01년 각 사업연도의 소득에 대한 법인세 과세표준 및 세액을 법정신고기한과 법정납부기한인 02년 3월 31일까지 신고 및 납부하지 않았다. 이 회사에 대한 세무조사 결과에 따른 납부고지서의 내용이 다음과 같은 경우 납부지연가산세 중 지연납부기간의 이자 상당액의 산정에 적용될 경과일수는?[32)]

−납부고지서의 내용 : 과세표준은 200,000,000원, 산출세액은 20,000,000원(부정행위는 없었음), 납부고지일 02년 11월 1일, 납부기한 02년 11월 30일 −납부고지된 세액의 납부일 : 02년 11월 30일

1) 204일　　2) 209일

3) 214일　　4) 219일

2. 사업연도가 매년 1월 1일부터 12월 31일까지인 어떤 주식회사의 01년 각 사업연도의 소득에 대한 법인세 과세표준 및 세액(법정신고기한과 법정납부기한은 02년 3월 31일임)에 대한 신고 내역과 세무조사 결과에 따른 납부고지서의 내용이 다음과 같은 경우 납부지연가산세 중 초과환급 기간의 이자상당액의 산정에 적용될 경과일수는?[33)]

−신고 내역 : 과세표준 (−)50,000,000원, 환급세액 5,000,000원(환급일 02년 4월 30일) −납부고지서의 내용 : 과세표준 150,000,000원, 산출세액 15,000,000원(부정행위는 없었음), 납부고지일 02년 11월 26일, 납부기한 02년 12월 25일 −납부고지된 세액의 납부일 : 02년 12월 24일

1) 209일　　2) 219일

3) 229일　　4) 229일

32) 정답 3). 02년 4월 1일부터 02년 10월 31일까지의 일수인 214일이다.

33) 정답 1). 02년 5월 1일부터 02년 11월 25일까지의 일수인 209일이다.

제10장 조세불복절차

이 장에서 살펴볼 내용은 조세불복절차의 개요, 조세불복 전심절차, 조세소송에 관한 것이다. 이 장의 학습 목표로는 조세불복절차의 개요를 이해하고 간략하게 설명하는 것, 조세불복에 관한 전심절차를 이해하고 활용하는 것, 조세소송의 개요를 이해하고 활용하는 것을 들 수 있다.

제1절 | 조세불복절차의 개요

납세사의 납부세액이 적법한 세액을 초과하거나 적법한 환급세액이 환급되지 않는 경우 그로 인해 납세자는 재산상 손해를 입게 되며 과세권자는 이익을 얻게 된다. 이 경우 과세권자가 얻는 이익은 법률상 원인 없이 얻는 것이므로 부당이득에 해당한다. 과세권자의 부당이익의 문제는 그 반환으로 해결할 수 있으며 이는 정의와 공평의 관념에도 부합하지만, 그보다 조세행정이 법률에 적합해질 수 있다는 데 의의가 있다.[1)]

과세권자에게 부당이득이 있음을 인정받을 수 있으려면 과세관청의 결정 등 세액 관련 행정행위의 효력을 다투어야 하는 것이 일반적이지만, 그렇지 않은 경우도 있다. 확정된 세액에 따른 납부세액보다 많은 금액을 납부하거나 확정된 세액에 따른 환급세액을 환급받지 못한 경우 등이 이에 해당한다. 이 경우에도 소송을 제기할 필요가 있는 경우 부당이득의 반환을 법원

1) 민법 제741조에서 규정하고 있는 부당이득의 반환에 관한 법리는 정의 또는 공평의 관념에 따른 것이다.

에 청구하는 방법으로 부당이득을 반환받을 수 있다.[2] 납세의무자와 과세관청 사이의 조세법률관계에서 발생한 부당이득에 대하여서는 채무 없음을 알고 변제한 때에는 그 반환을 청구하지 못하는 민법상의 비채변제의 규정이 적용되지 아니한다.[3] 또한 민법상의 악의의 수익자의 부당이득에 대한 이자반환 의무 규정이 적용되지 않고, 수익자인 국가의 선의·악의를 불문하고 부당이득에 대한 법정이자 성격의 환급가산금을 조세환급금에 가산한다.[4]

조세불복절차는 과세권자에게 부당이득이 있음을 인정받기 위해 과세관청의 결정 등 세액 관련 행정행위의 효력을 다투어야 하는 경우의 절차라고 할 수 있다. 이 경우 납세자가 적용할 수 있는 절차에는 과세관청의 결정 등을 취소시키기 위한 절차와 무효 또는 부존재를 확인하기 위한 절차가 있다.

(1) 과세관청의 결정 등을 취소시키기 위한 절차

납부세액이 적법한 세액보다 과다하게 된 원인인 과세관청의 결정 등을 취소시키기 위한 절차이다. 세액이 과다하게 된 원인인 과세관청의 세액 결정 또는 경정이나 경정 등의 청구에 대한 거부 결정 등이 취소되면 그 결정 등은 효력을 잃게 되므로 과세권자에게 부당이득이 있다는 것을 부인할 수 없게 된다.

과세관청의 결정 등을 취소시키기 위한 절차는 소송 전의 불복절차인 전심절차와 행정소송 절차로 구분된다.[5] 전심절차 중에는 행정소송을 제기하기에 앞서 거쳐야 하는 필요적 전심절차가 있다.

전심절차나 행정소송에 의해 과세관청의 결정 등이 취소되면 과세관청은 초과 세액을 조세환급금으로 결정하고 법정이자 상당액을 조세환급금에 가

---

2) 과오납부의 경우 민사소송으로 진행되며, 환급세액의 경우 행정소송 중 당사자소송으로 진행된다(대법원 2013. 3. 21. 선고 2011다95564 전원합의체 판결).

3) 대법원 1995. 2. 28. 선고 94다31419 판결. 민법상의 비채변제의 규정은 민법 제742조에서 규정하고 있는 '채무 없음을 알고 이를 변제한 때에는 그 반환을 청구하지 못한다'는 것이다.

4) 대법원 2009. 9. 10. 선고 2009다11808 판결. 민법 제748조 제2항에서는 '악의의 수익자는 그 받은 이익에 이자를 붙여 반환하고 손해가 있으면 이를 배상하여야 한다'고 규정하고 있다. 여기서 악의는 자신의 이익 보유가 법률상 원인 없는 것임을 인식하는 것을 말한다(대법원 2018. 10. 25., 선고, 2016다42800 판결).

5) 헌법 제27조 제1항에서는 국민의 재판 받을 권리에 대해 규정하고 있으며, 이에 따라 법률에서는 국민의 재판 받을 권리를 실효성 있게 보장할 수 있는 내용을 규정하여야 한다. 행정소송의 절차에 대해서는 행정소송법에서 규정하고 있다.

산하여야 한다.[6] 따라서 이 절차에서는 별도의 부당이득 반환 청구 없이도 반환받을 수 있는 것이 일반적이다.

(2) 과세관청의 결정 등의 무효 또는 부존재를 확인하기 위한 절차

납부세액이 적법한 세액보다 과다하게 된 원인인 과세관청의 결정 등이 무효이거나 존재하지 않는 것을 확인하기 위한 절차이다. 납부세액이 적법한 세액보다 과다하게 된 원인인 과세관청의 결정 등이 무효이거나 존재하지 않는 것으로 확인되면 그 결정 등이 취소되지 않았더라도 과세권자에게 부당이득이 있다는 것을 부인할 수 없게 된다. 그런데 행정행위를 취소시킬 사유보다는 무효화할 사유가 더 제한적인 것이 일반적일 것이므로 취소를 위한 절차를 적용하지 못하는 경우에 적용하는 것이 일반적일 것이다.

과세관청의 결정 등이 무효이거나 존재하지 않는 것을 확인하기 위한 절차에는 전심절차가 제외되며 행정소송을 바로 제기할 수 있다. 다툼의 대상인 세액을 이미 납부한 경우에는 부당이득반환을 청구하는 민사소송을 제기할 수도 있으며, 이 경우에도 과세관청의 행정작용의 효력 유무 또는 존재 여부가 민사소송의 선결문제로 되어 이에 대한 심리와 판단에는 행정소송법의 관련 규정이 준용된다.[7]

제2절 | 조세불복 전심절차

조세불복의 전심절차는 법원의 재판에 앞서 진행되는 행정청에 대한 불복절차로 행정청이 불복사건에 대해 심의하고 판단한다. 그 의의로는 행정청의 조세행정에 대한 자기통제의 기능이 있다는 것과 법원의 부담이 경감될 수 있다는 것을 들 수 있다.

조세불복의 전심절차는 조세에 관한 법률에 따른 처분으로서 위법 또는 부당한 처분을 받거나 필요한 처분을 받지 못함으로 인하여 권리나 이익을

6) 국세기본법 제51조, 제52조, 관세법 제46조, 제48조, 지방세기본법 제60조, 제62조.
7) 행정소송법 제11조.

침해당한 자가 제기할 수 있다.[8] 처분이란 행정청이 행하는 구체적 사실에 관한 법집행으로서의 공권력의 행사 또는 그 거부, 그 밖에 이에 준하는 행정작용을 말한다. 과세관청의 처분에 해당되는 대표적인 예로는 결정 또는 경정과 경정청구에 대한 거부처분을 들 수 있다.

조세불복의 전심절차에서 행정청의 심의와 판단에는 사법절차가 준용되어야 한다.[9] 사법절차는 법원이 사법권을 행사하여 분쟁을 해결하는 절차를 의미하며, 그 본질적 요소는 판단기관의 독립성·공정성, 대심적 심리구조, 당사자의 절차적 권리보장이다.[10] 조세불복의 전심절차에는 행정소송 중 취소소송을 제기하기 위해 필수적으로 거쳐야 하는 절차가 있으므로 사법절차의 본질적 요소에 관한 요청이 높다고 할 것이다.[11] 전심절차에서의 판단을 재결이라고 하며 재결의 권한을 갖는 행정청을 재결청이라고 한다.[12]

1. 전심절차의 종류

조세불복에 관한 전심절차는 일반적인 행정청에 대한 불복에서의 전심절차와는 달리 임의적 전심절차와 필요적 전심절차로 구성된다.[13]

(1) 임의적 전심절차

필요적 전심절차에 앞서 제기할 수 있는 절차로 이의신청이 이에 해당한다.[14] 이의신청은 불복 대상 처분의 관할과세관청(처분청)에 대해 이의를 신

8) 국세기본법 제55조 제1항, 지방세기본법 제89조 제1항, 관세법 제119조 제1항. 관세의 경우 조약에 따른 처분에도 적용할 수 있다.

9) 헌법 제107조 제3항에서는 '재판의 전심절차로서 행정심판을 할 수 있다. 행정심판의 절차는 법률로 정하되, 사법절차가 준용되어야 한다'고 규정하고 있다.

10) 헌법재판소 2001. 3. 15. 결정 2001헌가1 등.

11) 행정소송법 제18조 제1항에서는 '취소소송은 법령의 규정에 의하여 당해 처분에 대한 행정심판을 제기할 수 있는 경우에도 이를 거치지 아니하고 제기할 수 있다. 다만, 다른 법률에 당해 처분에 대한 행정심판의 재결을 거치지 아니하면 취소소송을 제기할 수 없다는 규정이 있는 때에는 그러하지 아니하다'고 규정하고 있으며, 국세기본법 제56조 제2항, 관세법 제120조 제2항, 지방세기본법 제98조 제3항에서는 필요적 전심절차에 대해 규정하고 있다.

12) 재결의 정의에 대해서는 행정심판법 제2조 제3호에서 규정하고 있다.

13) 일반적인 행정심판은 행정심판법에 따르지만 조세불복의 전심절차에는 국세기본법 등이 적용된다. 다만 행정심판법의 일부 규정들을 준용하도록 규정하고 있다(국세기본법 제56조 제1항, 관세법 제120조 제1항, 지방세기본법 제98조 제1항).

청하는 것으로 국세청장이나 관세청장이 조사 결정한 처분 또는 처리하였거나 처리하였어야 하는 처분에 대해서는 적용되지 않는다.[15)]

(2) 필요적 전심절차

과세관청의 결정 등의 취소를 청구하는 행정소송인 취소소송을 제기하기 위해서는 먼저 필요적 전심절차 중 하나를 거쳐야 한다. 필요적 전심절차에 해당하는 절차는 최상위 과세관청에 대한 심사청구, 국무총리 소속의 조세심판원에 대한 심판청구, 감사원에 대한 심사청구이며, 동일한 처분에 대해서는 중복하여 제기할 수 없다.[16)] 지방세의 경우 과세관청에 대한 심사청구는 적용되지 않는다.

예제 사업연도가 매년 1월 1일부터 12월31일까지인 어떤 주식회사의 01년 각 사업연도의 소득에 대한 법인세 신고와 관련된 자료가 다음과 같은 경우 이 회사의 조세불복절차에 대해 살펴보자.

- 02년 3월 30일에 신고 납부한 01년의 각 사업연도의 소득이 담당자의 착오에 의해 과다하게 산정되었음
- 02년 5월 1일에 과다신고 납부한 법인세 세액을 감액하기 위하여 관할세무서에 경정청구를 하였으나 관할세무서로부터 경정을 하여야 할 이유가 없다는 뜻을 통지받음

| 풀이 |

경정청구에 대한 거부는 조세불복의 대상이 되는 처분으로 그 처분의 취소를 청구하는 불복절차를 진행할 수 있다. 이 회사가 선택할 수 있는 조세불복절차는 다음과 같은 세 가지 중 하나이다.

(1) 이의신청(생략가능) – 국세청장에 대한 심사청구 – 소송

---

14) 이의신청에 대해서는 국세기본법 제66조, 관세법 제132조, 지방세기본법 제90조에서 규정하고 있다.

15) 국세기본법 제55조 제3항, 관세법 제119조 제2항.

16) 과세관청에 대한 심사청구의 기간과 절차에 대해서는 국세기본법 제61조와 제62조, 관세법 제121조와 제122조에서 규정하고 있다. 또한 심판청구의 기간과 절차에 대해서는 국세기본법 제68조와 제69조에서 규정하고 있으며, 관세법과 지방세기본법에서는 국세기본법을 준용하도록 하고 있다.

(2) 이의신청(생략가능) – 심판청구 – 소송

(3) 감사원에 대한 심사청구 – 소송[17)]

2. 전심절차의 주요 원칙

조세불복에 관한 전심절차와 관련된 주요 원칙으로는 집행부정지 원칙, 불고불리 원칙, 불이익변경금지 원칙을 들 수 있다.[18)]

(1) 집행부정지 원칙

전심절차가 진행되더라도 그 불복의 대상인 처분의 집행은 정지되지 아니하는 것이 원칙이다.[19)]

(2) 불고불리 원칙

불복 사건에 관해 심리하고 판단하는 재결청은 불복의 청구가 있는 처분에 대해서만 심리하고 결정하여야 한다는 것이다.

(3) 불이익변경금지 원칙

재결청의 결정이 불복 청구의 대상인 원래의 처분보다 청구인에게 불리하게 되어서는 안 된다는 것이다.

3. 전심절차에서의 결정 유형과 효력

조세불복에 관한 전심절차에서 불복 청구에 대한 재결청의 결정의 유형에는 각하, 기각, 인용이 있으며 재조사도 가능하다.

---

17) 감사원에 대한 심사청구의 청구기간에서는 이의신청을 고려하고 있지 않으므로 이의신청을 거치는 것은 현실적으로 불가능하다.

18) 집행부정지 원칙에 대해서는 국세기본법 제57조, 관세법 제125조, 지방세기본법 제99조에서 규정하고 있으며, 불고불리 원칙과 불이익변경금지 원칙에 대해서는 국세기본법 제65조의3과 제79조, 관세법 제128조의2에서 규정하고 있다.

19) 예외적으로 국세의 경우 해당 재결청이 처분의 집행 또는 절차의 속행 때문에 이의신청인, 심사청구인 또는 심판청구인에게 중대한 손해가 생기는 것을 예방할 필요성이 긴급하다고 인정할 때에는 처분의 집행 또는 절차 속행의 전부 또는 일부의 정지(이하 "집행정지"라 한다)를 결정할 수 있다(국세기본법 제57조 제1항, 관세법 제125조 제1항).

(1) 각하

신청·청구기간이 경과하는 등 청구가 형식적으로 부적법한 경우 심의를 하지 않고 신청 자체를 배척하는 결정이다.[20]

(2) 기각

신청 또는 청구가 이유 없다고 인정될 때 신청인 또는 청구인의 주장을 배척하는 결정이다.

(3) 인용

신청 또는 청구가 이유 있다고 인정될 때 신청인 또는 청구인의 청구를 받아들이는 결정이다. 구체적으로 재결청이 과세관청이나 조세심판원인 경우 청구의 대상이 된 처분의 취소·경정 결정을 하거나 필요한 처분의 결정을 하며, 재결청이 감사원인 경우 관계기관의 장에게 시정이나 그 밖에 필요한 조치를 요구하는 결정을 한다. 재결청의 인용 결정은 관계 행정청을 기속하게 되어 해당 행정청은 인용 결정에 어긋나는 처분을 할 수 없다.

(4) 재조사

신청 또는 청구에 따라 취소·경정 또는 필요한 처분을 하기 위하여 사실관계 확인 등 추가적으로 조사가 필요한 경우 처분청으로 하여금 이를 재조사하여 그 결과에 따라 취소·경정하거나 필요한 처분을 하도록 하는 결정이다. 감사원에 대한 심사청구에서의 결정에는 적용되지 않는다. 재조사 결정에 따른 처분청의 처분에 대한 행정소송에 대해서는 필요적 전심절차를 적용하지 않는다.[21]

---

20) 내국세에 관한 심사청구나 심판청구는 청구 대상 처분이 있은 것을 안 날 또는 이의신청에 대한 결정통지를 받은 날로부터 90일 이내에 제기하여야 한다(국세기본법 제61조, 제68조).

21) 국세기본법 제56조 제2항, 관세법 제120조 제2항, 지방세기본법 제98조 제3항.

제3절 | 조세소송

과세관청의 결정 또는 경정이나 경정청구에 대한 거부처분의 취소를 청구하거나 그 무효 또는 부존재를 확인하기 위해서는 행정소송을 제기하여야 한다.

(1) 행정소송

3심제가 적용되며, 1심법원은 행정법원인 것이 원칙이다.[22] 행정법원의 판결에 불복하는 경우 고등법원에 항고할 수 있으며, 고등법원의 판결에 불복하는 경우 대법원에 상고할 수 있다.

행정소송은 항고소송, 당사자소송, 민중소송, 기관소송으로 구분되며, 항고소송은 취소소송, 무효등 확인소송, 부작위위법확인소송으로 구분된다.[23] 항고소송에서 법원은 필요하다고 인정할 때에는 직권으로 증거조사를 할 수 있고, 당사자가 주장하지 아니한 사실에 대하여도 판단할 수 있다.

조세소송은 주로 과세관청의 결정 등의 처분 취소를 청구히기 위해 제기하는 소송이므로 취소소송으로 진행되며, 취소소송을 제기할 수 없는 경우 무효등 확인소송으로 진행되는 것이 일반적이다.

(2) 취소소송

행정청의 위법한 처분등을 취소 또는 변경하는 소송으로 부과처분에 대한 취소소송, 경정청구 거부처분에 대한 취소소송이 그 대표적 예이다. 조세사건에서는 과세관청의 결정 등의 처분에 따른 세액이 적법한 세액을 초과하는지에 대해 주로 다투고 판단하게 된다.[24] 제소기간에 제한이 있으며, 조세사건에서는 필요적 전심절차가 적용된다.[25] 전심절차와 같이 집행부정지

---

22) 행정법원이 설치되지 않은 곳은 예외로 한다.

23) 행정소송의 종류에 대해서는 행정소송법 제3조에서 규정하고 있으며, 항고소송의 구분에 대해서는 행정소송법 제4조에서 규정하고 있다.

24) 과세처분 취소소송의 소송물은 그 취소원인이 되는 위법성 일반이고 그 심판의 대상은 과세처분에 의하여 확인된 조세채무인 과세표준 및 세액의 객관적 존부이다(대법원 1980. 10. 14. 선고 78누345 판결, 대법원 2009. 1. 15. 선고 2006두14926 판결 등).

25) 취소소송은 처분등이 있음을 안 날부터 일정기간(90일) 이내에 제기하여야 하지만, 필요적 전심절차인 국세에 대한 심사청구나 심판청구를 거친 경우 심사 또는 심판청구에 대한

원칙이 적용되어 취소소송의 제기는 처분등의 효력이나 그 집행 또는 절차의 속행에 영향을 주지 아니하는 것이 원칙이다. 법원의 판결의 유형도 각하, 기각, 인용으로 구분할 수 있다. 취소 청구를 인용하는 처분 등을 취소하는 확정판결은 그 사건에 관하여 당사자인 행정청과 그 밖의 관계행정관청을 기속한다.[26]

(3) 무효등 확인소송

행정청의 처분 등의 효력 유무 또는 존재 여부를 확인하는 소송으로 제소기간의 제한이나 전심절차가 필요 없다. 과세관청의 부과처분의 효력 유무에 대해 다투고 판단하게 되므로 취소소송의 경우보다 엄격한 기준이 적용된다.[27]

과세관청의 결정 등의 처분이 법률에 따른 것이라 하더라도 그 법률이 헌법에 위반되는지에 대해 다툼이 있을 수 있다. 이러한 다툼은 헌법재판소의 헌법재판으로 진행될 수 있다.

(4) 헌법재판

소송의 당사자는 법원에 법률의 위헌 여부 심판의 제청을 신청할 수 있으며, 법원은 직권 또는 당사자의 신청에 의한 결정으로 헌법재판소에 위헌 여부 심판을 제청할 수 있다.[28] 법률의 위헌 여부 심판의 제청신청이 법원에 의해 기각된 때에는 그 신청을 한 당사자는 헌법재판소에 헌법소원심판을 청구할 수 있다.[29] 헌법재판소의 법률의 위헌결정은 법원과 그 밖의 국가기관 및 지방자치단체를 기속한다.[30] 그리고 위헌으로 결정된 법률 또는 법률의 조항은 그 결정이 있는 날부터 효력을 상실하는 것이 원칙이지만 법률의 위헌심판제청을 하게 된 사건에 있어 소급효를 갖는다.[31]

결정통지를 받은 날로부터 일정기간(90일) 이내에 제기하는 것이 원칙이며, 다만 재결청의 결정기간에 결정의 통지를 받지 못한 경우 그 결정기간이 지난 날부터 제기할 수 있다(국세기본법 제56조 제3항).

26) 행정소송법 제30조 제1항.

27) 법원은 부과처분 등의 하자가 중대하고 명백한 경우에만 무효로 인정할 수 있다는 입장이다(대법원 2009. 4. 23. 선고 2006다81257 판결 등).

28) 위헌 여부 심판의 제청에 대해서는 헌법재판소법 제41조에서 규정하고 있다.

29) 헌법재판소법 제68조 제2항.

30) 헌법재판소법 제67조 제1항.

31) 헌법재판소법 제67조 제2항, 대법원 1991. 6. 11. 선고 90다5450 판결 등.

정·리·문·제

1. 조세법률관계에서 발생한 과세권자의 부당이득 등의 반환에 관한 설명으로 옳은 것은?[32)]

   1) 납세자가 납부할 세액이 없음을 알고도 납부한 때에는 그에 따른 과세권자의 부당이득의 반환을 청구하지 못한다.
   2) 세액의 결정 처분에 따른 환급세액을 납세자가 환급받지 못하여 환급을 청구하는 경우 그 절차에는 그 결정 또는 경정의 취소를 청구하는 절차가 포함되지 않는다.
   3) 과세관청의 경정 처분에 따라 납세자가 납부한 세액이 적법한 납부세액을 초과한다는 것을 세무시가 확인한 경우에는 그 경정처분이 취소되기 전에도 과세권자에게 부당이득이 있는 것으로 인정된다.
   4) 과세관청의 결정 처분의 취소를 청구하는 소송을 제기하였더라도 그 결정 처분에 따른 과세권자의 부당이득을 반환받기 위해서는 부당이득의 반환을 청구하는 민사소송도 같이 제기하여야 한다.

2. 조세불복 전심절차에 관한 설명으로 옳지 않은 것은?[33)]

   1) 행정청이 심의와 판단을 하며 그 심의와 판단에는 사법절차가 준용되어야 한다.
   2) 감사원에 대한 심사청구는 취소소송을 제기하기 위한 필요적 전심절차 중 하나이다.
   3) 국세청에 대한 심사청구에서의 기각 결정에 불복하여 조세심판원에 대한 심판청구를 제기하는 경우 재결청은 기각 결정을 하게 된다.
   4) 과세관청의 결정에 불복하여 전심절차를 제기하여도 그 결정에 따른 세액을 납부기한까지 납부하지 않으면 납부지연가산세가 적용된다.

---

32) 정답 2).

33) 정답 3). 절차가 잘못된 것이므로 각하 결정을 하게 된다.

3. 조세소송에 관한 설명으로 옳은 것은?[34)]

1) 과세관청의 결정 또는 경정이나 경정청구에 대한 거부처분의 취소를 청구하거나 그 무효 또는 부존재를 확인하기 위해서는 항고소송을 제기하여야 한다.
2) 필요적 전심절차를 거친 경우 취소소송은 2심제가 적용되며 1심법원은 조세심판원이다.
3) 무효등 확인소송을 제기하기 위해서는 필요적 전심절차를 거쳐야 한다.
4) 헌법재판소에 의해 위헌으로 결정된 법률의 조항에 따른 과세관청의 결정은 그 처분 시기와 관계없이 무효이다.

핵심 요약

- 과세관청의 결정 등의 처분의 취소를 청구하기 위한 절차는 전심절차와 취소소송으로 구분되며, 전심절차 중 국세청이나 관세청에 대한 심사청구, 심판청구, 감사원에 대한 심사청구중 하나는 필수적 전심절차임.
- 과세관청의 결정 등의 처분의 취소를 청구하기 위한 취소소송은 3심제에 따른 행정소송 중 항고소송의 일종이며 제소기간에 제한이 있음.

34) 정답 1).

제11장 세법의 해석

이 장에서 살펴볼 내용은 법규의 특성과 법해석 방법, 세법의 해석, 납세의무자의 세법 해석에 관한 것이다. 이 장의 학습 목표로는 법해석의 관점에서 법규의 특성을 이해하고 간략하게 설명하는 것, 세법 해석의 개요를 이해하고 활용하는 것, 납세의무자의 세법 해석 방법에 대해 이해하고 활용하는 것을 들 수 있다.

제1절 | 법규의 특성과 법해석 방법

법률 등의 법규에는 구체적이고 개별적인 사항들을 모두 규정할 수 없으므로 추상적이고 일반적인 내용을 규정할 수밖에 없다. 추상적이고 일반적인 법규의 내용을 구체적 사실에 적용하기 위해서는 법의 의미와 내용을 적절하게 해석하고 적용하는 것이 필요하다. 해석의 대상이 되는 법규들이 추구하는 것은 법적 안정성의 확보를 통한 법치주의의 실현이라고 할 수 있으므로 그 해석도 법적 안정성을 추구하지 않을 수 없다. 또한 법규가 구체적 사건을 해결하는 데 있어 타당성을 가질 수 있도록 해석하는 것이 필요하다.

법해석의 관점에서 법률 등 법규의 특성으로는 추상성, 전문성, 고정성, 체계성을 들 수 있다.

(1) 추상성

복잡하고 다양한 사회현상을 규율하기 위해 추상적이고 일반적으로 규정되어 있다.

(2) 전문성

법문은 전문적인 용어나 개념, 표현 방법으로 구성되는 경우가 있다.

(3) 고정성

사회현상은 끊임없이 유동적이고 변경되지만 입법된 법규는 개정되기 전까지 고정된다. 고정화된 법규와 유동적인 사회현실과의 모순을 어떻게 조화할 것인지가 문제가 된다.

(4) 체계성

법은 전체로서 하나의 체계적인 실정법 질서를 구성하고 있다. 동일한 용어가 여러 법규에서 사용되며, 동일한 사항에 관한 내용이 두 개 이상의 법률에 규정되어 있는 경우가 있다.[1)]

세법 해석의 관점에서 추가적으로 고려하여야 할 세법의 특성으로는 재산권과 평등권에 대한 영향을 들 수 있다.

(1) 재산권에 대한 영향

세법에서 규정하고 있는 국민이 부담할 조세에 관한 사항은 국민의 재산권을 제한하게 된다. 납세의무자가 합법적인 방법으로 조세의 부담을 최소화하고자 시도하는 것은 자연스러운 것으로 인정되어야 한다.

(2) 평등권에 대한 영향

국민의 조세부담은 조세의 부담능력에 따라 차이가 있는 것이 평등의 원칙에 보다 적합할 것이다. 세법의 흠결이나 부당한 조세회피로 조세부담에 차이가 발생하는 것은 방지할 필요가 있다. 그리고 과세요건 요소의 형식이나 외관은 달라도 그 실질이 동일하다면 그 실질에 따라 과세하는 것이 평등의 원칙에 부합될 것이므로 세법을 해석함에 있어서도 그 점을 반영할 필요가 있다.

---

1) 동일한 사항에 대한 내용이 두 개 이상의 법률에 규정되어 있는 경우 특별법 우선의 원칙이 적용된다.

법을 해석하는 방법으로는 문리해석, 논리해석, 체계해석, 목적해석, 연혁해석, 비교해석을 들 수 있다.

(1) 문리해석

법문을 국어적, 문법적으로 해석하는 것으로 문언해석이라고도 한다.

(2) 논리해석

법문을 논리의 법칙을 적용하여 해석하는 것으로 유추해석, 반대해석, 확장해석 등이 있다.[2] 유추해석은 어떤 사항에 관해 규정이 없는 경우에 그와 가장 비슷한 사항에 관한 규정을 적용할 수 있도록 하는 해석방법이다. 반대해석은 법문이 일정한 사항에 대하여는 일정한 효과가 귀속된다고 규정한 경우 그 이외의 사항에 대하여는 이 규정의 효과와는 반대의 효과를 인정하는 취지로 추리하여 하는 해석방법이다. 확장해석은 문리해석에 의하는 경우보다 법문의 의미를 확장하여 하는 해석방법이다.

(3) 체계해석

법질서의 전체적 체계에 맞도록 법규들을 상호 관련시켜 모순이 없도록 해석하는 것이다.

(4) 목적해석

법문의 자구나 논리에 구애되지 않고, 법의 취지와 목적에 적합하도록 어느 정도 자유롭게 해석하는 것으로 목적론적 해석이라고도 한다.

(5) 연혁해석

법이 성립한 연혁 특히 법안의 이유서, 입안서의 의견, 의사록 및 정부위원의 설명 등을 자료로 하여 해석하는 것이다.

(6) 비교해석

외국법이나 구법 등과 비교하여 해석하는 것이다.

법규의 특성에 따라 법문이 명확하지 않거나 흠결이 발생하게 되는 경우 해당 법의 해석에 따라 법적 안정성과 구체적 타당성이 영향을 받을 수 있

2) 논리해석은 문리해석 외의 모든 해석 방법을 의미하는 것으로 구분되기도 한다.

다. 법문대로 엄격하게 해석하는 경우 법적 안정성을 높일 수 있지만 구체적 타당성을 확보하기는 어려울 수 있다. 논리적으로 해석하거나 법의 취지와 목적을 고려하여 해석하는 경우 구체적 타당성을 확보하는 것이 가능할 수 있지만 법적 안정성에는 부정적인 영향을 줄 수 있다.

제2절 | 세법의 해석

1. 세법의 기본 이념과 세법의 해석

세법의 기본 이념인 재산권의 부당한 침해 방지와 공평 과세는 세법의 해석에 있어 지향할 바를 제시하고 있다고 볼 수 있다.[3)]

(1) 재산권의 부당한 침해 방지

이를 위해 적용되는 대표적 원리로는 조세법률주의를 들 수 있다. 조세법률주의에 따라 조세법규의 해석은 특별한 사정이 없는 한 법문대로 해석하여야 하고, 합리적 이유 없이 확장해석하거나 유추해석하는 것은 허용되지 않는다.[4)]

(2) 공평 과세

이를 위해 적용되는 대표적 원리로는 조세공평주의를 들 수 있다. 조세법규는 고정되어 있는 반면 담세력이 발생하는 경제생활관계는 다양하게 변화하므로 법문대로만 해석하는 것은 담세력에 기초한 공평 과세를 달성하기 어려워질 수 있다. 공평 과세를 위해서는 법적 안정성이 훼손되지 않는 범위 내에서 합목적적이고 탄력적으로 해석하는 것이 필요하다.[5)]

---

3) 국세기본법 제18조 제1항에서도 '세법을 해석·적용할 때에는 과세의 형평(衡平)과 해당 조항의 합목적성에 비추어 납세자의 재산권이 부당하게 침해되지 아니하도록 하여야 한다'고 규정하고 있으며, 관세법 제5조 제1항과 지방세기본법 제20조 제1항에서도 유사하게 규정하고 있다.

4) 대법원 2017. 10. 12. 선고 2016다212722 판결 등.

5) 판례에 따르면 조세법규를 다양하게 변화하는 경제생활관계에 적용함에 있어 예측가능성과 법적 안정성이 훼손되지 않는 범위 내에서 합목적적이고 탄력적으로 해석함으로써 조

예제 다음의 조세 관련 법률에 관한 과세관청의 해석을 문리해석과 합목적적 해석의 관점에서 살펴보자.

(1) 가 세무서는 다음의 국세기본법의 과점주주의 제2차납세의무 규정을 징수부족액이 발생한 더회사의 과점주주에 해당되는 너회사의 과점주주인 거(개인)에게도 징수부족액을 징수할 수 있다는 것으로 해석하여 거에게 법인세 징수부족액을 부과하는 결정을 하였음.

- 법인이 재산부족으로 그 납세의무를 이행하지 못하는 경우 그 법인의 과점주주가 징수부족액에 대하여 2차납세의무를 진다.[6]

(2) 가 지방자치단체는 다음의 지방세기본법의 과점주주의 개념에 대한 규정을 러법인의 지분의 50%씩을 취득한 너법인과 더법인의 지분의 100%를 소유하고 있는 거법인이 러법인의 과점주주에 해당되는 것으로 해석하여 거법인에게 취득세를 부과하는 결정을 하였음.

- 주주 또는 유한책임사원 1명과 그의 특수관계인 중 대통령령으로 정하는 자로서 그들의 소유주식 합계 또는 출자액 합계가 해당 법인의 발행주식 총수 또는 출자총액의 100분의 50을 초과하면서 그에 관한 권리를 실질적으로 행사하는 자들.[7]

| 풀이 |

(1) 과점주주의 제2차납세의무 규정을 법문대로 해석하는 경우 거는 더회사의 과점주주는 아니므로 더회사에 대한 징수부족액에 대해 2차납세의무를 지지 않는 것으로 보아야 할 것이다. 그리고 이 규정의 취지와 목적은 형식은 법인이지만 실질은 개인기업에 지나지 않는 경우 또는 법인격을 남용, 악용하는 경우에 대응하고 지분의 분산을 유도하는 것이다.[8] 이러한 취지와 목적에도 불구하고 제2차납세의무를 간접 소유 주주등에도 적용되는 것으로 확장하여 해석하는 것은 정상적으로 운영되

세법률주의의 형해화를 막고 실효성을 확보할 수 있다고 한다(대법원 2012. 1. 19. 선고 2008두8499 전원합의체 판결).

6) 국세기본법 제39조.

7) 지방세기본법 제46조 제2호.

8) 헌법재판소는 법인격을 악용하는 예로 과점주주가 회사의 수익은 자신에게 귀속시키고 손실은 회사에 떠넘기는 것을 들고 있다(헌법재판소 2010. 10. 28. 선고 2008헌바49 결정).

는 법인의 주주등의 법적 안정성을 저해할 수 있다.[9)]

(2) 과점주주의 개념을 법문대로 해석하는 경우 거법인은 러법인의 지분을 소유하고 있지 않으므로 과점주주에 해당하지 않는 것으로 보아야 할 것이다. 그런데 과점주주에 대한 규정의 취지와 목적 중 하나는 과점주주가 그 지위를 이용하여 법인을 조세회피의 수단으로 이용하는 것에 대응하기 위한 것으로 볼 수 있으므로, 거법인을 러법인의 과점주주에 해당하지 않는 것으로 해석하는 경우 취지나 목적에 적합하지 않게 되는 결과가 된다. 규정의 취지나 목적을 고려하여 거법인은 러법인의 실질적인 과점주주에 해당하는 것으로 해석하는 것이 타당한 경우가 있을 수 있다.[10)]

2. 차용개념의 해석

조세에 관한 법규의 문언의 상당부분은 다른 법규 등에서 이미 그 개념이 정립된 용어들이 포함되어 있으며, 이들 용어를 차용개념이라고 한다. 차용개념에 대해 별도의 정의 규정이 없는 경우 해석방법에 따라 법해석에 차이가 생길 수 있다.

(1) 차용개념의 문리해석

다른 법규 등에서 이미 정립된 해석과 동일하게 해석하는 방법이다. 법적 안정성을 확보할 수 있지만 조세에 관한 법규의 입법 취지와 목적을 반영하지 못할 수 있다.

(2) 차용개념의 목적해석

조세에 관한 법규의 취지와 목적에 적합하도록 해석하는 방법이다. 법규 상호 간의 해석을 통하여 그 의미를 명백히 할 필요가 있는 경우에는 조세법률주의가 지향하는 법적 안정성 및 예측가능성을 해치지 않는 범위

9) 대법원 판례에 따르면 2차 과점주주가 단지 1차 과점주주의 과점주주라는 사정만으로 국세기본법 제39조 제2호에서 규정한 과점주주에 해당한다고 볼 수는 없다(대법원 2019. 5. 16. 선고 2018두36110 판결).

10) 대법원 판례에 따르면 지방세법에 따라 취득세 납세의무가 있는 과점주주 여부는 자회사들의 설립목적과 그에 대한 지배관계 및 지배의 정도 등에 따른 실질적인 귀속관계에 따라 판단하여야 한다(대법원 2012. 1. 19. 선고 2008두8499 전원합의체 판결).

내에서 입법 취지 및 목적 등을 고려한 합목적적 해석을 하는 것은 불가피하다.[11)]

제3절 | 납세의무자의 세법 해석

대부분의 조세의 경우 그 납세의무자는 스스로 과세표준과 세액을 계산하여야 하며 신고한 세액 계산에 오류가 있는 경우 가산세 등의 불이익을 받을 수 있다. 따라서 납세의무자 또는 그 세무대리인이 신고할 과세표준과 세액을 계산하기 위해서는 세법을 올바르게 해석하는 것이 필요하며, 유권해석을 살펴보는 것이 유용하다.

유권해석은 국가 기관이 행한 법해석으로 해석 기관에 따라 입법해석, 행정해석, 사법해석으로 구분된다.

(1) 입법해석

입법기관이 법을 제정할 때 법문으로 어떤 용어의 뜻을 정의하여 두는 것을 말한다.

(2) 행정해석

행정기관이 법을 집행하기 위하여 하는 법해석으로 회답(예규), 통첩(기본통칙), 훈령 등의 형태로 나타나며, 상위 관청의 법해석은 하위 관청을 구속하게 된다. 납세의무자와 함께 과세표준과 세액의 산정에 관여하는 당사자인 과세관청의 세법 해석에 해당되는 대표적인 예로는 기본통칙, 세법해석 사전답변 등을 들 수 있다. 세법해석 사전답변은 납세자가 실명으로 자신과 관련된 특정한 거래의 세무 관련 의문사항에 대해 법정신고기한 전에 구체적인 사실관계를 명시하여 질의할 경우 국세청장이 명확하게 답변을 주는 제도이다.[12)] 특정한 거래란 이미 개시되었거나, 가까운 장래에 개시될 것이 관련 자료 등에 의해 객관적으로 확인되는 거래를 말한다.

11) 대법원 2017. 10. 12. 선고 2016다212722 판결 등.
12) 국세청 홈페이지.

(3) 사법해석

사법기관인 법원이 구체적인 소송 사건에 법을 적용함에 있어서 행해지는 법의 해석으로 재판의 판결 내용에 나타나는 것이 일반적이다. 법원의 판결 전례를 판례라고 하며 상위 법원의 판례는 하위 법원에 대해 실무적 구속력을 갖는 것으로 볼 수 있다. 대법원이 판례를 변경하려고 할 때에는 전원합의체에서 하도록 신중한 절차를 요구하고 있다.[13)]

조세사건의 판례는 조세 관련 분쟁에 직접 적용된 세법 해석이므로 법의 해석이 문제가 되는 사항이 무엇인지를 볼 수 있을 뿐만 아니라 법문의 의미가 어떻게 확정되는지를 알 수 있는 중요한 자료라 할 수 있다.

정·리·문·제

1. 법해석의 방법에 대한 설명으로 옳은 것은?[14)]

1) 유추해석은 어떤 사항에 관한 규정을 그와 유사한 사항에 관한 규정들에 대한 해석과 모순이 없도록 해석하는 방법이다.
2) 확장해석은 어떤 사항에 관해 규정이 없는 경우에 양심에 따라 자유롭게 해석하는 방법이다.
3) 합목적적 해석은 규정의 취지와 목적에 적합하도록 법문을 해석하는 방법이다.
4) 체계적 해석은 법적 안정성을 희생하더라도 구체적 타당성을 확보할 수 있도록 해석하는 방법이다.

2. 세법의 해석에 관한 설명으로 옳지 않은 것은?[15)]

1) 조세법률주의에 따라 조세법규의 해석은 특별한 사정이 없는 한 법문대로 해석하여야 한다.
2) 법문대로만 해석하는 경우 담세력에 기초한 공평 과세를 달성하기 어

13) 법원조직법 제7조 제1항 제3호.
14) 정답 3).
15) 정답 4). 법적 안정성을 해치지 않는 범위 내에서 허용된다.

려워질 수 있다.

3) 납세의무자의 재산권의 부당한 침해를 방지하기 위해 합리적 이유 없이 확장해석하거나 유추해석하는 것은 허용되지 않는다.

4) 공평 과세를 위해서는 구체적 타당성이 훼손되지 않는 범위 내에서 합목적적이고 탄력적으로 해석하는 것이 필요하다.

3. 유권해석에 관한 설명으로 옳은 것은?[16)]

1) 입법해석은 법문에 관한 질의에 대해 입법기관이 하는 회답이다.

2) 행정기관의 행정해석에 해당되는 예규, 기본통칙은 사법기관을 구속하지 않는다.

3) 대법원이 재판의 판결에서 한 법해석은 변경할 수 없다.

4) 국세청이 국세의 부과처분과 관련하여 하는 세법 해석은 해당 부과처분에 대해 최종적 구속력을 갖는다.

핵심 요약

- 법을 해석하는 방법에는 문리해석, 논리해석, 체계해석, 목적해석, 연혁해석, 비교해석 등이 있으며, 국가 기관이 행한 법해석인 유권해석은 해석 기관에 따라 입법해석, 행정해석, 사법해석으로 구분됨.
- 조세법률주의에 따라 조세법규의 해석은 특별한 사정이 없는 한 법문대로 해석하여야 하고 합리적 이유 없이 확장해석하거나 유추해석하는 것은 허용되지 않지만, 공평 과세를 위해서는 법적 안정성이 훼손되지 않는 범위 내에서 합목적적이고 탄력적으로 해석하는 것이 필요함.

16) 정답 2).

제12장 실질과세와 신의성실

이 장에서 살펴볼 내용은 실질과세원칙에 관한 규정, 실질과세원칙에 관한 규정의 해석과 적용, 신의성실원칙에 관한 것이다. 이 장의 학습 목표로는 실질과세원칙과 신의성실원칙의 개요를 이해하고 간략하게 설명하는 것, 실질과세원칙에 관한 규정의 주요 내용을 이해하고 활용하는 것, 신의성실원칙에 관한 규정의 주요 내용을 이해하고 활용하는 것을 들 수 있다.

제1절 | 실질과세원칙에 관한 규정

판례는 법의 해석이 문제가 되는 사항이 무엇인지를 볼 수 있을 뿐만 아니라 법문의 의미가 어떻게 확정되는지를 알 수 있는 중요한 자료라 할 수 있다. 세법 분야에서 판례에 의해 그 내용이 구체화되고 있는 대표적인 규정으로는 실질과세규정와 신의성실규정을 들 수 있다. 실질과세규정은 실질과세원칙에 관한 규정으로 실질과세원칙은 과세요건사실의 형식이나 외관이 아닌 실질에 따라 과세하여야 한다는 것이다. 그리고 실질의 의미와 적용범위는 법원의 해석에 따라 구체화되고 있다.

1. 실질과세원칙에 관한 규정의 구성

평등의 원칙의 관점에서 동일한 경제적 효과를 발생시키는 행위들에 대해 과세상 차이를 두지 않는 것이 바람직하다. 실질과세원칙은 헌법상의 기

본이념인 평등의 원칙을 조세 법률관계에 구현하기 위한 실천적 원리이다.[1)]

실질과세원칙에 관한 규정은 실질 귀속 과세, 실질 내용 과세, 다단계 행위 등의 실질 과세로 구성되어 있다.

(1) 실질 귀속 과세

과세 대상의 명의상 귀속에도 불구하고 사실상 귀속자가 따로 있을 경우 사실상 귀속되는 자를 납세의무자로 하여 세법을 적용한다.[2)]

(2) 실질 내용 과세

과세표준의 계산에 관한 규정은 소득, 수익, 재산, 행위 또는 거래의 명칭이나 형식에 관계없이 그 실질 내용에 따라 적용한다.[3)]

(3) 다단계 행위 등의 실질 과세

세법의 혜택을 부당하게 받기 위한 것으로 인정되는 다단계행위에 대해서는 그 경제적 실질 내용에 따라 세법을 적용한다.[4)] 다단계행위는 제3자를 통한 간접적인 방법이나 둘 이상의 행위 또는 거래를 거치는 방법을 말한다.

2. 실질과세원칙에 관한 규정의 주요 목적

실질과세원칙에 관한 규정의 의의와 주요 목적은 다음과 같이 해석되고 있다.

(1) 실질과세원칙에 관한 규정의 의의

조세의 부담을 회피할 목적으로 과세요건사실에 관하여 실질과 괴리되는 비합리적인 형식이나 외관을 취하는 경우에 그 형식이나 외관에 불구하고 실질에 따라 담세력이 있는 곳에 과세하여야 한다는 것이다.

---

1) 대법원 2012. 1. 19. 선고, 2008두8499 판결.

2) 국세기본법 제14조 제1항, 지방세기본법 제17조 제1항.

3) 국세기본법 제14조 제2항, 지방세기본법 제17조 제2항.

4) 국세기본법 제14조 제3항에서는 '제3자를 통한 간접적인 방법이나 둘 이상의 행위 또는 거래를 거치는 방법으로 이 법 또는 세법의 혜택을 부당하게 받기 위한 것으로 인정되는 경우에는 그 경제적 실질 내용에 따라 당사자가 직접 거래를 한 것으로 보거나 연속된 하나의 행위 또는 거래를 한 것으로 보아 이 법 또는 세법을 적용한다'고 규정하고 있다.

(2) 실질과세원칙에 관한 규정의 주요 목적

부당한 조세회피행위를 규제하고 과세의 형평을 제고하여 조세정의를 실현하는 것이다.[5)]

(3) 부당한 조세회피행위

조세의 부담을 회피할 목적으로 비합리적인 형식이나 외관을 취하는 행위이다. 정당한 조세회피는 물론 조세범칙행위나 조세회피 목적의 가장행위와는 구분된다.

(4) 정당한 조세회피행위

적법한 방법으로 세금부담을 최소화하는 절세행위를 말한다.

(5) 조세범칙행위

부정행위에 의한 조세포탈 등으로 형사 처벌의 대상이다.

(6) 조세회피 목적의 가장행위

대표적인 예로 민법에서 규정하고 있는 통정허위 의사표시에 의한 행위를 들 수 있다.[6)] 통정허위 의사표시에 의한 가장행위는 무효이므로 과세의 대상이 되지 않는다. 조세회피행위는 조세회피를 위해 가장되지 않은 법률행위를 이용한다는 점에서 가장행위와는 차이가 있다.

5) 대법원 2012. 1. 19. 선고, 2008두8499 판결에서는 '구 국세기본법(2007. 12. 31. 법률 제8830호로 개정되기 전의 것) 제14조 제1항, 제2항이 천명하고 있는 실질과세의 원칙은 헌법상의 기본이념인 평등의 원칙을 조세법률관계에 구현하기 위한 실천적 원리로서, 조세의 부담을 회피할 목적으로 과세요건사실에 관하여 실질과 괴리되는 비합리적인 형식이나 외관을 취하는 경우에 그 형식이나 외관에 불구하고 실질에 따라 담세력이 있는 곳에 과세함으로써 부당한 조세회피행위를 규제하고 과세의 형평을 제고하여 조세정의를 실현하고자 하는 데 주된 목적이 있다'고 판시하고 있다.

6) 민사법에 관한 판례에서 가장행위는 민법상의 통정허위 의사표시에 의한 행위를 의미한다.

제2절 | 실질과세원칙에 관한 규정의 해석과 적용

1. 실질과세원칙에 관한 규정과 세법의 해석

실질과세원칙에 관한 규정을 적용하여 과세하는 것은 조세회피행위의 실질을 파악하는 것 외에도 과세요건 규정에 대한 해석에 따라 영향을 받게 된다. 실질과세원칙의 적용을 통해 조세공평주의를 구현하기 위해서는 세법의 합목적적 해석이 필요하다. 그러나 법적 안정성 및 예측가능성이 훼손되지 않아야 한다는 한계가 있다. 특별한 사정이 없는 한 당사자들이 선택한 법률관계를 존중하여야 한다.[7]

법적 안정성 및 예측가능성을 최대한 확보하면서 실질과세를 적용할 수 있는 방법은 구체적이고 개별적인 조세회피 방지 규정을 입법하는 것이다. 개별적인 조세회피 방지 규정에 해당되는 대표적인 규정으로는 부당행위계산부인 규정을 들 수 있다.

부당행위계산부인 규정은 납세의무자의 행위 또는 계산이 특수관계자 사이의 조세의 부담을 부당하게 감소시키는 거래유형에 해당되는 경우 과세권자가 객관적으로 타당하다고 인정되는 소득 등이 있었던 것으로 의제하여 과세하는 내용이다.[8] 이 규정의 취지는 실질과세원칙을 보충하여 공평과세를 실현하고자 하는 것이다. 부당행위계산부인 규정의 적용요건은 소득세법, 법인세법, 부가가치세법에 따라 차이가 있지만 공통적인 적용요건으로는 특수관계인 사이의 거래, 조세부담을 부당하게 감소시키는 행위를 들 수 있다.[9] 조세부담을 부당하게 감소시키는 행위는 사회통념이나 관습에 비추어 볼 때 합리적인 경제인이라면 취할 수 없는 비정상적인 거래로서 조세부담을 부당하게 감소시키는 행위를 말한다. 조세 부담을 부당하게 감소시킨 것으로 인정될 수 있는 대표적인 예는 자산을 시가보다 높은 가격으로 매입하거나, 자산을 시가보다 낮은 가격으로 양도하는 것이다.[10]

---

7) 대법원 2019. 4. 11. 선고 2017두57899 판결 등.
8) 대법원 2009. 9. 10. 선고 2009두7462 판결 등.
9) 소득세법 제41조와 제101조, 법인세법 제52조, 부가가치세법 제29조 제4항.
10) 소득세법 시행령 제98조 제2항, 법인세법 시행령 제88조 제1항.

2. 실질과세원칙에 관한 규정의 적용기준

개별적인 조세회피 방지 규정이 없는 경우 실질과세원칙에 관한 규정의 적용은 법적 안정성 및 예측가능성이 훼손될 수 있다는 점을 고려하여야 한다. 대법원 판례에서 제시하고 있는 대표적인 실질과세원칙의 적용기준은 다음과 같다.

(1) 재산과 재산에 관한 소득의 귀속에 대한 실질과세원칙의 적용기준[11)]

- 재산의 귀속명의자는 이를 지배·관리할 능력이 없을 것.
- 명의자에 대한 지배권 등을 통하여 실질적으로 이를 지배·관리하는 사람이 따로 있을 것.
- 명의와 실질의 괴리가 조세를 회피할 목적에서 비롯된 것일 것.

(2) 다단계거래에 대한 실질과세원칙의 적용기준

- 다단계거래의 법적 형식이나 과정이 처음부터 조세회피의 목적을 이루기 위한 수단에 불과할 것.
- 다단계거래의 실질이 직접거래와 동일하게 평가될 수 있을 것.

예제 가 주식회사의 주주인 갑과 을은 재산을 자녀에게 직접 증여하는 것에 비해 상대방의 자녀에게 주식을 교차로 증여하는 경우 증여세 세액이 적다는 것을 알고, 서로 합의하여 동수의 가 주식회사의 주식을 교차 증여하였다. 이 사안에 관한 과세 문제를 다음의 관점에서 살펴보자.

(1) 교차 증여 행위가 가장행위로 인정되어 무효로 되는 경우
(2) 교차 증여 행위가 가장행위로 인정되지 아니하는 경우

| 풀이 |

(1) 교차 증여 행위가 가장행위로 인정되어 증여된 주식이 반환된 경우 증여세 과세 대상이 없으므로 과세 문제는 발생하지 않는다고 봐야 할 것이다. 그런데 교차 증여 행위가 무효로 인정되었음에도 상호 반환하지 않고 교차 증여에 따른 경제적 효과를 얻고 있다면 수증자들에게 증여

11) 대법원 2019. 6. 27. 선고, 2016두841 판결 등.

세의 담세력이 있다고 보는 것이 가능할 것이다.

(2) 교차 증여 행위가 가장행위로 인정되지 아니하는 경우 다단계 행위 등의 실질 과세 규정을 적용하여 교차 증여 행위를 본인의 자녀에게 각각 증여한 것으로 거래를 재구성할 수 있는지가 과세 가능 여부를 결정하게 될 것이다. 대법원은 이와 관련하여 재산 이전의 실질이 직접적인 증여를 한 것과 동일하게 평가될 수 있어야 하고, 이는 당사자가 그와 같은 거래 형식을 취한 목적, 제3자를 개입시키거나 단계별 거래 과정을 거친 경위, 그와 같은 거래 방식을 취한 데에 조세부담의 경감 외에 사업상의 필요 등 다른 합리적 이유가 있는지 여부, 각각의 거래 또는 행위 사이의 시간적 간격, 그러한 거래 형식을 취한 데 따른 손실 및 위험부담의 가능성 등 관련 사정을 종합하여 판단하여야 한다고 판시한 바 있다.[12)]

제3절 | 신의성실원칙

신의성실원칙은 과세관청과 납세의무자 간에 형성된 정당한 신뢰는 상대방의 모순된 행태로부터 보호되어야 한다는 것이다. 이러한 신의성실원칙의 적용은 신의성실의무의 위반에 기초하여 상대방의 신뢰를 보호하기 위하여 합법성 또는 적법성을 희생해야 하는 것을 의미한다. 이에 따라 과세관청이 결정한 세액이 적법한 세액이라도 과세관청이 신의성실의무를 위반하였다면 납세자는 그 결정의 취소를 다툴 수 있으며 납세자의 신뢰가 보호할 가치가 있다는 것이 법원에 의해 인정되는 경우 과세관청의 적법한 세액 결정이 취소될 수 있다. 신뢰의 의미와 적용 범위는 법원의 해석에 따라 구체화되고 있다.

12) 대법원 2017. 2. 15. 선고, 2015두46963 판결에서는 교차증여에 대해 가장행위로 인정할 수는 없으며, 다단계거래에 대한 실질과세원칙의 적용으로 거래를 재구성할 수 있다고 판시하였다.

1. 신의성실원칙에 관한 규정

신의성실원칙에 관한 규정은 신의성실 의무, 과세행정의 관행에 관한 납세자의 신뢰보호로 구성되어 있다.

(1) 신의성실 의무

납세자는 그 의무를 신의에 따라 성실하게 이행하여야 하며, 세무공무원은 그 직무를 신의에 따라 성실하게 수행하여야 한다.[13] 신의성실 의무의 위반에 대해 상대방은 자신의 정당한 신뢰의 보호를 주장할 수 있다.

(2) 과세행정의 관행에 관한 납세자의 신뢰보호

세법의 해석이나 과세행정의 관행이 일반적으로 납세자에게 받아들여진 후에는 그 해석이나 관행에 의한 행위 또는 계산은 정당한 것으로 보며, 새로운 해석이나 관행에 의하여 소급하여 과세되지 아니한다.[14] 이 규정이 적용될 수 있는 대표적인 예로는 비과세관행에 따른 신뢰보호를 들 수 있다.

신의성실원칙에 관한 규정의 내용은 신뢰보호의 대상을 기순으로 납세자의 신뢰보호에 관한 것과 과세관청의 신뢰보호에 관한 것으로 구분할 수 있다

(1) 납세자의 신뢰보호

과세관청의 신의성실 의무 위반으로부터 납세자의 신뢰를 보호하는 것이다. 법치주의원리의 실현에 해당되는 법적 안정성의 확보를 위한 원칙 중 하나인 신뢰보호원칙을 세무행정에 적용한 것으로 볼 수 있다.[15]

(2) 과세관청의 신뢰보호

납세자의 신의성실 의무 위반으로부터 과세관청의 신뢰를 보호하는 것이다. 과세관청은 납세의무자에 대해 세무조사를 할 수 있으며 가산세 등의 제재도 마련되어 있다는 점에서 납세자의 신뢰보호에 비해 제한적으로 적용

13) 국세기본법 제15조, 관세법 제6조, 지방세기본법 제18조에서 규정하고 있다.

14) 국세기본법 제18조 제3항, 관세법 제5조 제2항, 지방세기본법 제20조 제3항에서 규정하고 있다.

15) 행정절차법 제4조에서는 행정청의 신의 성실 의무와 국민의 신뢰보호에 관해 규정하고 있다.

되어야 할 것이다.

2. 신의성실원칙의 적용 범위

판례에서 제시하고 있는 과세관청에 대해 신의성실원칙을 적용하기 위한 원칙과 요건은 다음과 같다.[16)]

과세관청에 대한 신의성실원칙의 적용

합법성의 원칙을 희생하여서라도 납세자의 신뢰를 보호함이 정의의 관념에 부합하는 것으로 인정되는 특별한 사정이 있을 경우에 한하여 적용한다. 적용 요건으로는 다음을 들 수 있다. 첫째, 과세관청이 납세자에게 신뢰의 대상이 되는 공적인 견해 표명을 하여야 한다. 둘째, 납세자가 과세관청의 견해 표명이 정당하다고 신뢰한 데 대하여 납세자에게 귀책사유가 없어야 한다. 셋째, 납세자가 그 견해 표명을 신뢰하고 이에 따라 무엇인가 행위를 하여야 한다. 넷째, 과세관청이 견해 표명에 반하는 처분을 함으로써 납세자의 이익이 침해되는 결과가 초래되어야 한다.

판례에서 제시하고 있는 비과세관행이 성립되기 위한 요건들은 다음과 같다.[17)]

비과세관행의 성립 요건

첫째, 장기간에 걸쳐 어떤 사항에 대하여 과세하지 아니하였다는 객관적 사실이 존재하여야 한다. 둘째, 과세관청 자신이 그 사항에 대하여 과세할 수 있음을 알면서도 어떤 특별한 사정에 의하여 과세하지 않는다는 의사가 있고, 이와 같은 의사가 대외적으로 명시적 또는 묵시적으로 표시되어야 한다.

판례에서 제시하고 있는 납세자에 대해 신의성실원칙을 적용하기 위한 요건들은 다음과 같다.[18)]

---

16) 대법원 2004. 2. 13. 선고 2002두12144 판결 등.
17) 대법원 2010. 4. 15. 선고 2007두19294 판결 등.
18) 대법원 2009. 4. 23. 선고 2006두14865 판결 등.

납세자에 대해 신의성실원칙을 적용하기 위한 요건

첫째, 객관적으로 모순되는 납세의무자의 행태가 존재하여야 한다. 둘째, 그 행태가 납세의무자의 심한 배신행위에 기인하였어야 한다. 셋째, 그에 기하여 야기된 과세관청의 신뢰가 보호받을 가치가 있는 것이어야 한다.

정·리·문·제

1. 실질과세원칙 규정에 관한 설명으로 옳은 것은?[19]

1) 주요 목적은 모든 조세회피행위를 규제하고 과세의 형평을 제고하여 법적 안정성을 확보하는 것이다.
2) 규제의 대상인 조세회피행위는 조세회피를 목적으로 하는 가장행위를 의미한다.
3) 부당행위계산 부인 규정을 보충하는 규정으로 구체적이고 개별적인 조세회피에 적용할 수 있나.
4) 적용 범위를 확장하기 위해서는 과세요건 규정에 대한 목적해석의 인정 범위를 확장하여야 한다.

2. 다단계거래에 대한 실질과세원칙의 적용기준에 관한 설명으로 옳지 않은 것은?[20]

1) 다단계거래를 한 이유에 사업상의 필요에 의한 것이 포함되어 있는 경우 그렇지 않은 경우에 비해 실질과세원칙에 관한 규정의 적용 가능성이 높아진다.
2) 다단계거래를 한 이유에 조세 회피의 목적을 이루기 위한 것이 포함되어 있는 경우 그렇지 않은 경우에 비해 실질과세원칙에 관한 규정의 적용 가능성이 높아진다.
3) 다단계거래를 구성하는 각각의 거래 사이의 시간적 간격이 길수록 실질과세원칙에 관한 규정의 적용 가능성이 낮아진다.

---

19) 정답 4).
20) 정답 1). 실질과세원칙에 관한 규정의 적용가능성이 낮아진다.

4) 다단계거래에 따른 추가적인 손실이나 위험부담의 가능성이 높을수록 실질과세원칙에 관한 규정의 적용 가능성이 낮아진다.

3. 신의성실원칙 규정에 관한 설명으로 옳은 것은?[21)]

1) 과세관청과 납세자 모두에게 적용되며 그 적용요건은 동일하다.
2) 과세관청에 대해 신의성실원칙을 적용하기 위해서는 납세자가 과세관청의 견해 표명을 신뢰하고 이에 따라 무엇인가 행위를 하여야 한다.
3) 납세자에 대해 신의성실원칙을 적용하기 위해서는 과세관청이 납세자의 견해 표명을 신뢰하고 이에 따라 무엇인가 행위를 하여야 한다.
4) 비과세관행이 성립되기 위해서는 과세관청의 객관적으로 모순되는 행태가 존재하여야 한다.

핵심 요약

- 실질과세원칙에 관한 규정의 주요 내용은 실질 귀속 과세, 실질 내용 과세, 다단계 행위 등의 실질 과세이며, 주요 목적은 부당한 조세회피행위를 규제하고 과세의 형평을 제고하여 조세정의를 실현하는 것임.
- 신의성실원칙에 관한 규정의 주요 내용은 신의성실 의무, 과세행정의 관행에 관한 납세자의 신뢰보호이며, 신뢰보호의 대상을 기준으로 납세자의 신뢰보호에 관한 것과 과세관청의 신뢰보호에 관한 것으로 구분할 수 있음.

21) 정답 2).

제13장 조세범칙행위와 처벌

이 장에서 살펴볼 내용은 조세범 처벌의 개요, 주요 조세범칙행위와 처벌, 조세범 처벌절차에 관한 것이다. 이 장의 학습 목표로는 조세범 처벌의 개요를 이해하고 간략하게 설명하는 것, 주요 조세범칙행위와 그 처벌을 이해하고 활용하는 것, 조세범칙사건의 처벌절차를 이해하고 활용하는 것을 들 수 있다.

제1절 | 조세범 처벌의 개요

세법의 실효성을 높이고 국민의 건전한 납세의식을 확립하기 위해 부정한 방법을 사용하여 적극적으로 납세의무를 회피하는 행위 등에 대해 형벌을 부과하는 경우가 있다.[1] 죄형법정주의에 따라 조세관련 범죄와 그에 대한 형벌에 대해서는 법률로 규정하고 있다.

죄형법정주의

범죄와 그에 대한 형벌에 대해서는 법률에서 규정하여야 한다는 헌법 및 형법의 기본 원칙이다.[2] 일반적 유형의 범죄와 그에 대한 형벌에 관해 규정

1) 정당한 사유 없이 세법상의 의무를 위반하는 경우 부과되는 가산세는 행정벌에 해당한다.
2) 죄형법정주의와 관련하여 헌법 제12조 제1항에서는 '모든 국민은 신체의 자유를 가진다. 누구든지 법률에 의하지 아니하고는 체포·구속·압수·수색 또는 심문을 받지 아니하며, 법률과 적법한 절차에 의하지 아니하고는 처벌·보안처분 또는 강제노역을 받지 아니한다'고 규정하고 있으며, 헌법 제13조 제1항에서는 '모든 국민은 행위시의 법률에 의하여 범죄를 구성하지 아니하는 행위로 소추되지 아니하며, 동일한 범죄에 대하여 거듭 처벌받지 아니한다'고 규정하고 있다.

하고 있는 형법의 총칙에서는 모든 범죄에 공통되는 요소에 관하여도 규정하고 있다.[3)]

조세관련 범죄와 그에 대한 형벌에 대해서는 조세범처벌법 등의 법률에서 규정하고 있으며, 형법의 총칙에서 규정하고 있는 모든 범죄에 공통되는 요소가 적용되는 것이 원칙이다.[4)] 대표적으로 형법의 총칙에서 규정하고 있는 범죄의 공통 성립요건에 대한 규정은 조세관련 범죄에도 적용된다. 이에 따르면 형벌의 대상인 범죄의 일반적인 성립 요건은 다음과 같다.

첫째, 법률에서 규정한 각 범죄의 구성요건에 해당하여야 한다.

죄형법정주의에 따라 법률에서 규정하는 범죄에 대한 기술을 범죄의 구성요건이라고 하며 구성요건을 구성하는 구체적 요소들을 구성요건 요소라고 한다. 범죄의 구성요건에는 행위자의 주관적 의사도 포함되며 고의가 없는 경우 범죄에 해당하지 않는 것이 원칙이다.[5)]

둘째, 법률에서 규정한 위법성의 예외에 해당하지 않아야 한다.[6)]

범죄의 구성요건에 해당되는 행위는 원칙적으로 허용되지 않지만 예외적으로 허용되는 것으로 법률에 규정된 경우 범죄에 해당하지 않게 된다. 형법의 총칙에서는 위법성의 예외 사유로 정당행위, 정당방위, 긴급피난, 자구행위, 피해자의 승낙을 규정하고 있다.[7)]

셋째, 법률에서 규정한 책임성의 예외에 해당하지 않아야 한다.[8)]

범죄의 구성요건에 해당되는 행위의 행위자에 대해 그 책임을 물을 수 없는 것으로 법률에 규정된 경우 범죄에 해당하지 않게 된다. 형법의 총칙

3) 형법은 특정 법률의 명칭이기도 하지만 광의로는 어떤 행위가 범죄가 되고 그 범죄에 대하여 각각 어떤 형벌에 처할 것인가를 규정한 법률들에 대한 총칭을 의미하기도 한다.
4) 조세 관련 범죄 등에 대해서는 조세범처벌법, 조세범처벌절차법, 지방세기본법, 관세법, 특정범죄가중처벌등에관한법률 등에서 규정하고 있으며, 이들 법률에 특별한 규정이 없는 부분에 대하여는 일반적인 형법 또는 형사소송법의 규정에 따르게 된다.
5) 형법 제13조에서는 '죄의 성립요소인 사실을 인식하지 못한 행위는 벌하지 아니한다. 단, 법률에 특별한 규정이 있는 경우에는 예외로 한다'고 규정하고 있다.
6) 법률에서 규정한 위법성의 예외에 해당되는 것을 위법성 조각사유라고 한다.
7) 형법 제20조, 제21조, 제22조, 제23조, 제24조.
8) 법률에서 규정한 책임성의 예외에 해당되는 것을 책임성 조각사유라고 한다.

에서는 책임성의 예외 사유로 형사미성년자, 심신장애인, 강요된 행위, 정당한 이유가 있는 법률의 착오 등을 규정하고 있다.[9)]

형법의 총칙에서는 형의 종류로 사형, 징역, 금고, 자격상실, 자격정지, 벌금, 구류, 과료, 몰수를 규정하고 있다. 이들 중 조세관련 범죄들에 대한 형으로는 징역과 벌금이 규정되어 있다. 징역은 교도소에 구치하는 동안 미리 정하여진 작업에 복무하게 하는 것이며, 벌금은 범죄자의 재산을 박탈하는 형벌로 감경하는 경우를 제외하면 5만원 이상으로 한다.

법률에서 범죄에 대한 형벌을 일정한 범위로 규정하고 있는 경우 법관이 형벌을 정하는 것을 양형이라고 한다. 양형에는 범인의 연령, 성행, 지능과 환경, 피해자에 대한 관계, 범행의 동기, 수단과 결과, 범행 후의 정황을 참작하여야 한다.[10)]

2개 이상의 범죄행위에 대해 하나의 판결에서 그 형벌을 정하는 경우도 있다. 이와 같이 판결이 확정되지 아니한 수개의 죄를 경합범이라고 한다.[11)] 형법의 총칙에서는 경합범을 동시에 판결할 때 처벌례를 다음과 같이 구분하고 있다.[12)]

가장 무거운 죄에 대하여 정한 형이 사형, 무기징역, 무기금고인 경우에는 가장 무거운 죄에 대하여 정한 형으로 처벌한다.

각 죄에 대하여 정한 형이 사형, 무기징역, 무기금고 외의 같은 종류의 형인 경우에는 가장 무거운 죄에 대하여 정한 형의 장기 또는 다액에 그 2분의 1까지 가중하되 각 죄에 대하여 정한 형의 장기 또는 다액을 합산한 형기 또는 액수를 초과할 수 없다.[13)] 다만, 과료와 과료, 몰수와 몰수는 병과할 수 있다.

각 죄에 대하여 정한 형이 무기징역, 무기금고 외의 다른 종류의 형인 경

---

9) 형법 제51조.

10) 형법 제9조, 제10조, 제12조, 제16조.

11) 형법 제37조. 경합범에는 금고 이상의 형에 처한 판결이 확정된 죄와 그 판결확정전에 범한 죄도 포함되며, 금고 이상의 형이란 사형, 징역, 금고를 말한다.

12) 형법 제38조 제1항.

13) 조세범처벌법 등에서는 판결이 확정되지 않은 여러 개의 범칙행위를 동시에 벌금형으로 처벌할 때 '가장 중한 죄에 정한 벌금 다액의 2분의 1을 한도로 가중하여 하나의 형을 선고하는 방식'을 벌금경합에 관한 제한가중규정이라고 칭하고 있다.

우에는 병과한다. 이에 따라 판결이 확정되지 않은 여러 개의 조세범칙행위를 동시에 유기 징역형으로 처벌할 때에는 가장 중한 죄에 정한 징역 장기의 2분의 1을 한도로 가중할 수 있다. 그런데 조세관련 범죄의 경합범에 대해서는 이러한 제한가중규정에 대한 예외 규정이 있다. 즉 벌금경합에 관한 제한가중규정을 적용하지 아니하는 경우가 있다.[14)]

조세포탈 등 몇 가지 조세범칙행위를 한 자에 대해서는 벌금경합에 관한 제한가중규정을 적용하지 아니한다. 벌금경합에 관한 제한가중규정을 적용하지 아니하는 조세관련 범죄의 경합범을 동시에 판결할 때에는 각 죄에 적용될 형이 벌금형으로 같은 종류이더라도 각 죄마다 벌금형을 따로 정하여 이를 합산한 액수의 벌금형을 선고하여야 한다.[15)] 이는 각 죄의 벌금형을 병과함으로써 보다 중한 벌금형을 적용하기 위한 것으로 볼 수 있다.

제2절 | 주요 조세범칙행위와 처벌

1. 주요 조세범칙행위의 유형

조세범처벌법에서 규정하고 있는 형사처벌의 대상인 내국세에 관한 조세범칙행위의 유형은 다음과 같다.[16)]

(1) 조세포탈 등
(2) 면세유의 부정유통
(3) 면세유류 구입카드등의 부정 발급
(4) 가짜석유제품의 제조 또는 판매
(5) 무면허 주류의 제조 및 판매

14) 실체적 동시적 경합범에 대한 제한가중규정의 적용 배제에 대해서는 조세범처벌법 제20조에서 규정하고 있다.

15) 대법원 2018. 5. 11. 선고 2018도2425 판결.

16) 조세범처벌법 제3조부터 제16조까지의 조문에서 규정하고 있다. 이들 조문의 죄에 해당하는 위반행위를 조세범처벌절차법 제2조 제1호에서는 조세범칙행위로 정의하고 있다.

(6) 강제징수 면탈

(7) 장부의 소각·파기 등

(8) 성실신고 방해 행위

(9) 세금계산서의 발급의무 위반 등

(10) 명의대여행위 등

(11) 납세증명표지의 불법사용 등

(12) 원천징수의무자의 처벌

(13) 거짓으로 기재한 근로소득 원천징수영수증의 발급 등

(14) 해외금융계좌정보의 비밀유지 의무 등의 위반

(15) 해외금융계좌 신고의무 불이행

2. 조세포탈 등[17)]

대표적인 조세범칙행위인 조세포탈 등의 구성요건은 사기나 그 밖의 부정한 행위로써 조세를 포탈하거나 조세의 환급·공제를 받는 것으로 구성요건 요소로는 다음을 들 수 있다.

(1) 조세를 포탈하거나 환급·공제 받은 자(조세포탈 등의 주체)

(2) 사기나 그 밖의 부정한 행위

(3) 조세포탈 등의 결과 발생

(4) 행위와 결과 사이의 인과관계

(5) 고의

사기나 그 밖의 부정한 행위란 다음 중 하나에 해당하는 행위로서 조세의 부과와 징수를 불가능하게 하거나 현저히 곤란하게 하는 적극적 행위를 말한다.[18)]

(1) 이중장부의 작성 등 장부의 거짓 기장

(2) 거짓 증빙 또는 거짓 문서의 작성 및 수취

17) 조세범처벌법 제3조에서 규정하고 있다.

18) 사기나 그 밖의 부정한 행위에 대해서는 가산세를 중과하고, 제척기간을 연장하는 행정상의 제재도 적용된다.

(3) 장부와 기록의 파기

(4) 재산의 은닉, 소득·수익·행위·거래의 조작 또는 은폐

(5) 고의적으로 장부를 작성하지 아니하거나 비치하지 아니하는 행위 또는 계산서, 세금계산서 또는 계산서합계표, 세금계산서합계표의 조작

(6) 전사적 기업자원관리설비의 조작 또는 전자세금계산서의 조작

(7) 그 밖에 위계에 의한 행위 또는 부정한 행위

조세포탈 등 행위자에 대한 처벌은 포탈세액등의 크기에 따라 차이가 있으며, 연간 포탈세액등이 일정금액 이상인 경우 특정범죄 가중처벌 등에 관한 법률에 따른 가중처벌 규정이 적용된다.

(1) 조세범처벌법에 따른 처벌

포탈세액등이 3억원 이상이고 그 포탈세액등이 신고·납부하여야 할 세액의 100분의 30 이상인 경우 또는 포탈세액등이 5억원 이상인 경우 3년 이하의 징역 또는 포탈세액등의 3배 이하에 상당하는 벌금에 처하며, 정상에 따라 징역형과 벌금형을 병과할 수 있다.

포탈세액등이 위 기준에 미달하는 경우 2년 이하의 징역 또는 포탈세액, 환급·공제받은 세액의 2배 이하에 상당하는 벌금에 처하며, 정상에 따라 징역형과 벌금형을 병과할 수 있다.

포탈세액등에 대하여 법정신고기한이 지난 후 2년 이내에 수정신고를 하거나 법정신고기한이 지난 후 6개월 이내에 기한 후 신고를 하였을 때에는 형을 감경할 수 있으며, 상습적인 범칙행위자는 형의 2분의 1을 가중한다. 또한 경합범에 대해서는 벌금경합에 관한 제한가중규정을 적용하지 아니한다.

(2) 특정범죄 가중처벌 등에 관한 법률에 따른 가중처벌[19)]

포탈세액등이 연간 10억원 이상인 경우 무기 또는 5년 이상의 징역과 포탈세액등의 2배 이상 5배 이하에 상당하는 벌금을 병과한다. 포탈세액등이 연간 5억원 이상 10억원 미만인 경우 3년 이상의 유기징역과 포탈세액등의 2배 이상 5배 이하에 상당하는 벌금을 병과한다.

---

19) 특정범죄 가중처벌 등에 관한 법률 제8조에서 규정하고 있다.

예제 다음은 대법원의 판결문 중 일부이다. 괄호 안에 들어갈 적절한 용어를 살펴보자.

– 납세자가 명의를 위장하여 소득을 얻더라도, 명의위장이 조세포탈의 목적에서 비롯되고 나아가 여기에 허위 계약서의 작성과 대금의 허위지급, 과세관청에 대한 허위의 조세 신고, 허위의 등기·등록, 허위의 회계장부 작성·비치 등과 같은 적극적인 행위까지 부가되는 등의 특별한 사정이 없는 한, 명의위장 사실만으로 (　　)에 해당한다고 볼 수 없다.[20)]

| 풀이 |

사기나 그 밖의 부정한 행위

3. 양벌규정

조세포탈 등 대부분의 조세범칙행위에 대해서는 양벌규정이 적용된다.[21)]

양벌규정

행위자를 벌하는 것에 더하여 행위자를 감독할 책임이 있는 법인 또는 개인을 벌하는 규정이다. 양벌규정이 적용되는 경우 감독자인 법인 또는 개인에게는 해당 조세범칙행위에 대한 벌금형을 과한다.

양벌규정의 적용 요건은 다음과 같다.

양벌규정에 따른 감독책임자 처벌 요건

첫째, 법인의 대표자, 법인 또는 개인의 대리인, 사용인, 그 밖의 종업원의 범칙행위여야 한다.

둘째, 감독책임자인 법인 또는 개인의 업무에 관한 조세범칙행위여야 한다.

셋째, 법인 또는 개인이 그 위반행위를 방지하기 위하여 해당 업무에 관하여 상당한 주의와 감독을 하는 것을 게을리한 경우여야 한다.

---

20) 대법원 2017. 4. 13. 선고 2015두44158 판결.

21) 조세범처벌법 제18조, 지방세기본법 제109조, 관세법 제279조에서 규정하고 있으며, 이러한 양벌 규정은 책임벌이라고도 하며 대부분의 행정관련 형벌 법규에 규정되어 있다.

제3절 | 조세범 처벌절차

1. 조세범 처벌절차의 개요

조세범에 대한 처벌을 실현하기 위한 절차는 조세범칙사건의 조사, 공소제기, 재판과 재판의 집행으로 구분할 수 있다.

(1) 조세범칙사건의 조사

범죄 혐의에 관하여 증거를 수집하고 보전하는 절차이다. 조사 결과 중하지 않은 조세범칙사건에 대해서는 신속 간이 절차인 통고처분을 적용할 수 있다.

(2) 공소 제기

혐의 사실에 관한 유·무죄와 처벌을 판단하는 재판이 개시되기 위하여는 검사의 공소 제기가 필요하다.[22] 범죄행위의 종료 후 공소의 제기 없이 일정한 기간이 경과한 때에는 공소를 제기할 수 없도록 하는 공소시효 제도가 있다.[23]

(3) 재판과 재판의 집행

조세범에 대한 처벌은 재판에서 확정되며, 확정된 판결을 집행함으로써 처벌이 실현된다.

2. 조세범칙사건의 조사

조세범칙행위의 혐의가 있는 사건에 대한 조사는 지명된 세무공무원이 행한다.[24] 지명된 세무공무원이란 세무공무원 중 과세관청의 장이 제청하고

22) 범죄사건에 대한 수사 결과에 따라 법원에 형사사건의 재판을 요구하는 소송행위를 공소라고 하며, 우리나라는 검사가 공소를 제기하여 수행하도록 하는 국가소추주의를 채택하고 있다(국가소추주의에 대해서는 형사소송법 제246조에서 규정하고 있음).

23) 공소시효 기간에 대해서는 조세범처벌법 제22조 등에서 규정하고 있다.

24) 형사소송법 제195조에서는 '검사는 범죄의 혐의 있다고 사료하는 때에는 범인, 범죄사실과 증거를 수사하여야 한다'고 규정하고 있으며, 제196조 제1항에서는 '수사관, 경무관,

지방검찰청 검사장이 지명한 세무공무원을 말한다. 압수 또는 수색을 위해서는 압수·수색영장이 있어야 하는 것이 원칙이다.[25] 압수·수색영장은 검사에게 신청하고, 검사의 청구에 따라 판사가 발부한다.

조사결과 범칙(犯則)의 심증(心證)을 얻은 경우에는 통고처분 또는 고발을 하게 되고 심증을 얻지 못한 경우에는 무혐의 처리하게 된다.[26]

3. 통고처분[27]

통고처분은 주로 중하지 않은 조세범칙사건을 간편하고 신속하게 처리하기 위한 절차이다. 그 방법은 조세범칙사건을 조사하여 범칙의 심증을 갖게 되었을 때 그 이유를 명시하여 벌금에 해당되는 금액 등을 지정한 장소에 납부할 것을 통고하는 것이다. 통고처분이 있는 때에는 공소시효는 중단된다.

통고처분을 받은 자의 대응에 따라 처리 절차는 달라진다. 먼저 통고대로 이행한 경우 해당 범칙사건에 대하여 다시 처벌받지 않는다. 통고대로 이행하지 아니한 경우에는 고발하여야 한다.[28]

통고처분에 대한 불복에는 전심절차나 행정소송의 절차가 적용되지 않으므로 통고처분에 응하지 않는 것으로 불복할 수 있다.

4. 고 발[29]

조세범칙사건에 대해서는 특정범죄 가중처벌 등에 관한 법률에 따른 가중처벌의 대상이 아닌 경우 세무서장 등의 고발이 있어야 검사가 공소를 제

총경, 경정, 경감, 경위는 사법경찰관으로서 모든 수사에 관하여 검사의 지휘를 받는다'고 규정하고 있음. 그리고 조세범처벌절차법 제2조 제2호에서는 "조세범칙조사"란 '세무공무원이 조세범칙행위 등을 확정하기 위하여 조세범칙사건에 대하여 행하는 조사활동을 말한다'고 정의하고 있다.

25) 조세범처벌절차법 제9조 제1항.

26) 범칙의 심증에 대한 조사자의 판단은 사법절차에서 적용되는 자유심증주의를 준용하여 자유로운 증거의 증명력에 대한 판단에 기초하게 된다.

27) 통고처분에 대해서는 조세범처벌절차법 제15조에서 규정하고 있다.

28) 통고를 받은 날로부터 일정기간(15일) 이내에 이행하지 않는 경우.

29) 고발에 대해서는 조세범처벌절차법 제17조에서 규정하고 있다.

기할 수 있다.[30] 조세범칙사건을 조사하여 범칙의 심증을 갖게 되었을 때 통고처분을 거치지 아니하고 그 대상자를 즉시 고발하여야 하여야 하는 경우는 다음과 같다.

(1) 정상에 따라 징역형에 처할 것으로 판단되는 경우.

(2) 통고처분에 따른 통고대로 이행할 자금이나 납부 능력이 없다고 인정되는 경우.

(3) 거소가 분명하지 아니하거나 서류의 수령을 거부하여 통고처분을 할 수 없는 경우.

(4) 도주하거나 증거를 인멸할 우려가 있는 경우.

정·리·문·제

1. 조세범 처벌에 관한 설명으로 옳은 것은?[31]

1) 조세관련 범죄와 그에 대한 형벌에 대해서는 법률 또는 대통령령으로 규정하여야 한다.

2) 조세관련 범죄에는 형법의 총칙에서 규정하고 있는 범죄의 성립요건에 관한 규정이 적용된다.

3) 형사미성년자의 조세범칙행위에 대해서는 그 행위자와 보호자를 모두 처벌한다.

4) 조세관련 범죄의 경합범에 대해서는 벌금경합에 관한 제한가중규정을 적용한다.

2. 조세범처벌법에서 규정하고 있는 조세범칙행위인 조세포탈 등에 관한 설명으로 옳지 않은 것은?[32]

1) 사기나 그 밖의 부정한 행위가 있어도 조세포탈 등의 결과가 발생하지 아니한 경우 성립하지 않는다.

30) 조세범처벌법 제21조.

31) 정답 2).

32) 정답 4). 벌금형을 과한다.

2) 고의에 의한 행위라도 조세포탈의 결과가 발생하지 않은 경우 성립하지 않는다.
3) 징역형과 벌금형을 병과할 수 있다.
4) 양벌규정에 따라 감독자인 법인 또는 개인에게는 조세포탈 등에 대한 징역형을 과한다.

3. 조세범칙사건의 조사와 처리절차에 관한 설명으로 옳은 것은?[33)]

1) 조세범칙행위의 혐의가 있는 사건에 대한 조사는 경찰이 담당한다.
2) 조세범칙사건에 대한 조사를 하는 경우 일정기간 이내에 그 조사결과를 범칙자에게 통지하여야 한다.
3) 조세범칙행위가 특정범죄 가중처벌 등에 관한 법률에 따른 가중처벌의 대상인 경우 고발이 없어도 검사는 공소를 제기할 수 있다.
4) 조세범칙사건의 조사결과 심증이 없는 경우는 고발을 하여야 한다.

핵심 요약

- 대표적인 조세범칙행위인 조세포탈 등의 구성요건은 사기나 그 밖의 부정한 행위로써 조세를 포탈하거나 조세의 환급공제를 받는 것임.
- 지명된 세무공무원에 의한 조세범칙사건의 조사결과 범칙의 심증을 얻은 경우 경미한 사건에 대해서는 통고처분에 따라 간이 신속하게 처리할 수 있으며, 그 외에는 고발에 이은 공소제기와 재판의 절차를 따르게 됨.

33) 정답 3).

제 2 편

세무계획의 기초

2편 목차

제1장 세무계획과 의사결정

이 장은 세무계획과 의사결정에 관한 것이다. 이 장의 학습 목표로는 세무계획의 의의를 이해하고 간략하게 설명하는 것, 주요 경제활동의 세금효과를 이해하고 활용하는 것, 의사결정에서의 세무계획의 역할을 이해하고 활용하는 것을 들 수 있다.

제1절 | 세무계획의 의의

세무계획은 경제활동의 결과를 최적화하기 위한 계획의 한 부분으로 경제활동의 세금효과에 관한 계획이라고 할 수 있다. 경제활동 결과의 최적화와 경제활동의 세금효과가 의미하는 바를 살펴볼 필요가 있을 것이다.

경제활동은 재화와 용역의 생산과 소비 등과 관련된 활동으로 기업은 물론 가계의 구성원들에 의해서도 수행된다. 경제활동의 수행에는 경제적 가치가 있는 자원이 투입되는 것이 일반적이므로 경제활동의 결과에 따라 경제활동의 주체는 경제적 이익을 얻거나 손실을 볼 수 있다. 즉 경제활동의 결과에는 산출물의 가치뿐만 아니라 투입물의 가치도 반영된다. 따라서 경제활동의 결과는 경제활동에 투입되는 자원을 최소화하고 산출물의 가치를 최대화함으로써 그 차이를 최대화하는 것으로 최적이 될 수 있을 것이다. 기업의 경우 사업에 투입되는 비용을 최소화하고 사업 수익을 최대로 함으로써 이익을 최대화하는 것이 최적의 결과인 것이 일반적일 것이다.

조세는 정부의 재정 운영 원가를 회수하기 위하여 국민이 부담하는 재원으로 조세가 부과되는 대상과 관련된 경제적 효과인 세금효과를 발생시킬 수 있다. 조세가 부과되는 대상은 주로 국민이 수행하는 경제활동과 관련된 것이므로 경제활동에는 세금효과가 수반되는 것이 일반적이다. 경제활동의 주체에 따라 부과되는 조세가 달라질 수 있으므로 세금효과도 달라질 수 있다. 세금효과에 영향을 받는 대표적인 경제활동의 주체로는 주식회사 등의 영리법인기업, 개인기업의 기업주, 근무용역을 제공하는 근로자를 들 수 있다. 경제활동에 세금효과가 있는 경우 경제활동의 최종 결과는 세금효과를 반영한 후의 결과로 귀결된다. 세금효과는 경제활동의 세전결과와 세후결과에 중요한 차이를 발생시킬 수 있으므로 세전결과를 기준으로 경제활동의 결과를 해석하는 것은 중요한 오류에 빠질 수 있다.

경제활동의 결과는 통제할 수 없고 불확실한 요인의 영향을 받지만 경제활동과 관련된 의사결정에 따라서도 달라질 수 있으므로 통제가능한 의사결정을 최적화하는 것은 경제활동 결과의 최적화 가능성을 높일 수 있다. 경제활동에 관한 의사결정은 경제활동을 수행하기 전에 이루어지므로 미래에 수행할 경제활동과 관련된 계획에 기초할 필요가 있다. 즉 경제활동에 관한 계획과 그에 기초한 최적의 의사결정은 경제활동 결과의 최적화 가능성을 높일 수 있을 것이다. 세금효과가 있는 경제활동의 세후결과의 최적화 가능성을 높이기 위해서는 경제활동에 관한 의사결정 이전의 계획단계에서 세금효과에 관한 계획이 포함될 필요가 있다. 경제활동이 실행되고 난 이후의 세금효과에 대해서는 기업이 통제할 수 있는 부분이 적을 것이다.

경제활동에 관한 의사결정의 최적화 가능성을 높일 수 있는 계획의 일환으로서의 세무계획이 되기 위해서는 납부세액, 암묵세, 비세금비용, 거래상대방과의 관계에 관한 사항을 반영할 필요가 있다.[1)]

(1) 납부세액

납부세액은 경제활동의 세전결과와 관련된 납세의무에 따라 과세관청에 납부하는 조세의 금액이다. 세무계획에 반영될 납부세액의 추정을 위해서는

1) Scholes 등은 세무계획에 반영될 주요 사항으로 모든 계약 당사자(all contracting parties), 모든 조세(all tax), 모든 비용(all cost)을 들고 있다(Scholes, M.S., Wolfson, M. Erickson, E.L. Maydew, and T. Shevlin, 2008. Taxes and Business Strategy: A Planning Approach. Prentice Hall. Fourth edition, 3페이지 참조).

관련 세법 등의 규정을 확인하고 적절하게 해석하는 것이 필요하다. 소득세나 법인세와 같이 납부세액이 개별 경제활동의 세전결과를 단위로 산정되지 않고 일정기간을 단위로 산정되는 경우 해당기간에 속한 경제활동의 세전결과에 대한 납부세액의 추정을 위해서는 해당기간의 한계세율을 적용하여야 한다. 한계세율은 추가적인 1원의 세전이익에 대해 납부할 세액의 현재가치를 의미한다. 여기서 세전이익은 세금비용을 차감하기 전의 실질이익을 의미한다. 납부세액에 영향을 줄 수 있는 사항 중 기업이 통제할 수 있는 사항들이 있는 경우 그에 대한 정책들을 의사결정의 대안으로 고려할 수 있도록 계획하는 것도 세무계획의 영역에 포함될 것이다. 세법 등의 규정의 해석에 명확하지 않은 사항이 있는 경우 납부세액은 기업이 세무신고시 채택한 세무처리, 과세관청의 개입여부 등에 따라 달라질 수 있으므로 이러한 납부세액의 불확실성을 관리하기 위한 계획도 세무계획의 주요 영역 중 하나일 것이다.

(2) 암묵세

암묵세는 조세혜택이 있는 자산 등에 대한 투자에서 발생할 수 있는 세전이익의 감소와 투자금액의 증가이다. 조세혜택은 세법의 규정에 따라 부여되는 것으로 조세혜택이 없는 경우에 비해 납부세액을 감소시키는 비과세 등을 의미한다. 과세관청에 명시적으로 납부하는 납부세액과는 달리 암묵세는 시장에서 이루어지는 자산에 대한 거래에서 암묵적으로 부담하게 된다.

자산에서 생기는 세전이익에 대해 조세혜택이 새롭게 부여되는 경우를 가정해 볼 수 있다. 이 경우 자산에서 생기는 세전이익에 대한 납부세액이 감소하여 세후이익이 증가하게 되므로 자산에 대한 수요는 증가하게 된다. 조세혜택의 부여는 세전이익이 낮은 자산에 대한 수요도 증가시킬 수 있으며, 자산의 가격을 상승시켜 투자금액을 증가시킨다.[2] 즉 조세혜택이 있는 자산에 투자하는 경제주체는 명시적으로는 납부세액을 절감할 수 있지만 암묵적으로는 투자금액의 증가와 세전이익의 감소라는 암묵세를 부담할 수 있다. 암묵세는 투자금액의 증가와 세전이익의 감소 형태로 나타나므로 세전

2) 조세혜택이 없는 경우 세후이익률(세후이익/투자금액)이 낮아서 수요가 없는 자산에 대해 조세혜택이 부여되는 경우 세전이익률(세전이익/투자액)에는 변동이 없지만 세후이익률이 높아져 수요가 생길 수 있다.

이익률(세전이익/투자액)을 감소시킨다. 그런데 자산의 세전이익률에 영향을 주는 변수는 다양하므로 조세혜택만의 영향을 분리하여 암묵세를 측정하는 것은 어려운 일이다. 따라서 암묵세를 추정하기 위해서는 현실을 단순화한 모형과 엄격한 가정에 기초할 수밖에 없으며, 이는 측정상의 오차를 인정하여야 한다는 것을 의미한다. 중요한 것은 조세혜택이 있는 경제활동에 관한 계획에서는 납부세액의 감소에 대응하여 암묵세 부담이 있을 수 있다는 점에 유의할 필요가 있다는 점이다.

(3) 비세금비용

비세금비용은 세금비용을 감소시키는 활동으로 인해 발생하는 경제적 손실이다. 세금비용은 앞에서 살펴본 명시적 세금비용인 납부세액과 암묵적 세금비용인 암묵세를 모두 포함한다. 세금비용을 감소시키는 활동으로 발생할 수 있는 비세금비용의 유형은 다양하게 나타날 수 있다. 납부세액을 감소시키는 세무계획의 수립을 위해 세무 전문가의 서비스를 이용하고 그 대가로 수수료를 지급하는 경우 그 수수료는 비세금비용에 해당하게 된다. 세금비용을 감소시키는 활동이 그 감소에 비해 더 많은 비세금비용을 발생시키는 경우도 있을 수 있다. 법인세 납부세액을 감소시키기 위해 판매가격을 인하하거나 비용을 증가시키는 경우 비세금비용이 세금비용의 감소보다 커져 세후이익이 감소할 수 있다. 실질적 손익인 경제적 손익을 측정하는 것은 용이하지 않을 수 있으며, 세금비용을 감소시키는 활동의 영향만을 분리하는 것도 용이하지 않으므로 비세금비용의 측정과 추정에도 상당한 측정오차가 발생하는 것을 피하기 어렵다. 역시 중요한 것은 세금비용을 감소시킬 수 있는 활동에 관한 세무계획에서는 세금비용의 감소에 대응하여 비세금비용의 부담이 있을 수 있다는 점에 유의할 필요가 있다는 것이다.

(4) 거래상대방과의 관계

거래와 같이 상대방이 있는 경제활동에서는 거래의 내용과 관련된 거래상대방의 이해관계가 거래의 성사 여부 등에 영향을 줄 수 있다. 거래의 결과가 한 거래당사자의 경제적 이익을 극대화하는 대신 상대방에게 손실이 생기게 할 것으로 예상된다면 그 거래가 성사되기는 어려울 것이다. 거래와 관련된 납부세액을 감소시키는 세무계획의 경우에도 거래상대방에게 귀속되는 세금효과에 영향을 받을 수 있다. 한 거래당사자의 납부세액을 감소시키는 방법이 상대방의 납부세액을 증가시킬 수 있다.[3] 따라서 거래와 같이 상대방이 있는 경제활동과 관련된 세무계획에서는 거래상대방에게 귀속될 거래의 세금효과를 반영할 수 있어야 한다. 그리고 거래의 내용이 동일하더라도 거래당사자에 따라 귀속되는 세금효과는 다를 수 있으므로 거래상대방의 선택과 관련된 사항도 세무계획에 반영될 필요가 있다.

제2절 | 주요 경제활동과 세금효과

납부세액 발생 등의 세금효과가 있는 경제활동은 다양하게 나타날 수 있다. 가장 대표적인 것으로는 기업과 고객 간의 재화나 용역의 매매거래를 들 수 있을 것이다. 그 주요 내용은 기업이 재화나 용역을 고객에게 제공하고, 고객은 그 대가를 기업에게 지급하는 것이다.[4] 기업은 판매한 재화나 용역의 가치와 구입한 재화나 용역의 가치의 차이를 통해 부가가치를 창출하게 되며, 이러한 부가가치는 기업의 종업원급여와 이익의 원천이 된다. 기업은 다양한 조직형태로 구성될 수 있으며 대표적인 것으로는 주식회사와 같은 법인기업과 개인 사업자가 운영하는 개인기업을 들 수 있다. 고객은 제공받은 재화나 용역을 최종소비자로서 소비하거나, 또 다른 기업으로서 가치가 부가된 재화나 용역의 완성을 위해 투입할 수 있다.

기업과 근로자 간의 고용거래 역시 세금효과가 있는 경제활동에서 차지하는 비중이 매우 높다. 그 주요 내용은 근로자가 기업에 근무용역을 제공하고, 기업은 그 대가로 급여를 지급하는 것이다. 근로자가 받는 급여는 기업이 창출하는 부가가치의 한 부분으로 근로자와 기업은 기업이 창출하는 부가가치를 나누어 갖게 된다.

---

3) 쉬운 예로 부동산 매매거래에서 재산세의 과세기준일인 6월 1일보다 이른 시기에 부동산의 소유권이 이전되는 경우 매도자의 재산세 납부세액은 감소하지만 매수자의 재산세 납부세액은 증가하게 된다(지방세법 제114조 참조).

4) 기업과 고객의 관계는 매매거래를 통해 각자의 이익을 추구하는 경쟁적 관계 외에 고객의 이익이 높을수록 기업의 이익도 높아질 수 있으므로 협력적 관계도 포함할 수 있다.

기업과 고객 간의 매매거래나 기업과 근로자 간의 고용거래의 공통점 중 하나는 거래대상에 대해 대가를 주고받는 것이다. 그런데 그 대가가 거래의 한 당사자에게 유리하도록 정해지거나 아예 없는 경우도 있을 수 있다. 이와 같은 무상이전의 당사자는 무상이전에 따른 이익을 부여하는 증여자와 부여받는 수증자로 구성된다. 무상이전에도 세금효과는 발생하며 유상거래의 세금효과와는 차이가 있다.

(1) 기업과 고객 간의 재화나 용역 매매거래의 세금효과

세금효과는 주로 판매 기업과 매입 기업에 귀속되며, 주요 세금효과로는 부가가치세 효과, 법인세 또는 소득세 효과를 들 수 있다.[5] 재화나 용역을 판매하는 기업은 부가가치세법에 따라 일정 기간을 단위로 부가가치세를 납부하여야 하는 것이 일반적이다. 부가가치세 납부세액은 해당 기간의 거래에서 발생하는 매출액에 부가가치세 세율을 곱한 금액에서 해당 기간의 매입액 중 부가가치세 해당 금액을 차감한 금액을 기준으로 산정된다. 부가가치세의 세율은 비례세율 구조로 단일의 세율이 적용된다.[6] 기업과 고객 간의 재화나 용역의 매매거래는 판매 기업의 매출액과 매입 기업의 매입액을 증가시키므로 부가가치세 효과를 발생시킨다.

재화나 용역의 판매로 세전이익이 발생하는 기업이 법인기업의 경우 법인세법에 따라 일정 기간을 단위로 법인세를 납부하여야 하며, 개인기업인 경우 기업의 소유주인 개인은 소득세법에 따라 일정 기간을 단위로 소득세를 납부하여야 한다. 법인세 납부세액은 기간별 세전이익에 기초한 과세표준에 법인세 세율을 곱한 금액을 기준으로 산정되며, 소득세 납부세액은 기간별 세전이익에 기초한 과세표준에 소득세 세율을 곱한 금액을 기준으로 산정된다. 법인세와 소득세의 과세대상인 세전이익은 세법 규정을 적용하여 산정한 세전이익으로 실질 세전이익이나 기업회계기준을 적용한 회계 세전이익과는 차이가 있을 수 있다.[7] 법인세와 소득세의 세율은 초과누진세율

5) 부가가치세 효과에는 지방소비세 효과가 부수되며, 법인세 효과와 소득세 효과에는 지방소득세 효과가 부수된다. 그 밖에 개별소비세 효과, 관세 효과, 취득세 효과 등이 발생할 수 있을 것이다.

6) 세액은 과세표준에 세율을 적용하여 산정하며, 과세표준은 세액 산정의 기준이 되는 과세대상에 대한 측정치이며, 비례세율은 과세표준의 크기에 관계없이 일정한 비율 등이 적용되는 세율이다.

구조로 세전이익의 크기에 따라 다른 세율이 적용될 수 있다.[8] 기업과 고객 간의 재화나 용역의 매매거래는 판매 기업의 세전이익을 증가시킬 수 있으며 매입 기업의 세전이익에도 영향을 줄 수 있으므로 법인세 효과 또는 소득세 효과가 있다.

고객 중 기업이 아닌 최종소비자에게도 납부세액이 발생하는 경우가 없지 않다. 대표적인 예로 주택을 매입한 주택의 최종소비자는 취득세를 납부하여야 한다.

(2) 기업과 근로자 간의 고용거래의 세금효과

근로자를 고용하는 기업에게 귀속되는 주요 세금효과는 법인세 효과 또는 소득세 효과이다. 기업은 근로자에게 지급한 급여에 과세되는 소득세를 원천징수하여 납부하여야 한다. 기업이 근로자에게 지급하는 세후급여와 소득세 원천징수 납부세액은 기업의 세전이익을 감소시키므로 법인세 효과 또는 소득세 효과가 있다. 기업이 원천징수하여 납부할 소득세 세액은 근로자별로 각각의 급여에 대해 소득세법에 따라 산정되는 금액을 합산한 금액이다. 급여에 대한 소득세는 초과누진세율을 적용하여 산정되므로 근로자별 급여의 차이에 따라 급여총액 대비 납부세액의 비율은 기업에 따라 달라질 수 있다.

근로자에게는 고용거래에 따라 기업으로부터 받는 급여와 관련된 소득세 효과가 귀속된다. 근로자가 기업으로부터 일정 기간별로 받는 급여는 기업이 원천징수한 소득세를 차감한 후의 금액이다. 급여에 대한 소득세는 연단위로 산정되며 근로자의 연말정산에 따라 기업의 원천징수 세액과의 차이를 정산하게 된다. 근로자에게 급여 외의 다른 세전이익이 있는 경우 합산되어 소득세가 산정될 수 있으며, 합산으로 증가한 소득세를 납부하여야 하는 경우가 있을 수 있다.[9]

---

7) 세법 규정을 적용하여 산정한 세전이익에 대해 세법에서는 과세대상 소득이라는 용어를 사용하고 있지만, 세전이익이라는 용어를 사용하는 것이 세전과 세후의 구분을 보다 명확하게 할 수 있다.

8) 초과누진세율은 과세표준을 크기에 따라 여러 단계로 구분하고 높은 단계에 보다 높은 세율이 적용되는 구조이다.

9) 합산이 적용되는 대표적인 예로 일정금액 이상의 금융소득을 들 수 있다.

(3) 무상이전의 세금효과

무상의 이익을 얻는 주체에게 귀속되는 주요 세금효과로는 증여세 효과 또는 법인세 효과를 들 수 있다.[10] 개인과 비영리법인은 증여받은 재산에 대한 증여세를 납부하여야 하며, 영리법인의 수증에 따른 무상이익은 법인세 과세대상 세전이익에 포함된다. 개인과 비영리법인이 납부할 증여세 세액은 수증 재산의 가액에 기초한 과세표준에 초과누진세율 구조의 증여세 세율을 적용하여 산정한 금액을 기준으로 한다.

무상의 이익을 부여하는 주체의 경우 증여세의 연대납세의무에 따라 증여세를 납부하여야 할 수 있다.[11]

제3절 | 의사결정과 세무계획

경제활동의 결과에 영향을 주는 요인은 경제활동의 주체가 통제할 수 있는 요인과 통제할 수 없는 요인으로 구분할 수 있다. 경제활동의 주체는 경제활동을 수행할 것인지의 여부를 선택할 수 있으며, 이에 따라 경제활동의 결과에는 중요한 차이가 발생할 수 있다. 동일한 경제활동이 수행되더라도 환경요인과 같은 통제할 수 없는 외부요인은 경제활동의 결과에 중요한 차이를 발생시킬 수 있다. 경제주체는 통제할 수 있는 요인을 통해서만 경제활동의 결과에 영향을 줄 수 있다. 경제주체가 경제활동을 수행하는 과정에서 맞이할 수 있는 활동의 대안 중 무엇을 선택할 것인지를 정하는 의사결정은 경제주체가 통제할 수 있는 요인의 핵심에 해당한다. 따라서 경제활동의 주체가 경제활동 결과의 최적화 가능성을 높일 수 있는 핵심적인 방법은 경제활동에 관한 의사결정을 최적화하는 것이다.

경제활동의 결과에 대한 평가 기준에 따라 의사결정에서의 선택 기준도 달라져야 할 것이다. 경제활동의 결과는 재무적 측정치를 기준으로 평가되

10) 그 밖에 상속으로 인한 무상이전의 경우 상속세 효과가 발생할 것이며, 부동산의 무상이전의 경우 취득세 효과가 발생할 것이다.

11) 과세관청이 수증자로부터 증여세를 징수하기 곤란한 경우 등에 적용된다(상속세 및 증여세법 제4조의2 제6항에서 규정하고 있음).

는 것이 일반적이므로 경제활동에 관한 의사결정에서도 재무적 측정치가 그 기준이 되는 것이 일반적이다. 재무적 측정치는 경제활동의 투입자원과 산출물의 가치에 대한 금액 기준의 측정치이다. 투입자원과 산출물의 가치는 그로 인한 현금흐름의 현재가치로 측정하는 것이 가장 이상적이다. 그리고 실무적으로 현금흐름을 측정하는 데 적용하거나 기초할 수 있는 재무적 측정치로 재무회계 측정치를 들 수 있다. 경제활동의 결과에 관한 재무회계 측정치로는 경제활동에서 생길 것으로 기대되는 수익에서 비용을 차감한 순이익과 투자금액 대비 순이익의 비율인 투자이익률 등이 주로 사용된다. 순이익은 산출물의 현금흐름과는 차이가 있을 수 있지만 가장 쉽게 적용할 수 있는 실무적 대용치라고 할 수 있다.

의사결정은 경제활동을 수행하기 전에 이루어지므로 재무적 측정치가 의사결정의 기준이 되기 위해서는 미래에 관한 예측이 반영된 추정치여야 한다. 경제활동의 주체가 통제할 수 있는 의사결정과 통제할 수 없는 요인에 따라 경제활동의 결과가 다양하게 나타날 수 있는 경우 의사결정의 기준으로는 의사결정의 대안별 결과에 관한 측정치의 기댓값을 사용하는 것이 합리적이다. 기댓값은 가능한 결과들을 확률로 가중평균하여 산정할 수 있으므로 의사결정의 기준이 될 재무적 측정치는 의사결정의 대안별로 가능한 결과들에 관한 측정치와 그 확률을 제시해 줄 수 있어야 한다.

미래에 수행할 경제활동에 관한 재무적 측정치는 경제활동에 관한 계획을 금액 등의 수치로 표현한 것이다. 경제활동의 가능한 결과에 관한 재무적 측정치는 세금효과를 반영한 후의 금액으로 추정하여야 하며, 세금효과에 관한 부분은 세무계획의 영역에 포함된다. 세무계획에서는 경제활동의 가능한 결과에 세금효과가 영향을 줄 수 있는지에 관한 정보가 포함될 수 있다.

예제 동일한 투자금액이 소요되는 사업투자안1과 사업투자안2에 관한 재무적 측정치 등이 다음과 같은 경우 두 가지 사업투자안 중 한 가지를 선택하는 의사결정을 위한 기준을 살펴보자.

－사업투자안1 : 가능한 결과는 두 가지로 각각의 결과에 따른 세전이익과

확률은 50,000원, 50%와 30,000원, 50%임.

- 사업투자안2 : 가능한 결과는 두 가지로 각각의 결과에 따른 세전이익과 확률은 100,000원, 70%와 0원, 30%임.
- 세전이익에 적용할 한계세율은 20%임.

| 풀이 |

사업투자안의 선택에 관한 의사결정에 따라 가능한 결과와 그 확률이 주어졌으므로 의사결정의 기준으로는 의사결정의 대안별 결과에 관한 측정치의 기댓값을 사용할 수 있다. 사업투자안들의 가능한 결과에 관한 재무적 측정치로는 세전이익이 아니라 세금효과를 반영한 후의 금액인 세후이익을 사용하여야 한다. 사업투자안들의 세후이익의 기댓값(기대세후이익)은 다음과 같이 산정할 수 있다.

$$\begin{aligned}\text{사업투자안1의 기대세후이익} &= (50{,}000\text{원} - 50{,}000 \times 20\%) \times 50\% \\ &\quad + (30{,}000\text{원} - 30{,}000 \times 20\%) \times 50\% \\ &= 32{,}000\text{원}\end{aligned}$$

$$\begin{aligned}\text{사업투자안2의 기대세후이익} &= (100{,}000\text{원} - 100{,}000 \times 20\%) \times 70\% \\ &\quad + 0 \times 30\% \\ &= 56{,}000\text{원}\end{aligned}$$

사업투자안2의 기대세후이익 더 높으므로 투자안의 선택에 관한 의사결정에서는 사업투자안2를 선택하는 것이 합리적일 것이다.

정·리·문·제

1. 세무계획과 관련된 개념들에 관한 설명으로 옳은 것은?[12)]

1) 한계세율은 추가적인 1원의 세전이익에 대해 납부할 세금의 미래가치를 의미한다.
2) 조세혜택자산은 세후이익률이 세전이익률보다 높은 자산을 의미한다.
3) 암묵세는 조세혜택이 있는 자산 등에 대한 투자에서 발생할 수 있는 세전이익률의 감소에 따르는 부담을 의미한다.
4) 비세금비용은 납부세액 외에 세법상의 의무를 준수하기 위해 발생하는 비용이다.

2. 기업과 고객 간의 재화나 용역의 매매거래의 세금효과에 관한 설명으로 옳지 않은 것은?[13)]

1) 법인기업의 재화나 용역의 판매거래는 법인기업의 과세기간별 매출액을 증가시키므로 부가가치세 효과가 있다.
2) 개인기업의 재화나 용역의 판매거래는 개인기업의 과세기간별 매출액을 증가시키므로 부가가치세 효과가 있다.
3) 법인기업의 재화나 용역의 매입거래는 법인기업의 과세기간별 세전이익을 감소시킬 수 있으므로 소득세 효과가 있다.
4) 개인기업의 재화나 용역의 매입거래는 개인기업의 과세기간별 세전이익을 감소시킬 수 있으므로 소득세 효과가 있다.

3. 경제활동의 기대세후이익에 관한 설명으로 옳은 것은?[14)]

1) 경제활동의 가능한 결과 중 확률이 가장 높은 결과의 세금효과에 대한 재무적 측정치이다.
2) 경제활동의 가능한 결과 중 확률이 가장 높은 결과에 대한 세금효과 반영 후의 재무적 측정치이다.

---

12) 정답 3).
13) 정답 3). 법인기업이므로 소득세 효과는 없으며, 법인세 효과가 있다.
14) 정답 4).

3) 경제활동의 가능한 결과들의 세금효과에 대한 재무적 측정치를 확률로 가중평균한 기댓값이다.
4) 경제활동의 가능한 결과들에 대한 세금효과 반영 후의 재무적 측정치를 확률로 가중평균한 기댓값이다.

핵심 요약

- 경제활동 결과의 최적화 가능성을 높일 수 있는 세무계획이 되기 위해 반영하여야 할 사항으로는 납부세액에 대한 추정, 암묵세에 대한 추정, 비세금비용에 대한 추정, 거래상대방과의 관계를 들 수 있음.
- 경제활동에 관한 계획에 포함될 경제활동의 가능한 결과에 따른 재무적 측정치는 세금효과를 반영한 후의 금액으로 측정하여야 하며, 세금효과에 관한 부분은 세무계획의 영역으로 볼 수 있음.

연·습·문·제

1. 어떤 사업투자안에 관한 자료가 다음과 같은 경우 기대세후이익은?[15)]

- 사업투자안의 가능한 결과는 두 가지로 각각의 결과에 따른 세전이익과 확률은 50,000원, 80%와 10,000원, 20%임. - 세전이익에 적용할 한계세율은 20%임.

1) 32,600원
2) 33,600원
3) 34,600원
4) 35,600원

15) 정답 2). (50,000 − 50,000 × 20%) × 80% + (10,000 − 10,000 × 20%) × 20% = 33,600.

2. 어떤 사업투자안에 관한 자료가 다음과 같은 경우 기대세금비용은?[16)]

−사업투자안의 가능한 결과는 두 가지로 각각의 결과에 따른 세전이익과 확률은 100,000원, 60%와 25,000원, 40%임. −세전이익에 적용할 한계세율은 20%임.

1) 11,000원
2) 12,000원
3) 13,000원
4) 14,000원

16) 정답 4). 100,000×20%×60%+25,000×20%×40%=14,000.

제2장 세액의 결정요소와 세무계획

이 장에서 살펴볼 내용은 세액의 주요 결정요소, 세무계획의 유형, 주요 조세의 납부세액 결정요소에 관한 것이다. 이 장의 학습 목표로는 법인세 납부세액의 결정요소를 이해하고 활용하는 것, 소득세 납부세액의 결정요소를 이해하고 활용하는 것, 부가가치세 납부세액의 결정요소를 이해하고 활용하는 것을 들 수 있다.

제1절 | 세액의 주요 결정요소

과세관청에 납부할 세액을 결정하는 요소는 세무계획의 방향을 설정함에 있어 중요한 지표가 될 수 있다. 납부세액을 결정하는 주요 요소로는 과세대상, 기업의 조직형태, 세액산정단위, 세율, 조세혜택을 들 수 있다.

(1) 과세대상

납부세액의 결정 요소 중 가장 우선적인 요소로 해당 조세가 과세되는 대상을 들기는 그리 어려운 일이 아니다. 조세의 종류에 따라 납부세액을 결정하는 요소가 달라지는 것도 주로 과세대상이 다른 것에서 그 이유를 찾을 수 있다. 세무계획에서도 납부세액과 관련하여 가장 우선적으로 검토하여야 할 사항은 계획의 대상인 경제활동의 요소 중 세금효과를 발생시키는 것이 무엇인지에 관한 것이어야 한다. 기업과 고객 간의 재화나 용역 매매거래의 세금효과에서 볼 수 있듯이 하나의 경제활동에서 과세의 대상이 되는 것은 2개 이상일 수 있다.

(2) 기업의 조직형태

세금효과가 있는 경제활동의 수행 주체 중 가장 높은 비중을 차지하는 것은 기업이다. 기업은 다양한 조직형태로 구성될 수 있으며, 대표적인 것으로는 주식회사와 같은 법인기업과 개인 사업자가 운영하는 개인기업을 들 수 있다. 동일한 경제활동을 수행하더라도 그 수행 주체인 기업의 조직형태에 따라 납부할 조세의 종류와 금액이 달라질 수 있다. 대표적인 예로 고객에 대한 판매거래에서 얻는 소득에 대해 법인기업은 법인세법에 따라 법인세를 납부하여야 하며, 개인기업은 소득세법에 따라 소득세를 납부하여야 한다.

(3) 세액산정단위

납부세액은 개별 경제활동 별로 산정되는 경우도 있지만 일정 기간의 경제활동들을 포괄하여 기간 단위로 산정되는 경우도 있다, 우리나라의 주요 조세인 부가가치세, 법인세, 소득세의 납부세액은 기간을 단위로 산정된다. 개별 활동을 단위로 산정된 세액의 합계와 기간을 단위로 산정된 세액에는 중요한 차이가 있을 수 있다.

(4) 세율

세율은 조세별로 차이가 있지만 그 기본 구조는 비례세율과 초과누진세율로 구분할 수 있다. 비례세율은 과세표준의 크기와 관계없이 동일한 하나의 세율이 적용되는 구조이다. 초과누진세율은 과세표준을 크기에 따라 여러 단계로 구분하고 높은 단계에 보다 높은 세율이 적용되는 구조이다.

(5) 조세혜택

조세혜택의 주요 유형으로는 비과세, 면세, 세액공제, 세액감면을 들 수 있다. 비과세와 면세가 적용되는 경우 납부세액이 발생하지 않으며, 세액공제나 세액감면이 적용되는 경우 세액공제나 세액감면액만큼 세액이 감소하게 된다.

제2절 | 세무계획의 유형

경제활동에 수반되어 납부할 조세의 종류는 다양하므로 납부세액을 감소시키기 위한 세무계획도 다양하게 나타날 수 있다. 두 가지 이상의 세금효과가 있는 경제활동의 납부세액을 감소시키기 위해서는 모든 조세의 납부세액 총액을 감소시킬 수 있는 세무계획이 필요하다. 납부세액을 감소시키기 위한 세무계획의 대표적인 유형으로는 납세자의 전환, 과세대상 유형의 전환, 과세기간의 전환을 들 수 있다.[1)]

(1) 납세자의 전환

과세대상의 귀속을 바꿈으로써 납세자를 전환하는 방식으로 납부세액을 감소시키는 세무계획이다. 동일한 과세대상이라도 누구에게 귀속되는지에 따라 납부세액에 차이가 발생할 수 있다. 대표적인 예로 소득의 귀속을 한계세율이 높은 납세자로부터 낮은 납세자로 전환하는 것은 소득세나 법인세 납부세액을 감소시킨다. 다만 과세대상의 귀속이 바뀌는 것은 납부세액뿐만 아니라 세후결과물의 귀속도 바뀌는 것이므로 실질적 귀속에는 변동이 없는 경우에 사용할 수 있는 세무계획이다. 주로 생계를 같이하는 가구나 동일한 지배력이나 영향력 하에 있는 기업 집단에서 사용될 수 있다.

(2) 과세대상 유형의 전환

과세대상의 유형을 전환하는 방식으로 납부세액을 감소시키는 세무계획이다. 경제활동에서 의도하는 결과를 얻는 방법은 다양할 수 있으며, 그 방법에 따라 과세되는 조세의 종류나 세액산정방법이 달라질 수 있다. 예를 들어 주식에 대한 투자에서 소득을 얻는 방법은 배당금과 매도이익을 어떻게 조합할 것인지에 따라 달라질 수 있으며 그 조합방법에 따라 소득세 납

1) Scholes 등은 소득과 관련된 세무계획의 유형으로 소득의 유형을 전환시키는 것(converting income from one type to another), 소득의 귀속자를 바꾸는 것(shifting income from one pocket to another), 소득의 귀속기간을 바꾸는 것(shifting income from one time period to another)을 들고 있다(Scholes, M.S., Wolfson, M. Erickson, E.L. Maydew, and T. Shevlin, 2008. Taxes and Business Strategy: A Planning Approach. Prentice Hall. Fourth edition, 21페이지 참조).

부세액은 달라질 수 있다.

(3) 과세기간의 전환

과세대상의 귀속기간을 바꾸는 방식으로 납부세액을 감소시키는 세무계획이다. 세법의 개정으로 세율이나 조세혜택이 변경되는 경우나 기간별 한계세율에 차이가 있는 경우 귀속기간에 따라 납부세액에 중요한 차이가 있을 수 있다. 특히 소득세나 법인세의 경우 소득이 0을 초과하는 기간과 0 미만인 기간의 세금효과는 비대칭적이다.[2] 세액 납부의 시기를 전환하는 것이므로 화폐의 시간가치가 중요한 경우 이를 반영하여 세무계획을 수립할 필요가 있다는 점에 유의하여야 한다.

제3절 | 주요 조세의 납부세액 결정요소

1. 소득세 납부세액의 결성요소

소득세 납부세액의 산정단위는 연도별로 구분되며 소득의 유형과 금액 등에 따라서도 구분된다. 소득의 유형과 금액 등에 따라 세액산정방법 등 과세방법도 달라질 수 있으며 종합과세, 분리과세, 분류과세로 구분된다.

(1) 종합과세

대부분의 경상적 소득에 대해 과세하는 방법으로 소득의 유형별로 산정된 연도별 소득금액을 합산한 금액을 단위로 과세표준이 산정된다.

(2) 분리과세

일정금액 이하의 금융소득 등에 대해 적용되는 방법으로 유형별로 산정된 연도별 소득금액 각각을 단위로 과세표준이 산정된다.

---

2) 소득이 0 을 초과하는 경우 초과누진세율을 적용하여 세액이 산정되는 데 비해 소득이 0 미만인 경우 해당 기간의 세액은 0 이며, 미래기간의 소득에서 차감되는 것이 일반적이다.

(3) 분류과세

부동산의 양도소득 등에 대해 과세하는 방법으로 소득의 유형별로 산정된 연도별 소득금액 각각을 단위로 과세표준이 산정된다.

종합과세가 적용되는 소득에 대한 연도별 소득세 납부세액은 연도별 소득금액을 기초로 산정된 과세표준에 세율을 적용하여 산출한 세액에서 세액공제와 세액감면을 차감하여 산정되는 것을 기본 구조로 한다. 종합과세가 적용되는 소득에 대한 연도별 소득세 납부세액을 결정하는 주요 요소로는 연도별 소득금액, 종합소득공제, 세율, 세액공제와 세액감면을 들 수 있다.

(1) 연도별 소득금액

종합과세 대상 소득의 연도별 소득금액을 합산한 금액이다. 연도별 소득금액을 증가시키는 대표적인 거래로는 개인기업의 고객에 대한 매출거래와 근로자의 기업에 대한 근무용역 제공거래를 들 수 있다. 사업에서 발생하는 소득이 0 미만이 될 수 있으며, 이 경우 다른 소득이 충분하지 않은 경우 연도별 소득금액도 0 미만이 될 수 있다.

(2) 종합소득공제

과세표준을 산정하는 과정에서 연도별 소득금액에서 차감하는 것으로 소득자와 생계를 같이 하는 가구의 인적 구성이 주요 결정요소이다.

(3) 세율

초과누진세율이 적용된다.[3] 0 미만의 사업소득인 결손금으로 인해 연도별 소득금액의 합계가 0 미만인 경우 영의 세율이 적용되며, 결손금은 이월되어 미래기간의 과세표준 산정과정에서 공제되는 것이 일반적이다.[4]

(4) 세액공제와 세액감면

과세표준에 세율을 적용하여 산출된 세액에서 차감된다. 사업소득이 없는 경우에도 적용될 수 있는 세액공제는 다양하지만, 세액감면은 주로 사업소득이 있는 경우에 적용될 수 있다.[5]

3) 소득세법 제55조에서 규정하고 있다.
4) 소득세법 제45조.
5) 세액공제의 대표적인 예로는 소득세법 제59조의4에서 규정하고 있는 보험료, 교육비, 기

2. 법인세 납부세액의 결정요소

기간별로 산정되는 법인세 납부세액은 과세기간별 소득금액을 기초로 산정된 과세표준에 세율을 적용하여 산출한 세액에서 세액공제와 세액감면을 차감하여 산정되는 것을 기본 구조로 한다.[6] 기간별 법인세 납부세액을 결정하는 주요 요소로는 과세기간별 소득금액, 세율, 세액공제와 세액감면을 들 수 있다.

(1) 과세기간별 소득금액

해당 기간의 법인의 순자산 증가액을 기준으로 산정된다. 법인기업의 고객에 대한 매출거래와 같은 유상거래에 따른 순자산 증가는 물론 무상이전에 따른 순자산 증가도 과세기간별 소득금액에 포함되는 것이 일반적이다. 자본의 납입이나 환급(배당 포함)에 따른 순자산 변동은 과세기간별 소득금액에서 제외된다. 대부분의 자산의 미실현보유이득 역시 제외되며 판매 등으로 실현되는 기간에 귀속되어 해당 기간의 소득금액에 포함된다.[7]

(2) 세율

초과누진세율이 적용된다.[8] 0 미만의 과세기간별 소득금액인 결손금에 대해서는 발생기간에는 영의 세율이 적용되고 이월되어 미래기간의 과세표준에서 공제되는 것이 일반적이다. 중소기업에 대해서는 결손금의 소급공제를 허용하고 있으며 이 경우 환급세액이 발생할 수 있다.[9]

(3) 세액공제와 세액감면

과세표준에 세율을 적용하여 산출된 세액에서 차감되어 납부세액을 감소시킨다. 세법에서 규정하고 있는 세액공제와 세액감면의 종류별 요건을 충족하는 경우 적용할 수 있다.[10]

부금 등에 대해 적용받을 수 있는 특별세액공제를 들 수 있다.

6) 법인세 납부세액의 산정단위 기간은 정관 등에서 정하는 회계기간을 기준으로 하며, 1년을 단위로 하는 것이 일반적이다.

7) 순자산이 증가된 기간의 과세기간별 소득 금액에 포함될 수 있는 미실현보유이득의 대표적인 예로는 화폐성외화자산의 환율차익을 들 수 있다(법인세법 시행령 제76조 제2항 참조).

8) 법인세법 제55조에서 규정하고 있다.

9) 법인세법 제72조.

10) 법인세에 적용되는 세액공제와 세액감면에 대해서는 법인세법 외에 조세특례제한법에서

3. 부가가치세 납부세액의 결정요소

기간별로 산정되는 부가가치세 납부세액은 해당 기간의 매출액에 부가가치세 세율을 곱한 금액에서 해당 기간의 매입액 중 부가가치세 해당 금액을 차감하여 산정되는 것을 기본 구조로 한다.[11] 기간별 부가가치세 납부세액을 결정하는 주된 요소로는 매출의 대상, 기간별 매출대가와 매입대가의 차이, 세율을 들 수 있다.

(1) 매출의 대상

매출 대상의 구성에 따라 부가가치세 납부세액과 납부시기에 차이가 있을 수 있다.[12] 재화나 용역의 이전거래에서 고객이 재화나 용역을 사용가능한 상태에 도달하기 위해서는 여러 재화와 용역의 결합이 필요한 것이 일반적이므로 기업의 선택에 따라 매출의 대상이 달라질 수 있다.

(2) 기간별 매출대가와 매입대가의 차이

매출대가와 매입대가의 차이가 클수록 부가가치세 납부세액이 많아지게 된다. 매입대가에는 유형자산 등과 같이 장기간 동안 매출을 위해 사용되는 투입요소의 매입대가도 포함되므로 기간별 매출대가와 매입대가의 차이가 해당 기간에 창출된 부가가치와 일치하지는 않는다.

(3) 세율

비례세율이 적용된다.[13] 재화 수출의 경우와 같이 비례세율로 영의 세율이 적용되는 경우가 있다.[14] 매출액에 부가가치세 세율을 곱한 금액(매출부가가치세)을 초과하는 매입부가가치세(매입액 중 부가가치세 해당 금액)는 환급받을 수 있다. 재화의 판매처를 국내에서 해외로 전환하는 것은 부가가치세 납부세액을 감소시키거나 환급세액을 증가시킬 수 있다.

도 규정하고 있다.

11) 부가가치세 납부세액의 산정단위 기간은 매분기 또는 매반기인 것이 일반적이다.

12) 대표적인 예로 미가공식품을 공급하는 경우 부가가치세 면세가 적용되지만 미가공식품을 가공한 후 공급하는 경우 부가가치세가 과세된다.

13) 부가가치세법 제30조 등에서 규정하고 있다.

14) 영 세율의 적용에 관해서는 부가가치세법 제21조부터 제24조까지에서 규정하고 있다.

예제 원재료를 수입하여 가공한 제품을 내국 고객에게만 판매하고 있는 가 주식회사의 다음의 계획에 대해 검토하여 보자.

- 내국 매출 수량의 20%를 수출로 전환하기로 계획하였으며, 이 경우 매출 수량에는 변동이 없으며, 내국 매출의 경우 제품 가격이 상승할 가능성이 더 높으며 수출의 경우 제품 가격이 하락할 가능성이 더 높을 것으로 예상됨.

| 풀이 |

가 주식회사의 계획에 대한 평가는 제품판매로 인한 이익이 최대로 될 가능성을 높일 수 있는지의 관점에서 접근할 수 있다. 가 주식회사의 계획은 제품 판매가격의 변화에 따라 매출액이 증가한다면 이익이 증가할 수 있는 계획에 해당한다. 그런데 가 주식회사의 계획은 부가가치세 등의 납부세액에 중요한 영향을 줄 수 있는 계획이므로 세금효과에 관한 계획이 포함될 필요가 있다. 제품판매로 인한 이익이 최대로 될 가능성을 높일 수 있는 세무계획이 되기 위해서는 납부세액 외에도 암묵세, 비세금비용, 거래상대방과의 관계 등이 반영되어야 한다.

(1) 납부세액

가 주식회사의 계획에 수반되는 세금효과는 부가가치세 효과와 법인세 효과를 들 수 있다. 부가가치세 효과는 수출의 경우 영의 세율이 적용되므로 내국 매출에서 수출로 전환하는 것에서 발생하며, 내국 매출액 감소액에 부가가치세율을 곱한 금액만큼 부가가치세 납부세액이 감소할 것이다. 법인세 효과는 매출액이 증가하여 세전이익이 증가하는 경우에 발생하며, 증가된 세전이익에 대한 법인세 납부세액이 증가할 것이다.

(2) 암묵세

부가가치세 등의 납부세액의 차이로 수출에 경쟁이 발생하여 수출가격이 하락하는 경우 그로 인한 매출 감소는 암묵세에 해당되는 것으로 볼 수 있을 것이다.[15)]

(3) 비세금비용

수출 전환으로 인해 발생할 수 있는 비세금비용으로는 운송비용과 보험료의 증가, 환율변동위험 등을 들 수 있다.

---

15) 수입자가 수입국에 납부하는 부가가치세 성격의 세액(관세 포함) 등이 내국 매출에 대해 납부하여야 할 부가가치세 세액보다 적다면 이는 조세혜택에 해당될 것이다.

(4) 거래상대방과의 관계

내국 고객에 대한 공급 감소와 가격 인상은 내국 고객과의 관계에 중요한 영향을 줄 수 있다. 외국 고객의 경우 수입품에 대한 납부세액이 발생하므로 가격의 산정에 반영하여야 할 수 있다.

정·리·문·제

1. 법인세 납부세액의 결정요소에 관한 설명으로 옳은 것은?[16)]

1) 비영리법인의 경우 수증이익은 법인세 납부세액을 증가시킨다.
2) 기간별 법인세 납부세액 산정에 적용되는 세율은 초과누진세율 구조이다.
3) 결손금이 발생한 경우 법인세 환급세액은 최저한 세율을 적용하여 산정한다.
4) 세액공제는 법인세 과세표준을 감소시켜 납부세액을 감소시킨다.

2. 종합과세가 적용되는 소득에 대한 연도별 소득세 납부세액의 결정요소에 관한 설명으로 옳지 않은 것은?[17)]

1) 수증이익은 소득세 납부세액을 증가시키지 않는다.
2) 종합소득공제는 소득세 과세표준을 감소시켜 납부세액을 감소시킨다.
3) 사업소득의 결손금으로 인해 연도별 소득 금액의 합계가 음수인 경우 영의 세율이 적용된다.
4) 세액공제는 소득세 과세표준을 감소시켜 납부세액을 감소시킨다.

3. 부가가치세 납부세액의 결정요소에 관한 설명으로 옳은 것은?[18)]

1) 매출 대상의 구성에 관한 선택에 따라 부가가치세 납부세액에 차이가 있을 수 있다.

16) 정답 2).

17) 정답 4). 세액공제는 과세표준이 아니라 산출세액에서 공제하는 항목이다.

18) 정답 1).

2) 기간별 순부가가치가 증가할수록 부가가치세 납부세액은 감소한다.
3) 매입부가가치세가 매출부가가치세를 초과하는 경우 차액은 미래기간의 매출부가가치세에서 공제하는 것이 일반적이다.
4) 영의 세율이 적용되는 경우 매입부가가치세 공제는 적용하지 않는다.

핵심 요약

- 기간별 법인세 납부세액은 과세기간별 소득금액을 기초로 산정된 과세표준에 세율을 적용하여 산출한 세액에서 세액공제와 세액감면을 차감하여 산정되는 것을 기본 구조로 함.
- 종합과세가 적용되는 소득에 대한 연도별 소득세 납부세액은 연도별 소득금액을 기초로 산정된 과세표준에 세율을 적용하여 산출한 세액에서 세액공제와 세액감면을 차감하여 산정되는 것을 기본 구조로 함.
- 기간별 부가가치세 납부세액은 해당 기간의 매출액에 부가가치세 세율을 곱한 금액에서 해당 기간의 매입액 중 부가가치세 해당 금액을 차감하여 산정되는 것을 기본 구조로 함.

제3장 한계세율

이 장에서 살펴볼 내용은 한계세율의 개요, 한계명시세율의 측정, 결손금과 한계명시세율에 관한 것이다. 이 장의 학습 목표로는 한계세율의 개요를 이해하고 간략하게 설명하는 것, 한계세율의 측정 방법을 이해하고 활용하는 것, 세무계획에서 한계세율의 의미를 이해하고 활용하는 것을 들 수 있다.

제1절 | 한계세율의 개요

세율은 모든 조세의 납부세액을 결정하는 공통적이면서도 핵심적인 요소이다. 모든 조세의 세율은 법률에 규정되어 있으며, 이러한 법정세율은 세무신고 등에서 납부세액을 계산하는 데 적용된다. 그런데 세무계획에서는 법정세율과는 다를 수 있는 한계세율을 이용할 필요가 있다. 한계세율은 추가적인 1원의 세전이익에 대해 납부할 세액의 현재가치로 정의되는 것이 일반적이다. 여기서 세전이익은 세금비용을 차감하기 전의 실질이익을 의미한다. 실질이익은 순자산의 실질증가를 의미하는 것으로 기업회계기준을 적용하여 측정한 회계 이익이나 세법 규정을 적용하여 산정한 세무 이익과는 차이가 있을 수 있다. 실질이익은 실질을 반영한 이익이라는 점에서 개념상 우위에 있지만 실무적으로는 측정에 어려움이 있다는 한계가 있다. 한계세율의 개념에 포함되어 있는 '추가적인 1원의 세전이익'과 '납부할 세액의 현재가치'라는 하위 개념들은 세무계획의 관점과 밀접한 관련이 있다.

먼저 '추가적인 1원의 세전이익'이라는 개념에서 볼 수 있듯이 한계세율은 추가적인 활동으로 얻는 세전이익의 세금효과와 관련이 있다. 이러한 개념에 기초한 한계세율은 특정의 경제활동의 수행 여부 등에 관한 의사결정과 관련된 세무계획에서 유용하게 사용될 수 있다. 그러한 세무계획의 주요 내용은 그 경제활동이 발생시킬 추가적인 세금효과에 관한 것이어야 하며, 경제활동의 결과로 발생하게 될 추가적인 세전이익의 세금효과는 한계세율을 사용하여 측정할 수 있기 때문이다. 세전이익을 과세대상으로 하는 법인세나 소득세의 납부세액은 기간을 단위로 산정되는 것이 일반적이며 법정세율은 두 가지 이상의 세율을 포함하는 초과누진세율의 구조이다. 따라서 경제활동으로 얻게 되는 추가 세전이익의 세금효과는 추가 세전이익이 초과누진세율 중 어떤 세율이 적용되는 구간에 위치하는가에 따라 달라질 수 있다.

한편 '납부할 세액의 현재가치'라는 개념에서 볼 수 있듯이 한계세율은 납부세액의 명목금액이 아닌 실질가치를 반영한다. 법인세나 소득세 납부세액은 일정 기간을 단위로 해당 기간이 지난 후에 지출되는 것이 일반적이다. 따라서 특정의 경제활동으로 세전이익이 생기는 시기와 그에 대한 법인세나 소득세를 납부하는 시기에는 차이가 있는 것이 일반적이다. 그리고 결손금은 그러한 시간적 차이를 무시할 수 없게 만들 수 있다. 결손금은 발생된 기간의 납부세액에는 영향을 주지 않고 미래기간의 납부세액에 영향을 주는 것이 일반적이기 때문이다. 특정의 경제활동에서 생기는 세전이익이 모두 현재의 기간에 귀속되지만 그에 대한 납부세액의 전부 또는 일부가 미래기간으로 이연되어 지출되는 경우 세전이익의 세금효과는 한계세율을 이용하여 측정하는 것이 적합하다는 것을 알 수 있다.

한계세율을 결정하는 요소로는 추가 세전이익의 귀속자, 추가 세전이익이 귀속될 기간의 세전이익 수준, 조세혜택을 들 수 있다.

(1) 추가 세전이익의 귀속자

한계세율은 납부세액의 실질가치를 반영한 것이지만 그 실질가치는 명목금액에 기초하게 되므로 납부세액의 명목금액을 결정하는 법정세율에 따라 달라질 수 있다. 그리고 추가적인 1원의 세전이익이 누구에게 귀속되는지에 따라 법정세율이 달라질 수 있으므로 한계세율도 달라질 수 있다. 대표적인 예로 추가적인 1원의 세전이익이 개인에게 귀속되는지 또는 주식회사에 귀속되는지에 따라 법정세율은 달라진다.

(2) 추가 세전이익이 귀속될 기간의 세전이익 수준

추가적인 1원의 세전이익이 귀속될 기간의 세전이익 수준에 따라 추가적인 1원의 세전이익에 대해 납부할 세액이 달라질 수 있다. 과세기간 별 세무기준 세전이익의 수준에 따라 납부세액을 산정할 때 적용될 최고법정세율이 달라질 수 있기 때문이다. 즉 한계세율은 동일한 납세자라도 기간별로 달라질 수 있다. 그런데 추가 세전이익이 귀속될 기간은 미래의 기간을 포함하므로 세전이익의 수준은 미래에 발생할 부분에 대한 추정치를 기초로 산정하여야 한다. 추가 세전이익에 대한 세금효과에 영향을 주는 결손금이 있는 경우 결손금의 이월공제로 인한 효과는 상당히 장기간 이어질 수 있으며 한계세율의 측정을 위해서는 해당 기간의 세전이익 수준을 모두 추정할 필요가 있다.

(3) 조세혜택

조세혜택은 추가적인 1원의 세전이익에 대해 납부할 세액을 감소시킨다. 대표적인 예로 추가적인 1원의 세전이익에 대해 비과세의 조세혜택이 있는 경우 추가 세전이익으로 인해 과세관청에 명시적으로 납부할 세액은 없어지게 된다. 이에 따라 조세혜택은 한계세율을 감소시키는 것처럼 보인다. 그런데 조세혜택은 세전이익을 감소시키고 투자금액을 증가시킬 수 있다는 점에 유의하여야 한다. 즉 추가적인 1원의 세전이익에 대한 조세혜택은 명시적인 납부세액은 감소시키지만 암묵세를 증가시킬 수 있다. 따라서 조세혜택은 한계세율이 아니라 한계세율 중 과세관청에 명시적으로 납부할 세액만을 반영하는 한계세율인 한계명시세율을 감소시킨다.

예제 자산1과 자산2에 대한 투자의사결정에서 투자로 얻을 것으로 기대되는 세전이익의 세금효과를 측정하는 데 사용할 세율에 대해 살펴보자(투자기간은 1년임).

－자산1 : 조세혜택이 없으며, 기대세전이익률은 5%임.
－자산2 : 비과세되며, 기대세전이익률은 4%임.

| 풀이 |

(1) 자산1에 대한 투자로 얻을 것으로 기대되는 세전이익의 세금효과
기대세전이익이 귀속되는 기간의 한계명시세율로 측정할 수 있다. 조세혜택이 없으므로 한계명시세율은 한계세율과 동일할 것이다.

(2) 자산2에 대한 투자로 얻을 것으로 기대되는 세전이익의 세금효과
자산2에 대한 투자로 얻을 것으로 기대되는 세전이익에 대해서는 비과세가 적용되므로 기대세전이익과 기대세후이익은 동일하며, 이는 기대세전이익의 명시적 세금효과가 없다는 것을 의미한다. 다만 비과세혜택에 따른 암묵세부담액이 있는 경우 암묵세효과가 있을 것이다. 암묵세효과의 측정에는 추가적인 1원의 세전이익에 대해 부담할 암묵세부담액의 현재가치인 한계암묵세율을 이용할 수 있을 것이다. 이 경우 추가적인 1원의 세전이익은 암묵세부담액 차감 전 세전이익을 의미한다. 자산2의 기대세전이익률은 명시세를 반영하고 있지는 않지만 암묵세를 이미 반영하고 있다는 점에 유의하여야 한다. 그런데 실무적으로 암묵세부담액을 측정하는 것은 어려우므로 한계암묵세율을 이용하여 암묵세효과를 측정하는 것 역시 실무적으로는 어려운 일일 것이다.

제2절 | 한계명시세율의 측정

한계명시세율의 측정을 위해서는 추가적인 1원의 세전이익에 대해 과세관청에 납부할 세액과 납부시기를 특정할 수 있어야 한다. 그리고 납부할 세액의 명목금액과 현재가치의 차이가 중요한 경우 현재가치의 산정을 위한 할인율도 특정할 수 있어야 한다.

(1) 납부세액

추가적인 1원의 세전이익에 대해 납부할 세액은 추가적인 1원의 세전이익을 반영한 후의 납부세액에서 반영하기 전의 납부세액을 차감한 것이다.

세전이익에 대해 과세되는 소득세나 법인세의 납부세액은 일정기간을 단위로 산정되므로, 반영 전과 반영 후의 납부세액의 비교는 소득세나 법인세의 기간별 납부세액을 기준으로 하여야 한다. 추가적인 1원의 세전이익이 귀속될 기간은 미래 기간을 포함하므로 기간별 납부세액은 추정치를 사용한다. 소득세나 법인세의 기간별 납부세액은 해당기간의 세무기준 세전이익을 기초로 산정한 과세표준에 법정세율을 적용하여 산정된 산출세액에 세액공제와 세액감면을 차감하여 산정되는 것이 기본 구조이다. 따라서 소득세나 법인세의 기간별 납부세액을 추정하기 위해서는 과세표준의 구성요소인 세무기준 세전이익과 세액공제 및 세액감면에 대한 추정이 필요하다. 추가적인 1원의 세전이익이 발생하는 기간의 세무기준 세전이익이 0 미만인 결손금이어서 미래기간의 과세표준에서 이월공제될 것으로 추정되거나 이월공제가 가능한 과거기간의 결손금이 있는 경우 추가적인 1원의 세전이익으로 인해 납부세액에 차이가 발생할 기간은 상당히 장기간 지속될 수 있으므로 추정이 필요한 기간이 늘어날 수 있다.

가장 단순한 경우는 결손금이월액이 없고, 추가적인 1원의 세전이익이 발생하는 기간에 결손금이 발생하지 않으며, 추가적인 1원의 세전이익이 세액공제 및 세액감면의 금액을 변동시키지 않는 경우이다. 이 경우 추가적인 1원의 세전이익에 따른 납부세액의 차이는 세무기준 세전이익 추정금액을 과세표준으로 하고, 이에 법정세율을 적용한 산출세액을 비교하여 산정할 수 있다. 즉 이 경우 추가적인 1원의 세전이익을 반영하기 전과 후의 납부세액의 차이는 과세표준인 세무기준 세전이익 추정금액에 적용된 최고법정세율에 해당되는 금액이다. 이 경우 납부세액 차이의 현재가치는 명목금액과 중요한 차이가 없으므로 세액 산정에 적용된 최고법정세율을 한계명시세율로 설정하는 것이 가능하다.[1]

추가적인 1원의 세전이익은 발생기간의 산출세액 뿐만 아니라 세액공제 및 세액감면도 증가시킬 수 있다. 추가적인 세전이익에 대해 세액감면이 적용되는 경우 추가적인 세전이익은 세액감면의 금액을 직접 증가시킨다.[2] 이

---

1) 세전이익에 대해서는 소득세 또는 법인세 외에 지방세법에 따른 지방소득세도 과세되므로 지방소득세의 법정세율을 포함한 세율을 반영하여야 한다(지방세법 제103조의20 등 참조).
2) 이러한 유형의 세액감면의 대부분은 조세특례제한법에서 규정하고 있다.

경우 추가적인 1원의 세전이익으로 인해 증가하는 산출세액과 세액감면의 금액이 동일하다면 납부세액은 증가하지 않게 된다. 추가적인 1원의 세전이익이 세액공제 및 세액감면에 미치는 영향을 완전히 파악하기 위해서는 최저한세에 대한 이해도 필요하다. 대부분의 세액공제 및 세액감면은 최저한세를 초과하는 산출세액에 대해서만 차감할 수 있기 때문이다. 최저한세는 법인세나 소득세에 대한 조세혜택에 한도를 두기 위한 것으로 조세혜택 전의 과세표준에 최저한세율을 적용하여 산정하는 구조이다.[3] 최저한세를 초과하여 사용되지 못한 세액공제 및 세액감면은 소멸되거나 미래기간으로 이월될 수 있다.[4] 추가적인 1원의 세전이익은 조세혜택 전의 과세표준을 증가시켜 최저한세를 증가시키게 되므로 소멸될 세액공제 및 세액감면의 사용금액을 증가시키거나 미래기간으로 이월될 세액공제를 발생기간에 사용할 수 있게 한다. 추가적인 1원의 세전이익이 미래기간으로 이월될 세액공제를 발생기간에 사용할 수 있게 하는 경우 발생기간의 납부세액을 감소시키는 효과가 있지만 반대로 미래기간의 납부세액을 증가시키는 효과가 있다. 따라서 미사용 세액공제의 이월금액이 있는 경우 결손금의 경우에서와 같이 한계세율의 측정을 위해서는 추정 기간을 늘려야 한다.

(2) 납부시기

세전이익에 대한 소득세나 법인세 납부세액은 세전이익을 얻는 시기가 속하는 과세기간 중의 중간예납기간 종료일 후 일정기간 이내와 과세기간 종료일 후 일정기간 이내에 나누어 납부하여야 하는 것이 일반적이다.[5] 따라서 추가적인 1원의 세전이익으로 인해 추가되는 납부세액을 납부하는 시기 역시 추가적인 1원의 세전이익을 얻는 시기가 속하는 과세기간 중의 중간예납기간 종료일 후 일정기간 이내 또는 과세기간 종료일 후 일정기간 이내에 도래하는 것이 일반적이다. 즉 추가적인 1원의 세전이익을 얻는 시기로부터 1년 이내에 납부시기가 도래하는 것이 일반적일 것이다. 다만, 과세

---

3) 최저한세율은 중소법인기업을 제외하고는 초과누진세율 구조로 되어 있다(조세특례제한법 제132조 참조).

4) 세액공제의 이월공제에 대해서는 조세특례제한법 제144조에서 규정하고 있다.

5) 중간예납기간은 과세기간 개시일부터 6개월이 되는 날까지이며, 중간예납기간 종료후 2개월 이내에 납부하여야 하며, 과세기간 종료 후 3개월 정도의 기간 이내에 납부하여야 한다.

기간이 1년이고 중간예납기간 종료일 후 일정기간 이내에 납부하여야 할 세액을 직전 과세기간의 납부세액을 기준으로 산정하는 경우 추가적인 1원의 세전이익을 얻는 시기가 과세기간의 초기라면 그에 대한 납부세액은 과세기간 종료일 후에 납부할 수 있으므로 세전이익을 얻는 시기와 납부시기와의 차이는 1년을 초과할 수 있다. 그리고 결손금이나 세액공제의 이월은 그 차이를 보다 크게 만들 수 있다.

(3) 할인율

추가적인 1원의 세전이익에 대한 납부세액의 명목금액을 추가적인 1원의 세전이익을 얻는 시기의 현재가치로 환산하기 위해서는 할인율을 특정할 필요가 있다. 미래의 명목금액과 그 현재가치의 차이는 기회비용에 해당되는 것이므로 할인율은 기회비용의 관점에서 책정되어야 한다. 기업의 경우 기업이 조달하는 자원의 기회비용인 자본비용을 할인율로 사용할 수 있다. 기업의 자본비용은 기업의 경제적 자원의 가치, 위험, 자본구조 등에 따라 달라질 수 있다.

예제 어떤 회사에 대한 자료가 다음과 같은 경우 이 회사가 02년에 수립할 세무계획에 적용할 한계명시세율을 측정하여 보자.

- 02년의 세전이익 등의 추정금액 : 세무기준 세전이익 100,000원, 세액공제 및 세액감면 1,200원(세전이익이 추가되어도 변동이 없으며, 최저한세로 사용되지 못하는 금액은 소멸됨).
- 01년말 현재 세무상 결손금 이월액은 없음.
- 법인세율은 과세표준 20,000원 이하에 대해서는 10%, 20,000원 초과 2,000,000원 이하에 대해서는 20%를 적용함.
- 최저한세율은 조세혜택 전의 과세표준 1,000,000원 이하에 대해서는 17%를 적용함(02년의 조세혜택전 과세표준은 02년의 세무기준 세전이익과 같다고 가정함).
- 현재가치 계산을 위한 할인율 : 연 5%

| 풀이 |

- 02년에 수립할 세무계획에 적용할 한계명시세율은 02년의 추가적인 1원

의 세전이익을 반영한 후의 납부세액과 반영 전의 납부세액 추정금액의 차이의 현재가치로 산정할 수 있다.

(1) 추가적인 1원의 세전이익 반영 전 02년의 납부세액 추정금액

추가적인 1원의 세전이익 반영 전 02년의 납부세액 추정금액은 02년의 산출세액 추정금액에서 02년의 세액공제 및 세액감면 추정금액을 차감하여 산정할 수 있다.

02년의 산출세액 추정금액 = 20,000 × 10% + 80,000 × 20% = 18,000원

02년의 최저한세 추정금액 = 100,000 × 17% = 17,000원

02년의 사용가능한 세액공제 및 세액감면 추정금액
= 18,000원 − 17,000원 = 1,000원

추가적인 1원의 세전이익 반영 전 02년의 납부세액 추정금액
= 02년의 산출세액 추정금액 − 02년의 세액공제 및 세액감면 추정금액
= 18,000 − 1,000 = 17,000원

(2) 추가적인 1원의 세전이익 반영 후 02년의 납부세액 추정금액

추가적인 1원의 세전이익은 과세표준을 1원 증가시켜 산출세액 추정금액을 증가시킬 것이며, 최저한세 추정금액도 증가시켜 세액공제 및 세액감면 추정금액을 증가시킬 것이다.

02년의 산출세액 추정금액 = 20,000 × 10% + 80,001 × 20% = 18,000.2원

02년의 최저한세 추정금액 = 100,001 × 17% = 17,000.17원

02년의 사용가능한 세액공제 및 세액감면 추정금액
= 18,000.2원 − 17,000.17원 = 1,000.03원

추가적인 1원의 세전이익 반영후 02년의 납부세액 추정금액
= 02년의 산출세액 추정금액 − 02년의 세액공제 및 세액감면 추정금액
= 18,000.2 − 1,000.03 = 17,000.17원

(3) 02년의 한계명시세율

추가적인 1원의 세전이익에 대한 납부세액 추정금액은 02년의 추가적인 1원의 세전이익을 반영한 후의 납부세액 추정금액 17,000.17원과 반영 전의 납부세액 추정금액 17,000원의 차이 0.17원이다. 추가적인 1원의 세전이익을 얻는 시기가 특정되어 있지 않으므로 평균적으로 02년의 중간 시점에 얻는 것으로 볼 수 있으며, 이 경우 납부세액 추정금액을 납부하는 시기는 03년 3월 이내로 세전이익을 얻는 시기로부터 1년 이내

이므로 현재가치와 중요한 차이가 없을 것이다. 따라서 02년의 한계명시세율은 납부세액 추정금액인 0.17로 산정할 수 있다.[6)]

제3절 | 결손금과 한계명시세율

세무상 영(0) 미만의 과세기간별 세전이익 금액인 결손금은 추가적인 1원의 세전이익을 얻는 시기와 그에 대한 납부세액을 납부하는 시기의 차이를 증가시킬 수 있으므로 한계명시세율에 중요한 영향을 줄 수 있다. 결손금은 결손금이 발생하는 기간의 한계명시세율뿐만 아니라 후속기간의 한계명시세율에도 영향을 미치게 된다.

1. 결손 기간의 한계명시세율

결손금이 예상되는 기간의 한계명시세율은 해당기간의 결손금에 대해 소급공제가 적용되는지 또는 이월공제가 적용되는지에 따라 달라진다.

(1) 결손금 소급공제가 적용되는 경우

결손금을 과거기간으로 소급하여 공제하여 과거기간의 과세표준을 감소시키는 것으로 이에 따라 감소하는 세액을 결손금이 발생하는 기간의 종료일 후 비교적 짧은 기간 내에 환급받을 수 있다.[7)] 이 경우 추가적인 1원의 세전이익은 해당기간의 결손금을 감소시키므로 환급세액을 감소시킨다. 추가적인 1원의 세전이익을 얻는 시기와 환급세액을 환급받는 시기는 평균적으로 1년을 초과하지 않으므로 한계명시세율은 추가적인 1원의 세전이익에 따른 환급세액의 감소 금액으로 측정할 수 있다.

---

6) 최저한세율의 적용으로 미사용 세액공제 및 세액감면이 있고 미래기간으로 이월되지 않는 경우 한계명시세율은 최저한세율과 같아질 수 있다는 것을 알 수 있다.

7) 우리나라의 경우 결손금 소급공제는 중소기업에 대해서만 적용된다(법인세법 제72조, 소득세법 제85조의2). 그리고 국세환급금은 과세관청이 국세환급금을 결정한 날부터 30일 이내에 지급하여야 한다(국세기본법 제51조 제6항).

(2) 결손금 이월공제가 적용되는 경우

결손금을 미래기간으로 이월하여 미래기간의 과세표준을 감소시키는 것으로 이 경우 결손금은 발생기간의 세액에는 영향을 주지 않으며 미래기간의 납부세액을 감소시킬 수 있다. 추가적인 1원의 세전이익은 결손금을 감소시키므로 결손금 이월공제금액을 감소시켜 미래기간의 과세표준과 납부세액을 증가시킬 수 있다. 따라서 이 경우 한계명시세율은 추가적인 1원의 세전이익에 대해 미래기간에 납부할 세액을 기준으로 측정하여야 한다. 미래기간으로 이월된 결손금은 미래기간의 과세표준의 구성요소인 세전이익에서 공제되는 것이므로 한계명시세율의 측정을 위해서는 측정기간의 결손금에 대한 추정뿐만 아니라 결손금 이월공제가 완료되기까지의 미래기간의 세전이익에 대한 추정도 필요하다. 추가적인 1원의 세전이익에 대해 미래기간에 납부할 세액의 납부시기는 세전이익을 얻는 시기로부터 1년을 초과하므로 미래기간에 납부할 세액의 명목금액은 현재가치와 중요한 차이가 있을 수 있다. 그리고 결손금 이월공제에 대해 과세기간별 공제한도가 적용되는지 여부에 따라서도 한계명시세율이 달라질 수 있다.[8)]

예제 어떤 회사에 대한 자료가 다음과 같은 경우 이 회사가 02년에 수립할 세무계획에 적용할 한계명시세율을 산정하여 보자.

- 세무기준 세전이익 추정금액 : 02년 (－)30,000원, 03년 25,000원, 04년 50,000원.
- 01년말 현재 세무상결손금 이월액은 없으며, 결손금소급공제는 적용되지 않음.
- 결손금 이월공제의 과세기간별 공제한도는 세전이익의 80%를 적용함.
- 법인세율은 과세표준 20,000원 이하에 대해서는 10%, 20,000원 초과 2,000,000원 이하에 대해서는 20%를 적용함.
- 02년부터 04년까지의 세액공제 및 세액감면 추정금액은 0원이며 세전이익이 추가되어도 변동이 없음.
- 현재가치 계산을 위한 할인율 : 연 6%.

---

8) 조세특례제한법 상의 중소기업과 회생계획을 이행중인 기업 등을 제외하고는 과세기간별 공제한도가 적용되는 것이 일반적이다(법인세법 제13조 참조).

| 풀이 |

- 02년에 수립할 세무계획에 적용할 한계명시세율은 02년의 추가적인 1원의 세전이익을 반영한 후의 납부세액 추정금액과 반영전의 납부세액 추정금액의 차이의 현재가치로 산정할 수 있다.

(1) 추가적인 1원의 세전이익 반영전 납부세액 추정금액

02년의 납부세액 추정금액은 0이며, 03년과 04년의 납부세액 추정금액은 03년과 04년의 과세표준 추정금액에 세율을 적용한 산출세액 추정금액으로 추정할 수 있다.

03년의 과세표준 추정금액
=세무기준 세전이익 추정금액－결손금 이월공제
=25,000－20,000(25,000×80%)=5,000원

04년의 과세표준 추정금액
=세무기준 세전이익 추정금액－결손금 이월공제
=50,000－10,000=40,000원

02년으로부터 이월된 결손금은 30,000원으로 03년에는 결손금 이월공제한도를 초과하므로 한도까지만 공제할 수 있으며, 04년에는 결손금 이월공제한도를 초과하지 않으므로 나머지 잔액을 모두 공제할 수 있다.

03년의 납부세액 추정금액=5,000×10%=500원
04년의 납부세액 추정금액=20,000×10%+20,000×20%=6,000원

(2) 추가적인 1원의 세전이익 반영 후 납부세액 추정금액

추가적인 1원의 세전이익은 02년의 결손금 추정금액을 1원 감소시키지만 02년의 납부세액 추정금액을 변동시키지는 않는다. 또한 03년의 과세 표준 추정금액도 변동시키지는 않으며, 이에 따라 납부세액 추정금액에도 변동이 없다. 그러나 04년의 결손금 이월공제금액을 감소시켜 04년의 과세표준과 납부세액 추정금액을 다음과 같이 증가시킨다.

04년의 과세표준 추정금액
=세무기준 세전이익 추정금액－결손금 이월공제
=50,000－9,999=40,001원

04년의 납부세액 추정금액=20,000×10%+20,001×20%=6,000.2원

(3) 02년의 한계명시세율

02년의 추가적인 1원의 세전이익에 대한 납부세액 추정금액은 추가적인

1원의 세전이익을 반영한 후의 04년의 납부세액 추정금액 6,000.2원과 반영 전의 납부세액 추정금액 6,000원의 차이 0.2원이다. 추가적인 1원의 과세소득을 얻는 시기가 특정되어 있지 않으므로 평균적으로 02년의 중간 시점에 얻는 것으로 보는 경우 볼 수 있으며, 이 경우 납부세액 추정금액을 납부하는 시기는 05년 1월 이후로 소득을 얻는 시기로부터 1년을 초과하므로 현재가치와 중요한 차이가 있다고 볼 수 있을 것이다. 따라서 02년의 한계명시세율은 다음과 같이 04년의 납부세액 추정금액 증가액의 현재가치로 측정할 수 있다.

$$
\begin{aligned}
\text{02년의 한계명시세율} &= \text{04년의 납부세액 추정금액 증가액}/(1+0.06)^2 \\
&= 0.2/(1+0.06)^2 \\
&= 17.8\%
\end{aligned}
$$

2. 후속기간의 한계명시세율

과거기간으로부터 이월된 미사용 결손금 이월액이 있는 경우 한계명시세율 측정의 난이도는 측정 기간에 결손금 이월액이 모두 공제되어 사용될 수 있는지에 따라 달라진다.[9)]

(1) 한계세율 측정기간에 결손금 이월액이 모두 사용될 수 있는 경우

결손금 이월액이 한계세율 측정기간의 결손금 공제한도를 초과하지 않는 경우이다. 이 경우 추가적인 1원의 세전이익은 해당기간의 납부세액만을 증가시킨다. 따라서 이 경우 한계명시세율은 측정기간의 납부세액 추정금액의 차이로 측정할 수 있다.

(2) 한계세율 측정기간에 결손금 이월액이 모두 사용될 수 없는 경우

결손금 이월액이 한계세율 측정기간의 결손금 공제한도를 초과하여 그 후의 기간으로 이월되는 경우이다. 이 경우 추가적인 1원의 세전이익은 해당기간의 세전이익뿐만 아니라 결손금 공제한도를 증가시킨다. 추가적인 1원의 세전이익 중 결손금 공제한도를 초과하는 금액은 해당기간의 납부세액을 증가시키며, 공제한도 내의 금액은 미래기간으로 이월될 결손금을 감소시켜

9) 이 경우 과거기간으로 소급하여 결손금을 공제하는 것은 고려할 필요가 없다.

미래기간의 과세표준과 납부세액을 증가시킨다.[10] 이에 따라 한계명시세율은 추가적인 1원의 세전이익으로 인한 측정기간의 납부세액 추정금액 증가액과 미래기간의 납부세액 추정금액 증가액을 모두 반영하여 측정하여야 한다.

예제 어떤 회사에 대한 자료가 다음과 같은 경우 이 회사가 02년에 수립할 세무계획에 적용할 한계명시세율을 산정하여 보자.

- 세무기준 세전이익 추정금액 : 02년 25,000원, 03년 50,000원.
- 01년말 현재 세무상 결손금 이월액 : 30,000원.
- 결손금 이월공제의 과세기간별 공제한도는 세전이익의 80%를 적용함.
- 법인세율은 과세표준 20,000원 이하에 대해서는 10%, 20,000원 초과 2,000,000원 이하에 대해서는 20%를 적용함.
- 02년과 03년의 세액공제 및 세액감면 추정금액은 0원이며 세전이익이 추가되어도 변동이 없음.
- 현재가치 계산을 위한 할인율 : 연 5%.

| 풀이 |

- 02년에 수립할 세무계획에 적용할 한계명시세율은 02년의 추가적인 1원의 세전이익을 반영한 후의 납부세액 추정금액과 반영 전의 납부세액 추정금액의 차이의 현재가치로 산정할 수 있다.

(1) 추가적인 1원의 세전이익 반영 전 납부세액 추정금액

02년과 03년의 납부세액 추정금액은 02년과 03년의 과세표준 추정금액에 세율을 적용한 산출세액 추정금액으로 추정할 수 있다.

02년의 과세표준 추정금액
＝세무기준 세전이익 추정금액－결손금 이월공제
＝25,000－20,000(25,000×80%)＝5,000원

03년의 과세표준 추정금액
＝세무기준 세전이익 추정금액－결손금 이월공제
＝50,000－10,000＝40,000원

02년이후로 이월된 결손금은 30,000원으로 02년에는 결손금 이월공제

10) 현행 법인세법의 결손금 공제한도인 해당 기간 세전이익의 80%를 적용하면 0.8원은 결손금 공제로 사용되며, 나머지 0.2원은 발생기간에 과세된다.(법인세법 제13조 참조)

한도를 초과하므로 한도까지만 공제할 수 있으며, 03년에는 결손금 이월공제한도를 초과하지 않으므로 나머지 잔액을 모두 공제할 수 있다.

02년의 납부세액 추정금액＝5,000×10%＝500원

03년의 납부세액 추정금액＝20,000×10%＋20,000×20%＝6,000원

(2) 추가적인 1원의 세전이익 반영 후 납부세액 추정금액

추가적인 1원의 세전이익을 반영한 후의 납부세액 추정금액은 02년과 03년의 과세표준추정금액에 세율을 적용한 산출세액 추정금액으로 추정할 수 있다.

02년의 과세표준 추정금액

＝세무기준 세전이익 추정금액－결손금 이월공제

＝25,001－20,000.8(25,001×80%)＝5,000.2원

03년의 과세표준 추정금액

＝세무기준 세전이익 추정금액－결손금 이월공제

＝50,000－9,999.2＝40,000.8원

02년의 납부세액 추정금액＝5,000.2×10%＝500.02원

03년의 납부세액 추정금액＝20,000×10%＋20,000.8×20%

＝6,000.16원

(3) 02년의 한계명시세율

02년의 추가적인 1원의 세전이익에 대한 납부세액 추정금액은 02년 0.04원(1,000.04－1,000)과 03년 0.12원(5,000.12－5,000)이다. 추가적인 1원의 세전이익을 얻는 시기가 특정되어 있지 않으므로 평균적으로 02년의 중간 시점에 얻는 것으로 보는 경우 볼 수 있으며, 이 경우 03년의 납부세액 추정금액을 납부하는 시기는 04년 1월 이후로 소득을 얻는 시기로부터 1년을 초과하므로 현재가치와 중요한 차이가 있다고 볼 수 있을 것이다. 따라서 02년의 한계명시세율은 다음과 같이 02년과 03년의 납부세액 증가액의 현재가치로 측정할 수 있다.

02년의 한계명시세율

＝02년의 납부세액 추정금액 증가액

＋03년의 납부세액 추정금액 증가액/(1＋0.05)

＝0.02원＋0.16/(1＋0.05)

＝17.24%

정·리·문·제

1. 한계세율에 관한 설명으로 옳은 것은?[11)]

1) 추가적인 1원의 세전이익에 대해 납부할 세액의 명목가치이다.
2) 법정세율이 초과누진세율인 경우 최고 법정세율이 한계세율이다.
3) 한계세율이 높을수록 조세혜택에 따른 납부세액 절감 효과가 크다.
4) 한계명시세율은 한계세율에 암묵세를 반영한 것이다.

2. 한계세율의 측정에 관한 설명으로 옳지 않은 것은?[12)]

1) 추가적인 1원의 세전이익에 대해 미래기간에 납부할 세액이 있는 경우 이를 반영하여 측정한다.
2) 측정대상기간의 세전이익이 1원 추가되는 경우 적용될 법정세율을 기준으로 한계명시세율을 측정한다.
3) 최저한세율의 적용으로 미사용 세액공제 등이 있을 것으로 추정되는 기간의 한계명시세율은 최저한세율을 반영하여 측정한다.
4) 과거기간으로부터 이월된 미사용 결손금 이월액이 있고 측정기간에 모두 사용될 수 있는 경우 한계명시세율은 측정할 수 없다.

3. 결손금 이월공제가 적용되는 경우 결손금이 예상되는 기간의 한계명시세율 측정 방법으로 옳은 것은?[13)]

1) 해당기간의 납부세액 증가 금액으로 측정한다.
2) 미래기간의 환급세액 감소 금액의 현재가치로 측정한다.
3) 해당기간의 환급세액의 감소 금액으로 측정한다.
4) 미래기간의 납부세액 증가 금액의 현재가치로 측정한다.

---

11) 정답 3).
12) 정답 4). 과거기간으로부터 이월된 미사용 결손금 이월액이 측정기간에 모두 사용될 수 있는 경우에도 한계명시세율을 측정할 수 있다.
13) 정답 4).

핵심 요약

- 한계세율은 추가적인 1원의 세전이익에 대해 납부할 세액의 현재가치를 의미하며, 기업의 의사결정에 따른 추가 세전이익에 대해 부담하게 될 세액의 산정에 적용할 수 있으므로 세무계획과 밀접한 관련이 있음.
- 한계세율은 한계명시세율과 한계암묵세율로 구성되며, 한계명시세율은 세전이익의 수준에 대한 추정, 결손금의 여부와 공제방법, 적용될 법정세율 등을 고려하여 측정함.

연·습·문·제

1. 어떤 회사에 대한 자료가 다음과 같은 경우 이 회사가 02년에 수립할 세무계획에 적용할 한계명시세율은?[14)]

– 세무기준 세전이익 추정금액 : 02년 (–)10,000원, 03년 30,000원, 04년 40,000원 – 01년말 현재 세무상결손금 이월액은 없으며, 결손금소급공제는 적용되지 않음. – 결손금 이월공제의 과세기간별 공제한도는 세전이익의 80%를 적용함. – 법인세율은 과세표준 20,000원 이하에 대해서는 10%, 20,000원 초과 2,000,000원 이하에 대해서는 20%를 적용함. – 02년부터 04년까지의 세액공제 및 세액감면 추정금액은 0원이며 세전이익이 추가되어도 변동이 없음. – 현재가치 계산을 위한 할인율 : 연 5%.

1) 20%　　2) 19.05%

3) 18.58%　　4) 18.14%

14) 정답 2). 02년의 한계명시세율＝03년의 납부세액 추정금액 증가액/(1＋0.05)＝0.2/(1＋0.05)＝0.19048.

2. 어떤 회사에 대한 자료가 다음과 같은 경우 이 회사가 02년에 수립할 세무계획에 적용할 한계명시세율은?[15)]

−세무기준 세전이익 추정금액 : 02년 30,000원, 03년 30,000원, 04년 30,000원. −01년말 현재 세무상 결손금 이월액 : 50,000원. −결손금 이월공제의 과세기간별 공제한도는 세전이익의 80%를 적용함. −법인세율은 과세표준 20,000원 이하에 대해서는 10%, 20,000원 초과 2,000,000원 이하에 대해서는 20%를 적용함. −02년과 03년의 세액공제 및 세액감면 추정금액은 0원이며 세전이익이 추가되어도 변동이 없음. −현재가치 계산을 위한 할인율 : 연 6%.

1) 19.02%
2) 18.04%
3) 17.11%
4) 16.24%

15) 정답 4). 02년의 한계명시세율＝02년의 납부세액 추정금액 증가액＋04년의 납부세액 추정금액 증가액/$(1+0.05)^2$＝$0.2\times0.1+0.8\times0.2/(1+0.05)^2$＝0.1624.

제4장 암묵세

이 장에서 살펴볼 내용은 암묵세의 개요, 암묵세의 측정, 암묵세율과 한계명시세율에 관한 것이다. 이 장의 학습 목표로는 암묵세의 개요를 이해하고 간략하게 설명하는 것, 암묵세의 측정 방법을 이해하고 활용하는 것, 암묵세율과 한계명시세율에 따른 세무계획의 방법을 이해하고 활용하는 것을 들 수 있다.

제1절 | 암묵세의 개요

암묵세는 조세혜택이 있는 자산 등에 대한 투자에서 발생할 수 있는 세전이익의 감소와 투자금액의 증가이다.

(1) 조세혜택

과세관청에 납부할 세액을 감소시킬 수 있는 것으로 주요 유형으로는 비과세, 면세, 세액공제, 세액감면을 들 수 있다. 비과세와 면세가 적용되는 경우 납부세액이 발생하지 않으며, 세액공제나 세액감면이 적용되는 경우 세액공제나 세액감면액만큼 납부세액을 감소시킬 수 있다. 상대적으로 낮은 세율이 적용되는 것과 납부세액의 명목금액은 같더라도 납부시기가 이연되는 것도 조세혜택에 해당될 것이다. 조세혜택은 세법의 규정에 따라 부여되며 일정한 요건을 충족할 때 적용되는 것이 일반적이다.

(2) 조세혜택이 있는 자산 등

자산의 소유자는 자산에서 생기는 세전이익을 얻게 되며, 그 세전이익에 대해 소득세 또는 법인세를 납부하여야 하는 것이 일반적이다. 조세혜택으로 자산에서 생기는 세전이익 대비 납부세액(현재가치)의 비율이 조세혜택이 없는 자산에 비해 낮은 경우 그 자산은 조세혜택이 있는 자산에 해당되는 것으로 분류할 수 있다. 또한 조세혜택으로 사업에서 생기는 세전이익 대비 납부세액(현재가치)의 비율이 조세혜택이 없는 사업에 비해 낮은 경우 그 사업은 조세혜택이 있는 사업에 해당되는 것으로 분류할 수 있을 것이다.

개인의 관점에서 조세혜택이 있는 자산의 대표적인 예로는 연금저축을 들 수 있다. 연금저축의 납입금액에 대해서는 그 금액의 일정비율만큼 그 납입기간에 세액공제를 받을 수 있으며 대신 연금 수령금액에 대해 그 수령기간에 소득세를 납부하게 되므로, 세액공제와 이연과세가 혼합된 형태의 조세혜택으로 볼 수 있다.[1)]

(3) 세전이익의 감소와 투자금액의 증가

어떤 자산에서 생기는 세전이익에 대해 조세혜택이 새롭게 부여된다면 납부세액이 감소하여 세후이익이 증가하게 될 것이므로 그 자산에 대한 수요를 증가시킬 것이다. 그리고 자산에 대한 수요 증가는 그 자산의 가격을 상승시켜 그 자산에 대한 신규 투자금액을 증가시킬 수 있으며, 자산의 수량 증가에 따라 경쟁을 심화시켜 그 자산에서 생기는 세전이익을 감소시킬 수 있다. 세전이익의 감소와 투자금액의 증가는 세전이익률(세전이익/투자액)의 감소를 의미한다. 즉 조세혜택의 효과는 세전이익률의 감소로 나타난다.

과세관청에 명시적으로 납부하는 납부세액과는 달리 암묵세는 시장에서 이루어지는 자산에 대한 거래에서 암묵적으로 부담하게 되며, 암묵세 수익은 자산의 공급자에게 귀속된다. 따라서 자산이 거래되는 시장에서 조세혜택의 세금효과가 어느 정도 반영되는지에 따라 암묵세 부담액도 달라진다. 조세혜택의 세금효과가 완전히 반영되기 위해서는 자산이 거래되는 시장이

1) 연금저축은 소득세법 시행령 제40조의2 제1항 제1호에서 규정하고 있는 요건을 충족하는 것을 말하며, 세액공제에 대해서는 소득세법 제59조의3에서 규정하고 있다.

완전해야 한다. 완전한 시장의 주요 특성으로는 다음을 들 수 있다.[2)]

완전한 시장의 특성

첫째, 중개수수료나 정보 관련 비용 등의 거래비용이 없다.

둘째, 시장참여자들은 가격에 영향을 주지 못할 것처럼 행동한다.

셋째, 시장참여자들의 정보보유량과 해석능력은 동일하다.

그 특성에서 볼 수 있듯이 완전한 시장은 현실의 세계와는 상당한 괴리가 있다. 그럼에도 불구하고 완전한 시장을 가정하는 것은 이론적인 암묵세를 규명할 수 있게 하므로 실제 암묵세를 규명하기 위한 기준이 될 수 있다는 점에서 매우 유용하다.

자산의 가격은 자산에서 얻을 수 있는 실질이익의 기댓값과 위험 등 다양한 요소에 의해 결정되는 것이 일반적이다. 그런데 완전한 시장은 위험이 없는 자산들로부터 얻을 수 있는 1원의 기대세후이익의 가격이 동일해지도록 작용한다. 완전한 시장에서는 거래비용이 없으므로 자산들이 거래되는 시장이 다수인 경우에도 동일한 자산의 가격에는 차이가 발생하지 않으며, 자산들로부터 얻을 수 있는 기대세후이익과 그 위험에 대해 모든 시장참여자들이 같은 생각을 가지고 있기 때문이다. 1원의 무위험 기대세후이익의 가격이 동일하다는 것은 무위험 자산들에 동일한 금액을 투자하는 경우 기대세후이익률이 동일해진다는 것을 의미한다. 그리고 위험 자산들의 기대세후이익률에서 위험에 대한 보상률을 제외한 후의 위험조정후 기대세후이익률이 동일해진다는 것을 의미한다.

위험조정후 기대세후이익률

자산의 위험에 대한 보상률을 제외한 기대세후이익률(기대세후이익/투자액)이다. 자산의 기대세후이익률에 영향을 주는 주요 요인으로는 기대세전이익과 기대납부세액 외에도 위험 수준이 있다. 위험 수준이 높을수록 그에 대한 보상으로 보다 높은 세후이익률을 요구하게 된다.

---

2) Scholes 등은 완전한 시장의 특성으로 무거래비용(no transaction cost), 동일한 정보(idendtical information), 가격에 대한 무영향(no influence on the price)을 들고 있다(Scholes, M.S., Wolfson, M. Erickson, E.L. Maydew, and T. Shevlin, 2008. Taxes and Business Strategy: A Planning Approach. Prentice Hall. Fourth edition, 131페이지 참조).

완전한 시장의 참여자들은 자산들의 위험조정후 기대세후이익률이 달라지는 것을 방치하지 않는다. 자산들의 위험조정후 기대세후이익률이 달라지는 경우 차익거래(arbitrage)를 통해 이익을 얻을 수 있기 때문이다.

차익거래

동일한 자산 또는 현금흐름의 가격에 차이가 생기는 경우 그 차이를 이용하여 이익을 얻는 기법이다. 예를 들어 동일한 자산이 두 개 이상의 시장에서 서로 다른 가격에 거래되고 있는 경우 그 자산을 낮은 가격에 사서 높은 가격에 파는 방법으로 이익을 얻을 수 있다. 세후이익의 위험과 기대값이 동일한 자산의 가격이 시장에 따라 차이가 있는 경우 투자금액이 달라지므로 자산의 위험조정 기대세후이익률에도 차이가 생기게 된다. 그리고 이는 차익거래의 기회가 생기는 것을 의미하며, 시장참여자들의 차익거래는 자산들의 위험조정 기대세후이익률이 같아지도록 작용하게 된다.

그런데 자산 등이 거래되는 시장은 완전하지 못한 것이 현실이므로 조세혜택도 자산의 가격에 완전히 반영되지는 못할 것이다. 즉 현실 세계에서는 조세혜택자산과 조세혜택이 없는 자산의 위험조정후 기대세후이익률에 차이가 있는 것이 일반적일 것이다.

제2절 | 암묵세의 측정

1. 암묵세 부담액의 측정

조세혜택 자산에 대한 투자로 부담하게 될 암묵세 부담액은 세전이익의 감소와 투자금액의 증가를 합한 금액이다. 세전이익의 감소와 투자금액의 증가는 모두 세전이익률을 감소시키므로 세전이익률의 감소를 이용하여 암묵세 부담액을 측정할 수 있다. 즉 암묵세 부담액은 투자금액에 조세혜택으로 인한 세전이익률의 감소를 곱한 금액이다. 조세혜택으로 인한 세전이익률의 감소는 투자금액 대비 암묵세 부담액의 비율이므로 암묵세 부담률이라는 용어를 사용할 수 있을 것이다.

암묵세 부담액
=암묵세 부담률(조세혜택으로 인한 세전이익률의 감소)×투자액

조세혜택으로 인한 세전이익률의 감소인 암묵세 부담률은 조세혜택에 차이가 있는 자산 등의 세전이익률의 비교를 통해 측정할 수 있다. 이를 위해 조세혜택 외의 다른 모든 특성이 같은 비교대상 자산을 특정할 수 있어야 한다. 세전이익률에 영향을 주는 요인은 조세혜택 외에도 다양할 수 있기 때문이다. 모든 특성을 고려할 수는 없지만 위험 요인을 배제할 수는 없다.[3] 이에 따라 일반적으로 비교대상 자산은 조세혜택 없이 완전히 과세되는 자산이어야 하며, 추가로 세전이익률에 대한 위험의 영향을 배제하기 위하여 위험이 없는 자산을 기준으로 한다.[4]

암묵세 측정대상 자산이 위험이 있는 자산인 경우 무위험 자산인 비교대상 자산과 비교하기 위해서는 위험을 조정한 세전이익률을 먼저 측정하여야 한다.

위험조정 세전이익률

위험이 있는 자산의 세전이익률에는 위험에 대한 보상이 포함되어 있으므로 위험조정 세전이익률은 위험보상률을 차감하여 측정할 수 있다.

위험조정 세전이익률=세전이익률−세전위험보상률

비교의 기준이 되는 기준자산의 세전이익률과 투자대상자산의 위험조정 세전이익률의 차이가 조세혜택의 차이만을 반영한 것이라면 투자대상 자산의 암묵세 부담률은 비교의 기준이 되는 기준자산의 세전이익률에서 투자대상 자산의 위험조정 세전이익률을 차감하여 측정할 수 있을 것이다.

---

3) 특정 시점을 기준으로 동일한 자산에 대한 조세혜택 부여 여부가 달라지는 경우 조세혜택만의 영향을 구분하는 것은 상대적으로 용이할 것이다.

4) Scholes 등도 비교대상 자산(benchmark asset)으로 사용할 수 있는 예로 채무불이행 위험이 없고 기간별 이자율이 시장이자율로 정해지는 완전히 과세되는 회사채를 들고 있다.(Scholes, M.S., Wolfson, M. Erickson, E.L. Maydew, and T. Shevlin, 2008. Taxes and Business Strategy: A Planning Approach. Prentice Hall. Fourth edition, 132페이지 참조)

암묵세 부담률

=기준자산의 세전이익률−투자대상자산의 위험조정 세전이익률

그런데 유의하여야 할 점은 시장이 완전하지 않다면 위와 같이 측정한 암묵세 부담률이 조세혜택의 차이만을 반영한 것이 아니거나 조세혜택의 차이를 완전히 반영하지 못한 것일 수 있다는 것이다.

예제 다음의 자료를 이용하여 조세혜택자산1과 조세혜택자산2의 암묵세 부담률을 측정하여 보자.

−조세혜택이 없는 자산의 세전이익률은 8%이며 이 중 3%는 위험보상률임.
−조세혜택자산1의 세전이익률은 5%이며 이 중 2%는 위험보상률임.
−조세혜택자산2의 세전이익률은 5%이며 이 중 1%는 위험보상률임.
−시장은 완전하다고 가정함.

| 풀이 |

조세혜택이 없는 자산의 세전이익률은 무위험 세전이익률이 아니므로 비교의 기준이 될 기준자산의 세전이익률을 산정하기 위해서는 다음과 같이 위험조정을 하여야 한다.

기준자산의 세전이익률
=조세혜택이 없는 자산의 세전이익률−위험보상률
=8%−3%=5%

조세혜택자산1의 암묵세 부담률은 다음과 같이 측정할 수 있다.

조세혜택자산1의 암묵세 부담률
=기준자산의 세전이익률−조세혜택자산1의 위험조정 세전이익률
=5%−(5%−2%)=2%

조세혜택자산2의 암묵세 부담률은 다음과 같이 측정할 수 있다.

조세혜택자산2의 암묵세 부담률
=기준자산의 세전이익률−조세혜택자산2의 위험조정 세전이익률
=5%−(5%−1%)=1%

2. 암묵세의 제한요소

자산 등이 거래되는 시장은 현실적으로 완전하지 못하며, 조세혜택이 가격에 완전히 반영되는 것을 제한하는 요소들이 존재하는 것이 일반적이다. 이에 해당되는 대표적인 요인들로는 거래비용과 취득제한을 들 수 있다.

(1) 거래비용

조세혜택 자산의 가격 외의 취득 관련 지출로 조세혜택 자산에 대한 투자금액을 증가시키므로 조세혜택 자산에 대한 수요를 감소시킨다. 이러한 거래비용은 조세혜택이 자산의 가격에 완전히 반영되는 것을 제한하게 된다.

(2) 취득제한

세법에서는 특정의 요건이 충족되는 경우에만 조세혜택을 부여하는 것이 일반적이다. 그 요건들은 조세혜택 자산의 취득을 제한하는 요소로 작용할 수 있다. 조세혜택 자산의 취득에 대한 제한은 조세혜택 자산에 대한 수요를 감소시켜 조세혜택이 자산의 가격에 완전히 반영되는 것을 제한하게 된다.

제3절 | 암묵세율과 한계명시세율

세무계획에서 사용할 한계세율은 한계명시세율과 한계암묵세율로 구성된다. 추가적인 1원의 세전이익에 대해 납부할 세액에는 명시적 납부세액 외에 암묵세 부담액이 있을 수 있기 때문이다. 한계암묵세율을 측정하기 위해서는 암묵세율의 개념을 먼저 정립할 필요가 있다. 암묵세율은 명시적 납부세액의 산출에 적용되는 법정세율에 대응되는 개념으로 볼 수 있다. 다만 법률에 명시적으로 규정되어 있는 법정세율과는 달리 암묵세율은 암묵세 부담액과 '암묵세 차감전 세전이익'에 기초하여 추산하여야 한다. '암묵세 차감전 세전이익'은 명시적 납부세액은 물론 암묵세 부담액을 차감하기 전의 이익을 의미한다. 그리고 앞에서 살펴본 바와 같이 암묵세 부담률은 세전위험보상을 배제한 기준자산의 세전이익률과 조세혜택 자산의 위험조정 세전

수익률의 차이에서 도출되는 개념이므로 '암묵세 차감전 세전이익'도 세전 위험보상을 포함하지 않아야 한다. 즉 '암묵세 차감전 세전이익'은 위험조정 세전이익에 암묵세 부담액을 가산한 개념이다.

암묵세 차감전 세전이익＝위험조정 세전이익＋암묵세 부담액

암묵세 부담액과 '암묵세 차감전 세전이익'에 기초하여 추산하는 암묵세율은 암묵세 부담액을 '암묵세 차감전 세전이익'으로 나눈 비율로 평균세율이라는 한계가 있다.

암묵세율＝암묵세 부담액/암묵세 차감전 세전이익
＝암묵세 부담률/암묵세 차감전 세전이익률[5)]

암묵세 차감전 세전이익률은 해당자산의 위험조정 세전이익률에 암묵세 부담률을 가산한 비율을 의미하므로 기준자산의 세전이익률을 의미한다. 따라서 암묵세율은 암묵세 부담률을 기준자산의 세전이익률로 나누어 산정할 수도 있다.

암묵세율＝암묵세 부담률/(해당자산의 위험조정 세전이익률＋암묵세 부담률)
＝암묵세 부담률/기준자산의 세전이익률

납세자의 세전이익의 수준 등에 따라 한계명시세율이 달라지는 것과는 달리 암묵세율은 시장의 작용에 의해 결정되는 것이므로 암묵세 부담자의 세전이익의 수준 등의 차이에도 불구하고 한계암묵세율에 차이가 없을 수 있다. 완전한 시장에서는 모든 시장참여자들이 시장에서 결정되는 암묵세율을 수용하게 되므로 그 암묵세율이 바로 한계암묵세율이 된다.[6)]

조세혜택 자산에 대한 투자의사결정에 관한 세무계획에서는 한계명시세율뿐만 아니라 한계암묵세율이 중요한 역할을 한다. 조세혜택 자산에 대한 투자는 명시적인 납부세액을 감소시키고 암묵세 부담액을 증가시킬 수 있기

5) 암묵세 부담률은 암묵세 부담액을 투자금액으로 나눈 비율이며, 암묵세 차감전 세전이익률은 암묵세 차감전 세전이익을 투자금액으로 나눈 비율이다.

6) 완전한 시장에서와 같이 개별 투자자들이 조세혜택 자산의 가격에 영향을 주지 못하는 경우 세전이익률의 감소는 개별 투자자들의 투자금액과 무관하게 동일할 것이다.

때문이다. 조세혜택 자산에 대한 선호도는 투자자가 직면하는 한계명시세율과 한계암묵세율의 상황에 따라 달라질 것이다. 한계명시세율이 한계암묵세율과 동일한 경우, 한계명시세율이 한계암묵세율보다 높은 경우, 한계명시세율이 한계암묵세율보다 낮은 경우로 구분해 볼 수 있다.

(1) 한계명시세율이 한계암묵세율과 동일한 경우

조세혜택 자산에 투자하더라도 명시적 납부세액의 감소만큼 암묵세 부담액이 증가할 것이므로 세금비용에 영향을 주지 않을 것이다. 즉, 이 경우 투자자의 조세혜택 자산과 조세혜택이 없는 자산에 대한 선호도에는 차이가 없을 것이다.

(2) 한계명시세율이 한계암묵세율보다 높은 경우

조세혜택 자산에 대한 투자로 감소하는 명시적 납부세액이 암묵세 부담액보다 더 많게 된다. 이러한 투자자의 관점에서는 조세혜택의 가치가 가격에 반영된 것보다 높은 것을 의미한다. 이 경우 투자자는 조세혜택 자산에 투자하는 것이 유리하다.

(3) 한계명시세율이 한계암묵세율보다 낮은 경우

조세혜택 자산에 대한 투자로 감소하는 명시적 납부세액이 암묵세 부담액보다 더 적게 된다. 이러한 투자자의 관점에서는 조세혜택의 가치가 가격에 반영된 것보다 낮은 것을 의미한다. 이 경우 투자자는 조세혜택 자산에 투자하는 것이 유리하지 않다.

예제 다음의 자료를 이용하여 비과세 자산의 암묵세율을 산정하고, 개인 가와 개인 나가 각각 조세혜택이 없는 자산과 비과세 자산에 투자하는 경우 위험조정 세후이익률을 산정하여 비교하여 보자.

- 조세혜택이 없는 자산의 위험조정 세전이익률은 5%임.
- 비과세 자산의 위험조정 세전이익률은 3.5%임.
- 가의 소득세 한계명시세율은 20%, 나의 소득세 한계명시세율은 30%임.
- 시장은 완전하다고 가정함.

| 풀이 |

비과세 자산의 암묵세율은 다음과 같이 산정할 수 있다.

암묵세율

=암묵세부담률/(비과세 자산의 위험조정 세전이익률+암묵세부담률)

=(5%−3.5%)/(3.5%+1.5%)=30%

가의 위험조정 세후이익률은 다음과 같다.

(1) 조세혜택이 없는 자산에 투자하는 경우 가의 위험조정 세후이익률

조세혜택이 없는 자산의 위험조정 세후이익률

=조세혜택이 없는 자산의 위험조정 세전이익률×(1−세율)

=5%×(1−20%)=4%

(2) 비과세 자산에 투자하는 경우 가의 위험조정 세후이익률

비과세 자산의 위험조정 세후이익률

=비과세 자산의 위험조정 세전이익률

=3.5%

가의 경우 조세혜택이 없는 자산에 대한 위험조정 세후이익률이 더 높음을 알 수 있다.

나의 위험조정 세후이익률은 다음과 같다.

(1) 조세혜택이 없는 자산에 투자하는 경우 나의 위험조정 세후이익률

조세혜택이 없는 자산의 위험조정 세후이익률

=조세혜택이 없는 자산의 위험조정 세전이익률×(1−세율)

=5%×(1−30%)=3.5%

(2) 비과세 자산에 투자하는 경우 나의 위험조정 세후이익률

비과세 자산의 위험조정 세후이익률

=비과세 자산의 위험조정 세전이익률

=3.5%

나의 경우 조세혜택이 없는 자산과 비과세 자산에 대한 위험조정 세후이익률이 같음을 알 수 있다.

한계암묵세율보다 한계명시세율이 낮은 가는 조세혜택이 없는 자산에 투자하는 것이 유리하며, 한계암묵세율과 한계명시세율이 같은 나는 두 자산에 대해 무차별하다는 것을 알 수 있다.

정·리·문·제

1. 완전한 시장과 조세혜택에 관한 설명으로 옳은 것은?[7)]

1) 완전한 시장의 특성 중 하나는 거래비용이 적다는 것이다.
2) 완전한 시장의 특성 중 하나는 시장참여자들이 가격에 영향을 줄 수 있을 것처럼 행동한다는 것이다.
3) 시장이 완전한 경우 위험 수준이 높을수록 자산의 세후이익률이 낮아진다.
4) 완전한 시장은 조세혜택 자산과 조세혜택이 없는 자산의 위험조정후 세후이익률이 동일해지도록 작용한다.

2. 조세혜택자산에 대한 투자액의 증가에 따라 감소하는 세전이익률인 암묵세 부담률에 관한 설명으로 옳지 않은 것은?[8)]

1) 조세혜택이 없고 위험이 없는 자산의 세전이익률과의 차이를 기준으로 측정할 수 있다.
2) 위험이 있는 조세혜택 자산의 암묵세 부담률은 위험조정 세전이익률을 기준으로 측정한다.
3) 조세혜택 자산의 취득에 대한 제한이 많을수록 해당 조세혜택 자산의 암묵세 부담률은 증가한다.
4) 조세혜택 자산의 취득에 소요되는 거래비용이 많을수록 해당 조세혜택 자산의 암묵세 부담률은 감소한다.

3. 한계명시세율과 조세혜택 자산에 대한 투자의 관계에 관한 설명으로 옳은 것은?[9)]

1) 한계명시세율이 40%인 투자자는 한계암묵세율이 30%인 조세혜택 자산에 투자하는 것이 유리하다.
2) 한계명시세율이 30%인 투자자는 한계암묵세율이 30%인 조세혜택 자산에 투자하는 것이 유리하다.

---

7) 정답 4).

8) 정답 3). 조세혜택 자산의 취득에 대한 제한이 많을수록 해당 조세혜택 자산의 암묵세 부담률은 감소한다.

9) 정답 1).

3) 한계명시세율이 20%인 투자자는 한계암묵세율이 30%인 조세혜택 자산에 투자하는 것이 유리하다.
4) 한계명시세율이 10%인 투자자는 한계암묵세율이 30%인 조세혜택 자산에 투자하는 것이 유리하다.

핵심 요약

- 암묵세 부담률은 조세혜택 자산에 대한 투자액에 포함된 암묵세 부담액으로 인한 세전이익률의 감소로 조세혜택과 위험이 없는 기준자산의 세전이익률에서 조세혜택 자산의 위험조정세전이익률을 차감하여 측정할 수 있다.
- 조세혜택 자산에 대한 투자로 암묵세를 부담하는 것은 납부세액을 감소시킬 수 있지만 납부세액의 감소 정도는 한계명시세율이 높을수록 많아진다.

연·습·문·제

1. 조세혜택이 없는 자산과 조세혜택자산에 대한 자료가 다음과 같은 경우 조세혜택 자산의 암묵세 부담률은?[10]

–조세혜택이 없는 자산의 세전이익률은 5%이며, 이 중 2%는 위험보상률임. –조세혜택 자산의 세전이익률은 4%이며, 이 중 1.5%는 위험보상률임. –시장은 완전하다고 가정함.

1) 0.5%
2) 1%
3) 1.5%
4) 2%

10) 정답 1). 조세혜택 자산의 암묵세 부담률＝기준자산의 세전이익률－조세혜택자산의 위험조정 세전이익률＝(5%－2%)－(4%－1.5%)＝0.5%.

2. 조세혜택이 없는 자산과 비과세 자산에 관한 자료가 다음과 같은 경우 비과세 자산의 암묵세율은?[11)]

-조세혜택이 없는 자산의 위험조정 세전이익률은 4%임. -비과세 자산의 위험조정 세전이익률은 3%임. -시장은 완전하다고 가정함.

1) 35%
2) 30%
3) 25%
4) 20%

11) 정답 3). 비과세 자산의 암묵세율=비과세 자산의 암묵세 부담률/(비과세 자산의 위험조정 세전이익률+비과세 자산의 암묵세 부담률)=(4%−3%)/(3%+1%)=25%.

| 부록 | 배당주의 수입배당금 익금불산입에 따른 암묵세

배당주는 투자자들이 주로 배당금의 수취를 목적으로 투자하는 주식이다. 그런데 배당금의 재원인 배당금을 지급하는 법인기업의 이익잉여금은 법인세 및 지방소득세 차감 후의 금액이다. 따라서 투자자가 수취하는 배당금에 대해 일반적인 과세방법으로 소득세 또는 법인세 및 지방소득세 납부세액을 산정하는 것은 과도한 세금부담이 될 수 있다. 이에 따라 소득세가 과세되는 개인 투자자가 받는 배당금에 대해서는 분리과세 또는 배당세액공제를 적용하고, 법인세가 과세되는 법인 투자자가 받는 배당금에 대해서는 수입배당금 익금불산입을 적용하여 세금부담을 완화하고 있다.

소득세 과세방법 중 하나인 분리과세는 일정 금액 이하의 금융 소득 등에 적용되는 것으로 다른 소득과 분리하여 납부세액을 산정하며, 세율도 일반적인 초과누진세율의 최고세율에 비해 상당히 낮다. 배당세액공제는 배당소득에 대해 종합과세가 적용되는 경우 배당 소득에 세액공제율을 적용한 금액을 소득세 산출세액에서 공제하여 납부세액을 줄여준다. 배당세액공제가 적용되는 경우 소득세 과세표준에 포함될 배당 소득의 금액은 세전금액으로의 환산을 위해 배당 소득에 세액공제율을 적용한 금액을 가산한 금액으로 한다. 즉 배당 소득에 세액공제율을 적용한 금액을 소득세 과세표준에 가산하는 대신 산출세액에서 같은 금액을 차감하는 방식이다.

수입배당금 익금불산입은 법인세의 대표적인 과세대상인 각 사업연도 소득 금액에 수입배당금의 전부 또는 일부을 포함시키지 않는 것을 말한다.[12] 수입배당금 중 익금불산입되는 금액은 수입배당금에 익금불산입률을 곱한 금액에 차입금이자 배제 금액을 차감하여 산정한다. 수익배당금의 익금불산입률은 법인기업이 보유하고 있는 배당금 지급 법인이 발행한 지분상품의 수를 지분상품의 발행총수로 나눈 출자비율을 기준으로 정해진다. 최고 익금불산입율은 100%로 출자비율이 일정비율 이상인 경우 적용될 수 있다. 차입금이자 배제는 배당주에 대한 출자금액을 차입금으로 조달하는 것을 제한

12) 수입배당금 익금불산입에 대해서는 법인세법 제18조의2에서 규정하고 있다.

하고 차입금이자로 인한 법인세 절감효과와의 중복혜택을 배제하기 위한 것으로 볼 수 있다. 차입금이자 배제 금액은 손금에 산입된 차입금이자에 출자금액이 자산총액에서 차지하는 비율과 수익배당금의 익금불산입률을 적용하여 산정한다. 요약하면 수입배당금 중 익금불산입되는 금액의 비율은 출자비율, 차입금이자, 출자금액이 자산총액에서 차지하는 비율에 따라 결정된다. 이에 따라 출자비율이 일정비율 이상이고 차입금이자가 없다면 수입배당금의 전부가 익금불산입될 수 있으며, 차입금이자가 많을수록 그리고 출자금액이 자산총액에서 차지하는 비율이 높을수록 익금불산입금액이 적어진다.

배당소득의 분리과세, 배당세액공제, 수입배당금 익금불산입의 적용은 모두 이들이 적용되지 않는 경우와 비교해 조세혜택에 해당한다. 예를 들어 수입배당금 익금불산입이 적용되지 않는 경우에 비해 수입배당금 중 익금불산입되는 금액의 비율이 50%인 법인 투자자의 세후이익은 수입배당금의 50%에 법인세율과 지방소득세율을 곱한 금액만큼 증가한다. 투자자들이 수입배당금 익금불산입 등의 조세혜택을 얻기 위하여 배당주에 투자하는 것에는 특별한 제한이 없으므로 이들 조세혜택에 따른 암묵세가 있을 수 있다. 즉 배당주의 가격에는 이들 조세혜택에 따른 암묵세가 반영될 수 있다.

이들 조세혜택에 따른 암묵세를 측정하기 위해서는 조세혜택 외에 배당주의 가격에 반영될 수 있는 다른 요인들의 영향을 분리할 수 있어야 한다. 기대 현금흐름과 위험이 배당주의 발행기업에 해당되는 기업들과 동일하거나 유사하면서 조세혜택이 없는 기업들이 있다면 그 기업들이 발행한 주식을 비교자산으로 하여 암묵세를 측정할 수 있을 것이다. 그런데 문제는 주식에 대한 투자에서 얻을 수 있는 세전이익의 유형에는 배당금 외에도 매도차익이 있는데, 매도차익에 대해서도 조세혜택이 부여되는 경우가 있다는 것이다. 따라서 배당금 지급이 없거나 미미하여 배당과 관련된 조세혜택이 없다고 볼 수 있는 비배당주를 비교자산으로 하여 배당과 관련된 조세혜택에 따른 암묵세를 측정하는 것은 매도차익과 관련된 조세혜택을 반영하지 못하는 오류에 빠질 수 있다. 비배당주의 경우 투자에서 얻을 수 있는 세전이익은 주로 매도차익이므로 배당주에 비해 매도차익과 관련된 조세혜택이 그 가격에 더 많이 반영될 가능성이 높을 것이다.

이처럼 배당금과 관련된 조세혜택에 따른 암묵세를 측정하는 것은 쉽지 않지만 불가능한 것도 아니다. 대표적으로 배당금과 관련된 조세혜택에 관한 규정이 변경되는 경우 그 영향만을 분리하여 측정하는 것이 어느 정도 가능할 수 있다. 우리나라에서 일반적인 법인 투자자에게 수입배당금 익금불산입을 허용하는 규정은 2001년부터 적용되었으며, 2023년에는 출자비율에 따른 익금불산입률이 변경되었다. 이처럼 규정이 변경되는 경우 그에 따른 배당주의 가격의 변화에서 배당금과 관련된 조세혜택만의 영향을 분리하여 측정하는 것이 어느 정도 가능해진다. 동일한 자산의 규정 변경 전과 후의 가격을 비교하는 방법이므로 기대 현금흐름과 위험의 영향을 효과적으로 배제할 수 있다. 그리고 규정의 변경에 관한 정보가 시장에 공시되는 시기의 단기간의 가격 변화는 그 정보에 대한 시장의 반응으로 볼 수 있다. 규정의 변경에 관한 정보 외의 시장에 영향을 미치는 다른 요인들은 시장지수의 변동을 제외하는 방법으로 배제할 수 있다. 예를 들어 일반적인 법인 투자자에게 수입배당금 익금불산입을 허용하는 규정을 신설하기로 하였다는 소식이 공개되었을 때 배당주의 가격이 평균 10% 상승하였고, 시장지수가 2% 상승하였다면 규정 신설의 영향을 8%(10%－2%)로 측정하는 방법을 사용할 수 있다.

수입배당금 익금불산입 규정의 변경에 가장 민감하게 반응할 것으로 예상되는 투자자는 법인 투자자일 것이다. 특히 배당금의 수취만을 투자 목적으로 하고 차입금이자가 없는 법인 투자자가 수입배당금 익금불산입에 따른 조세혜택을 얻기 위해 마지막까지 배당주에 투자한다면 배당주의 가격은 최대로 상승하게 될 것이며, 수입배당금 익금불산입으로 인한 암묵세율이 최대가 될 것이다. 그 최대 암묵세율은 다음과 같이 계산할 수 있다.[13]

최대 암묵세율
＝법정최고세율×익금불산입율/[1－법정최고세율×(1－익금불산입율)]

이에 따르면 2001년에 도입된 일반적인 법인 투자자에게 수입배당금 익

13) 최대 암묵세율 산식의 도출 과정은 'M M. Erickson and E L. Maydew, Implicit Taxes in High Dividend Yield Stocks, The Accounting Review 73(1998) 440－441'을 참조할 수 있다.

금불산입을 허용하는 규정의 최고 익금불산입율이 50% 였고 법정최고세율은 법인세율 28%와 지방소득세 2.8%의 합계 30.8%였으므로 최대 암묵세율은 18.2%임을 알 수 있다. 그리고 이러한 최대 암묵세율을 이용하여 배당주의 최대 가격변화율을 22.25%[0.182/(1－0.182)]로 추산할 수 있다.

그런데 투자 목적이 배당금의 수취만으로 한정되지 않을 수 있으며, 차입금이자가 있는 경우가 더 일반적이므로 실제 암묵세율 및 가격변화율은 최대 암묵세율 및 최대 가격변화율보다 적을 것이다. 일반적인 법인 투자자에게 수입배당금 익금불산입을 허용하는 규정을 도입하기로 한 사실이 공개된 날의 주식 가격을 분석한 논문에 따르면 배당주의 가격상승율이 시장지수의 상승률을 초과하지만 최대 가격변화율에는 미치지 못하는 것으로 보인다.[14)]

과세관청에 귀속되는 명시적 납부세액과 달리 암묵세 수익은 자산의 공급자에게 귀속된다. 즉 수입배당금 익금불산입율을 높이거나 낮추는 규정의 변경은 법인 투자자뿐만 아니라 배당주를 발행하는 법인 기업의 자본 조달 비용에도 영향을 준다. 따라서 수입배당금 익금불산입에 관한 규정에 관한 조세정책의 결정에는 법인 투자자뿐만 아니라 배당주의 발행 기업에 대한 영향도 반영되어야 할 것이다.

---

14) 최원욱·윤태화·이영한, 수입배당금 익금불산입 제도 시행에 따른 암묵적 조세와 납세자 속성에 대한 연구, 회계학연구 제30권 제3호, 2005.

제5장 비세금비용

이 장에서 살펴볼 내용은 비세금비용의 개요, 정보비대칭비용, 재무보고비용에 관한 것이다. 이 장의 학습 목표로는 비세금비용의 개요를 이해하고 간략하게 설명하는 것, 정보비대칭비용의 주요 내용을 이해하고 활용하는 것, 재무보고비용의 주요 내용을 이해하고 활용하는 것을 들 수 있다.

제1절 | 비세금비용의 개요

비세금비용은 세금비용을 감소시키는 활동으로 인해 발생하는 경제적 손실이다. 명시적 납부세액을 감소시키기 위해 부담하는 암묵세는 세금비용에 포함되며, 비세금비용에 해당하지 않는다.

비세금비용의 유형은 다양하며 대표적인 예로는 거래비용과 재무보고비용을 들 수 있다. 거래비용은 거래의 실행에 소요되는 비용 중 계약상의 수행의무의 이행에 소요되는 비용 외의 비용이다. 거래의 대상이나 상대방 등에 관한 정보의 수집과 처리를 위한 비용, 거래상대방과의 거래에 관한 협상 과정에서 발생하는 비용, 거래상대방의 계약상 수행의무의 이행을 감시하는 데 발생하는 비용과 같이 적극적인 활동의 결과로 발생할 수 있다. 그리고 거래당사자 간의 정보비대칭으로 인해 발생하는 비용이나 손실인 정보비대칭비용을 포함한다. 한편 재무보고비용은 재무보고의 내용이 좋지 않게 됨으로써 기업에 대한 외부의 평가가 하락하는 것에 따르는 비용을 의미한다. 정보비대칭비용과 재무보고비용을 이해하기 위해서는 먼저 정보비대칭과 재무보고의 개념을 살펴볼 필요가 있을 것이다.

1. 정보비대칭

거래에서 정보비대칭이 발생하는 대표적인 예는 거래의 참여자들이 보유하고 있는 거래에 따른 미래현금흐름에 관한 정보가 동일하지 않은 경우이다. 이러한 정보비대칭이 거래당사자들과 거래에 어떠한 영향을 주게 되는지를 이해하기 위해서는 미래현금흐름에 대한 정보가 거래당사자들의 거래에 관한 의사결정에 어떻게 영향을 주는지를 먼저 살펴볼 필요가 있다. 경제활동의 대표적인 유형인 거래에 참여하는 당사자들은 거래를 통해 경제적 이익을 얻기 위해 경쟁을 하는 것이 일반적이다. 거래 참여자들은 거래를 통해 미래현금흐름의 기댓값이 증가하거나 위험이 감소하는 경우 경제적 이익을 얻게 된다. 이에 따라 거래에 대한 의사결정은 거래로 인한 미래현금흐름의 변화에 관한 정보에 기초하여 이루어지는 것이 합리적이다. 그리고 거래의 참여자들이 보유하고 있는 거래대상의 미래현금흐름에 관한 정보가 동일한 경우 거래당사자들은 거래에 적용할 가격에 합의할 수 있으며 거래가 성사될 가능성이 높아질 것이다. 동일한 형태의 거래가 활성화되어 있으며 그 거래에 적용된 가격을 관찰할 수 있는 경우 거래당사자들의 정보는 일치할 수 있다.

그런데 거래대상에 대한 거래가 활성화되어 있지 않은 경우 거래대상을 보유하고 있는 당사자와 보유하고 있지 않은 당사자의 거래대상의 미래현금흐름에 관한 정보에는 차이가 있는 것이 일반적일 것이다. 이러한 정보비대칭은 거래당사자들이 거래에 적용할 가격에 합의하는 것을 어렵게 하여 거래가 성사되지 못하도록 작용하게 된다.

2. 재무보고

재무보고의 가장 일반적인 형태는 기업이 그 재무정보를 기업의 외부 정보이용자들에게 제공하는 것이다. 기업의 외부 정보이용자들을 위한 주된 재무보고서로는 재무제표를 들 수 있다. 기업의 외부 정보이용자에는 기존의 투자자나 채권자 외에도 잠재적 투자자나 채권자가 포함된다. 기업이 기업활동에 소요될 자금을 조달하는 주요 수단 중 하나는 지분상품이나 채무상품 등을 외부 투자자나 채권자에게 발행하는 것이다. 이 경우 기업과 외부 정보이용자 간의 정보비대칭은 기업의 지분상품 등의 발행을 어렵게 할 수 있다. 재무보고를 통해 기업의 미래현금에 관한 정보를 공개하는 것은 기업과 투자자 간의 정보비대칭을 완화시킬 수 있다. 즉 재무제표의 공시를 포함한 재무보고는 외부 정보이용자들이 기업의 경제적 실질을 파악하고 미래현금흐름을 추정하는 데 활용할 수 있는 주요한 정보에 해당한다.

재무제표는 기업이 외부 정보이용자들에게 공개하는 대표적인 재무보고서로 보고기업의 자산, 부채, 자본, 수익, 비용, 현금흐름 등에 관한 정보를 포함한다. 재무제표의 주요 항목 중 하나인 당기순이익의 구성요소인 영업이익은 기업의 미래현금흐름 추정에 있어 중요한 단서로 활용되고 있다. 이에 따라 재무제표에 표시되는 당기순이익 등의 재무성과에 따라 기업은 여러 가지 영향을 받을 수 있다. 먼저 기업의 가치에 대한 평가에 영향을 주어 기업의 주식 등의 가격에 변동이 발생할 수 있다. 기업의 신용도에 대한 평가에도 영향을 주어 부채의 조달비용, 즉 이자비용에 변동이 발생할 수 있다. 기업의 구성원에 대한 평가에도 영향을 주어 조직구성원의 성과에 대한 평가에 변동이 발생할 수 있다.

제2절 | 정보비대칭비용

정보비대칭비용은 정보비대칭으로 인해 거래가 발생하지 못하거나 추가적인 비용이 발생하는 데 따르는 손실을 의미한다. 세무계획에 정보비대칭 상황의 거래에 관한 계획이 포함되는 경우 세무계획의 실행에는 정보비대칭 비용이 발생할 수 있다. 정보비대칭비용이 발생할 수 있는 세무계획의 대표적 예로는 자산의 판매거래에 관한 세무계획, 급여계약에 관한 세무계획을 들 수 있다.

(1) 자산의 판매거래에 관한 세무계획

기간별로 한계세율에 차이가 있을 것으로 예상되는 경우 미실현 보유이득(손실)이 있는 자산의 판매시기를 조정하여 납부세액을 감소시키는 세무계획이 가능하다. 대표적인 예로 한계세율이 당기보다 미래기간에 하락할 것으로 예상되는 경우 미실현 보유손실이 있는 자산을 판매하여 손실을 발생시키는 세무계획이 가능하다.[1] 그런데 자산의 매매거래에서는 판매자와 매입자 간에 자산의 미래현금흐름에 관한 정보의 비대칭이 존재할 수 있다. 정보비대칭으로 판매를 못하거나, 자산을 실질가치보다 낮은 대가에 판매하여야 하는 경우 그에 따른 손실은 정보비대칭비용에 해당한다.

(2) 급여계약에 관한 세무계획

기간별로 한계세율에 차이가 있을 것으로 예상되는 경우 종업원과의 기간별 급여액에 관한 계약을 조정하여 납부세액을 감소시키는 세무계획이 가능하다. 대표적인 예로 한계세율이 당기보다 미래기간에 하락할 것으로 예상되는 경우 당기의 급여를 미래기간의 급여보다 높게 책정하는 방식의 급여계약을 통해 납부세액을 절감하는 세무계획이 가능하다. 그런데 급여계약이 적용되는 근무용역 제공거래에서는 기업과 근무용역 제공자 간에 근무용역의 수행에 관해 정보의 비대칭이 존재할 수 있다. 정보비대칭으로 급여가 상대적으로 낮게 책정된 미래기간에도 근무용역 제공자가 근무용역 제공에 최선을 다하도록 유도할 수 없는 데 따른 추가적인 비용은 정보비대칭비용에 해당한다.

예제 어떤 회사의 02년의 세무계획에 대한 자료가 다음과 같은 경우 세무계획에 따른 납부세액 절감액과 비세금비용을 산정하여 보자.

- 세무기준 세전이익 추정금액 : 02년 30,000원, 03년 1,000원, 04년 1,500원.
- 01년말 현재 세무상결손금 이월액은 없음.
- 02년의 세무계획 : 장부금액이 30,000원이고 미래현금흐름의 현재가치는 15,000원인 자산을 10,000원에 판매하는 것으로 02년의 세무기준 세

---

1) 실현된 손실은 해당기간(상대적으로 높은 한계세율이 적용되는 기간)의 납부세액을 감소시키는 효과가 있는 것이 일반적이다.

전이익을 20,000원 감소시키는 것 외에 다른 효과는 없음.[2)]

－한계세율 : 02년 20%, 03년 10%, 04년 10%.

| 풀이 |

02년의 세무계획에 따른 납부세액 절감액은 다음과 같이 산정할 수 있다.

02년의 납부세액 절감액
＝세무기준 세전이익 감소액×한계세율
＝20,000원(30,000원－10,000원)×20%＝4,000원

02년의 세무계획으로 03년 이후의 납부세액 절감효과가 없어진다는 점을 고려하면 납부세액 절감액의 현재가치는 4,000원보다 적을 것이다.

02년의 세무계획에 따른 비세금비용은 다음과 같이 산정할 수 있다.

02년 세무계획의 비세금비용
＝자산의 미래현금흐름의 현재가치－자산의 판매금액
＝15,000원－10,000원＝5,000원

제3절 | 재무보고비용

재무보고비용은 재무보고의 내용이 좋지 않게 됨으로써 기업에 대한 외부의 평가가 하락하는 것에 따르는 비용으로, 대표적 예로는 기업활동의 위축, 부채 조달비용의 증가, 조직구성원에 대한 동기부여 실패를 들 수 있다.

(1) 기업활동의 위축

기업가치가 감소된 것으로 평가되어 주식 등의 가격이 하락하는 경우 기업의 활동이 위축될 수 있으며, 이에 따라 발생하는 손실은 재무보고비용에 해당한다.

(2) 부채 조달비용의 증가

기업의 신용도가 하락한 것으로 평가되는 경우 부채의 이자율이 증가할

2) 다른 효과가 없다는 가정은 자산의 판매가 미래현금흐름에 영향을 주어 세무기준 세전이익을 변동시킬 가능성을 배제하기 위한 것이다.

수 있으며, 이에 따른 이자비용의 증가는 재무보고비용에 해당한다.

(3) 조직구성원에 대한 동기부여 실패

조직구성원에 대한 보상이 감소할 수 있으며, 이에 따라 조직구성원의 동기부여에 실패할 수 있으며 그로 인한 손실은 재무보고비용에 해당한다.

세무계획과 관련된 재무보고비용이 발생하는 대표적인 예는 납부세액을 감소시키는 활동이 재무제표의 당기순이익을 감소시키는 경우이다. 세무기준 세전이익은 법인세 납부세액의 주요 결정요소이며, 그 구성요소는 재무제표의 법인세비용차감전순이익의 구성요소와 상당 부분 일치한다. 세무기준 세전이익과 법인세비용차감전순이익 모두의 구성요소에 해당하는 항목을 이용하여 세무기준 세전이익 및 납부세액을 감소시키는 것은 법인세비용차감전순이익 및 당기순이익도 감소시킨다. 세무기준 세전이익과 법인세비용차감전순이익의 일치 정도를 높여주는 주된 요인으로는 결산조정과 낮은 수준의 외부정보 이용을 들 수 있다.

(1) 결산조정

재무제표에 비용으로 표시하는 경우에만 세무기준 세전이익 산정과정에서 차감할 수 있도록 하는 것을 의미한다. 결산조정이 적용되는 대표적인 항목은 감가상각, 퇴직급여충당금, 대손충당금 등이다.[3)]

(2) 낮은 수준의 외부정보 이용

외부로부터 자금을 조달하는 것이 어렵거나 그 필요성이 낮은 기업이 있을 수 있다. 이 경우 기업의 외부정보이용자에 대한 재무보고의 중요성은 크지 않으며 재무제표 구성요소의 인식과 측정에 기업회계기준 대신 세법상의 기준을 적용하는 것도 가능하다.[4)]

당기순이익과는 관련이 없이 세무기준 세전이익만을 감소시키는 방법을

---

3) 감가상각비에 대해서는 법인세법 제23조 제1항, 퇴직급여충당금에 대해서는 법인세법 제33조 제1항, 대손충당금에 대해서는 법인세법 제34조 제1항 참조할 수 있다.

4) 이러한 방법은 재무보고 업무와 세무신고 업무를 통합할 수 있다는 점에서 실무적으로는 효율적이라고 할 수 있을 것이다.

이용한 세무계획도 가능하지만 과세관청의 주목을 받을 수 있다.[5] 세무기준 세전이익의 구성요소와 법인세비용차감전순이익의 구성요소가 완전히 일치하는 것은 아니다. 세무기준 세전이익만을 감소시키거나 법인세비용차감전순이익만을 증가시키는 것도 가능하다. 그런데 기업이 과세관청에 과세표준 및 세액을 신고하는 것을 주요 내용으로 하는 세무신고서에는 재무제표도 포함된다. 세무기준 세전이익과 법인세비용차감전순이익의 차이가 과거기간 또는 다른 기업과 비교하여 중요한 경우 과세관청의 검토 대상이 될 가능성이 높아질 수 있다.

예제 어떤 회사의 다음의 세무계획에 대해 납부세액과 재무보고비용의 관점에서 살펴보자.

(1) 매출거래의 시기를 01년에서 02년으로 이연하는 계획.
(2) 02년에 수행할 계획이던 광고선전 활동을 01년에 조기 실행하는 계획 (광고선전 활동의 시기에 따른 미래현금흐름의 변화는 고려하지 않음).

| 풀이 |

(1) 매출거래는 매출액에서 매출원가 등의 관련 비용을 차감한 금액만큼 세무기준 세전이익과 법인세비용차감전순이익을 증가시킨다. 매출거래의 시기를 01년에서 02년으로 이연하는 경우 01년의 세무기준 세전이익 및 납부세액이 감소하고 02년의 세무기준 세전이익 및 납부세액이 증가하는 것이 일반적이다. 01년의 한계세율이 02년의 한계세율보다 높다면 법인세 납부세액을 감소시킬 수 있다. 이러한 세무계획은 01년의 법인세비용차감전순이익과 당기순이익을 감소시키고 02년의 법인세비용차감전순이익과 당기순이익을 증가시킨다. 01년의 재무보고에 대한 외부의 평가가 낮아지는 정도가 02년의 재무보고에 대한 외부의 평가가 높아지는 정도보다 크다면 재무보고비용을 발생시킬 수 있다.
(2) 02년에 수행할 계획이던 광고선전 활동을 01년에 조기 실행하는 경우 01년의 세무기준세전이익 및 납부세액이 감소하고 02년의 세무기준 세

5) 재무제표에는 이미 반영된 미실현손실이 있는 자산을 매각하는 방법, 금융상품의 투자수익의 확정을 이연시키는 방법 등을 들 수 있다.

전이익 및 납부세액이 증가하게 된다. 01년의 한계세율이 02년의 한계세율보다 높다면 법인세 납부세액을 감소시킬 수 있다. 이러한 세무계획은 01년의 법인세비용차감전순이익과 당기순이익을 감소시키고 02년의 법인세비용차감전순이익과 당기순이익을 증가시킨다. 01년의 재무보고에 대한 외부의 평가가 낮아지는 정도가 02년의 재무보고에 대한 외부의 평가가 높아지는 정도보다 크다면 재무보고비용을 발생시킬 수 있다.

정·리·문·제

1. 비세금비용에 관한 설명으로 옳은 것은?[6)]

1) 세무계획의 실행과 관련이 없이 발생하는 비용이다.
2) 조세혜택이 있는 자산에 대한 투자에서 발생하는 세전이익의 감소이다.
3) 세금비용 절감액보다 비세금비용이 더 많은 세무계획은 경제활동 결과의 최적화 가능성을 낮춘다.
4) 정보비대칭 상황의 세무계획에서 발생할 수 있는 비세금비용은 재무보고비용이다.

2. 세무계획과 관련된 정보비대칭비용에 관한 설명으로 옳지 않은 것은?[7)]

1) 정보비대칭은 거래당사자들의 미래현금흐름에 관한 정보가 동일하지 않은 것을 의미한다.
2) 정보비대칭으로 인해 거래를 실행하지 못하게 되는 데 따르는 손실은 정보비대칭비용에 해당한다.
3) 정보비대칭으로 인해 세무계획의 실행에 추가적으로 발생하는 비용은 정보비대칭비용에 해당한다.
4) 세무계획의 실행으로 납부세액이 감소하는 대신 재무보고의 내용이 좋지 않게 되는 데 따르는 비용은 정보비대칭비용에 해당한다.

---

6) 정답 3).
7) 정답 4). 세무계획의 실행으로 납부세액이 감소하는 대신 재무보고의 내용이 좋지 않게 되는 데 따르는 비용은 재무보고비용에 해당한다.

3. 세무계획과 관련된 재무보고비용에 관한 설명으로 옳은 것은?[8)]

1) 납부세액을 감소시키는 세무계획은 재무보고의 내용에는 영향을 주지 않는다.
2) 세무계획과 관련된 재무보고비용이 발생하는 대표적인 예로는 납부세액을 감소시키는 활동이 재무제표의 당기순이익을 감소시키는 경우이다.
3) 결산조정에 관한 규정이 적용되는 항목을 이용하여 납부세액을 감소시키는 세무계획은 재무보고비용을 감소시킨다.
4) 외부정보이용자에 대한 재무보고의 중요성이 낮은 기업일수록 납부세액을 감소시키기 위한 세무계획의 재무보고비용이 많아진다.

핵심 요약

- 정보비대칭은 거래당사자들의 미래현금흐름에 대한 정보가 동일하지 않은 것을 의미하며, 세무계획이 정보비대칭으로 인해 실행되지 못하거나 추가적인 비용이 발생하는 데 따르는 손실은 정보비대칭비용에 해당함.
- 재무보고는 기업의 재무정보를 기업의 외부정보이용자들에게 제공하는 것을 의미하며, 세무계획이 납부세액을 감소시키는 동시에 재무보고의 내용을 좋지 않게 하는 경우 기업에 대한 외부의 평가가 하락하는 것에 따르는 비용은 재무보고비용에 해당함.

8) 정답 2).

연·습·문·제

1. 어떤 회사의 02년의 세무계획에 대한 자료가 다음과 같은 경우 세무계획에 따른 비세금비용은?[9)]

–세무기준 세전이익 추정금액 : 02년 20,000원, 03년 2,000원, 04년 3,000원. –01년말 현재 세무상결손금 이월액은 없음. –02년의 세무계획 : 장부금액이 15,000원이고 미래현금흐름의 현재가치는 10,000원인 자산을 9,000원에 판매하는 것으로 02년의 세무기준 세전이익을 6,000원 감소시키는 것 외에 다른 효과는 없음. –한계세율 : 02년 20%, 03년 10%, 04년 10%.

1) 600원　　2) 1,000원
3) 1,200원　　4) 2,000원

2. 어떤 회사의 02년의 세무계획에 대한 자료가 다음과 같은 경우 세무계획에 따른 02년의 납부세액 절감액에서 비세금비용을 차감한 금액은?[10)]

–세무기준 세전이익 추정금액 : 02년 50,000원, 03년 10,000원, 04년 12,000원. 01년말 현재 세무상결손금 이월액은 없음 –02년의 세무계획 : 장부금액이 20,000원이고 미래현금흐름의 현재가치는 11,000원인 자산을 10,000원에 판매하는 것으로 02년의 세무기준 세전이익을 10,000원 감소시키는 것 외에 다른 효과는 없음. –한계세율 : 02년 20%, 03년 10%, 04년 10%.

1) 200원　　2) 500원
3) 1,000원　　4) 1,500원

---

9) 정답 2). 02년 세무계획의 비세금비용＝자산의 미래현금흐름의 현재가치－자산의 판매금액＝10,000－9,000＝1,000.

10) 정답 3). 02년의 납부세액 절감액＝세무기준 세전이익 감소액×한계세율＝10,000×20%＝2,000, 02년 세무계획의 비세금비용＝자산의 미래현금흐름의 현재가치－자산의 판매금액＝11,000－10,000＝1,000, 02년의 납부세액 절감액－02년 세무계획의 비세금비용＝2,000－1000＝1,000.

제6장 조세회피

이 장에서 살펴볼 내용은 조세회피와 부정행위, 실질과세와 부당행위계산 부인, 무상이전과 증여의제에 관한 것이다. 이 장의 학습 목표로는 조세부정행위의 주요 내용을 이해하고 활용하는 것, 실질과세와 부당행위계산부인 규정의 주요 내용을 이해하고 활용하는 것, 증여의제 규정의 주요 내용을 이해하고 활용하는 것을 들 수 있다.

제1절 | 조세회피와 부정행위

납세자가 세무계획에 세금비용을 감소시키기 위한 조세회피 행위를 반영하는 것은 자연스러운 것으로 볼 수 있지만 이에 대응하여 세법에서도 조세회피 행위에 대해 제재하는 규정이나 조세회피를 방지하기 위한 규정을 두고 있다. 조세회피의 방식은 다양하게 나타날 수 있으며 대표적인 방식으로는 가장행위에 의한 조세회피, 부당한 방법에 의한 조세회피, 부정행위에 의한 조세회피를 들 수 있다.

가장행위에 의한 조세회피

민법에서 규정하고 있는 통정허위 의사표시에 의한 행위와 같은 가장행위를 이용하는 방식의 조세회피를 의미한다. 예를 들어 증여를 은닉하고 매매로 가장하는 방법으로 납부세액을 감소시키는 경우를 들 수 있다. 그런데 이러한 민법상의 가장행위는 무효이므로, 가장행위를 이용한 조세회피에 해당되는 것으로 인정되는 경우 그 가장행위의 효과는 납부세액의 산정에 있어 배제되는 것이 원칙이라는 점에 유의할 필요가 있다.

부당한 방법에 의한 조세회피

비합리적인 형식이나 외관을 취하는 행위를 이용하는 방식의 조세회피를 의미한다. 세법은 완벽하지 못하며, 거래의 형태에 따라 경제적 결과가 실질적으로 동일함에도 불구하고 세법에 따른 납부세액이 달라지는 허점이 곳곳에 존재하는 것이 사실이다. 이러한 세법의 허점은 조세회피의 유인으로 작용하게 된다. 그런데 세법의 허점을 이용하여 납부세액을 감소시키기 위해서는 거래의 형태가 복잡해지는 등 합리적이지 않은 부분이 포함될 수 있다. 조세회피를 목적으로 통상적이고 합리적인 형태가 아닌 비합리적인 형식이나 외관을 갖는 행위를 표출하는 것은 가장행위와 실질적으로 같은 것으로 볼 여지도 없지는 않다. 그러나 거래당사자의 진실한 의사표시에 기초한다는 점에서 민법에 따라 그 효력이 부정되는 가장행위에는 해당하지 않는 것은 명백하므로 무효로 인정될 가능성은 높지 않다.[1] 이에 따라 세법에서는 이러한 방식의 조세회피를 부당한 방법을 이용한 조세회피로 보아 이를 방지하기 위한 규정을 두고 있다. 즉 실질과세규정 등이 적용되어 경제적 실질에 따라 납부세액이 수정되는 등의 제재를 받을 수 있다.[2] 거래의 형식이나 외관을 어떻게 구성할 것인지는 거래당사자들이 자유롭게 선택할 수 있지만 비합리적인 부분이 포함되는 경우 과세관청이 부당한 조세회피임을 제기할 수 있다는 점에 유의하여야 한다.

부정행위에 의한 조세회피

세법 등 규정에서 형사처벌의 대상이 되는 조세범죄의 구성요건요소인 행위를 이용하여 조세를 회피하는 것을 의미한다. 납부세액을 감소시키는 세무계획이 부정행위 등을 이용한 조세회피로 인정될 경우 형사처벌의 대상이 되는 것 외에 행정제재에 해당되는 가산세 중과의 제재도 추가로 받을 수 있다는 점에 유의하여야 한다.

---

1) 판례에서 민법상의 가장행위는 아니지만 세법상의 가장행위로 인정하는 경우가 없지는 않다.

2) 경제적 실질에 따라 납부세액이 증가하는 것으로 수정되는 경우 가산세가 추가되는 것이 일반적이다.

세법 등 규정에 따라 형사처벌의 대상이 되는 대표적인 조세 부정행위로는 조세포탈죄의 구성요건요소인 조세 부정행위, 명의차용죄의 구성요건요소인 조세 부정행위를 들 수 있다.[3)]

1. 조세포탈죄의 구성요건요소인 조세 부정행위

조세포탈은 사기나 그 밖의 부정한 행위로써 조세를 포탈하거나 조세의 환급·공제를 받는 것을 의미한다.[4)] 조세포탈죄의 구성요건요소인 조세 부정행위는 다음의 행위로서 조세의 부과와 징수를 불가능하게 하거나 현저히 곤란하게 하는 적극적 행위이다.[5)]

(1) 이중장부의 작성 등 장부의 거짓 기장.

(2) 거짓 증빙 또는 거짓 문서의 작성 및 수취.

(3) 장부와 기록의 파기.

(4) 재산의 은닉, 소득·수익·행위·거래의 조작 또는 은폐.

(5) 고의적으로 장부를 작성하지 아니하거나 비치하지 아니하는 행위 또는 계산서, 세금계산서 또는 계산서합계표, 세금계산서합계표의 조작.

(6) 조세특례제한법 제5조의2 제1호에 따른 전사적 기업자원 관리설비의 조작 또는 전자세금계산서의 조작.

(7) 그 밖에 위계에 의한 행위 또는 부정한 행위.

조세포탈죄의 구성요건요소인 조세 부정행위에 대해서는 형사처벌 외에 다음의 행정 제재 등도 적용된다.

(1) 가산세 중과

조세 부정행위로 세무신고를 신고기한까지 하지 않거나, 과소신고 또는 초과환급신고를 하는 경우 무신고 가산세나 과소신고 또는 초과환급신고 가

---

3) 구성요건요소는 범죄의 성립요건 중의 하나인 범죄의 구성요건을 구성하는 구체적 요소를 의미한다.

4) 조세범처벌법 제3조 등에서 규정하고 있다.

5) 조세범처벌법 제3조 제6항. 국세기본법 시행령 제12조의2 제1항에서는 '부정행위란 조세범 처벌법 제3조 제6항 각 호의 어느 하나에 해당하는 행위를 말한다'고 규정하고 있다.

산세를 일반적인 경우 보다 중하게 적용한다.[6]

(2) 조세 부과권의 제척기간 연장

조세 부과권의 제척기간이 만료되면 납세의무가 소멸되므로 과세관청은 조세 부과권을 행사할 수 없게 된다. 조세 부정행위로 조세포탈을 하는 경우 일반적인 경우보다 제척기간이 연장된다.[7]

2. 명의차용죄의 구성요건요소인 조세 부정행위

명의차용죄의 구성요건요소인 조세 부정행위는 조세의 회피 또는 강제집행의 면탈을 목적으로 타인의 성명을 사용하여 사업자등록을 하거나 타인 명의의 사업자등록을 이용하여 사업을 영위하는 것이다.[8] 타인 명의의 사업자등록을 이용하여 사업을 영위하는 것을 방치하는 경우 소득의 분산으로 소득세나 법인세의 초과누진세율 중 높은 세율의 적용을 쉽게 회피할 수 있게 될 것이다.

제2절 | 실질과세와 부당행위계산 부인

실질과세와 부당행위계산 부인은 부당한 방법에 의한 조세회피를 방지하기 위한 세법의 대표적인 규정이다.

1. 실질과세 규정

실질과세 규정은 조세법의 주요 원칙인 실질과세원칙에 관한 규정이라고

---

6) 국세기본법 제47조의2, 제47조의3.

7) 국세기본법 제26조의2.

8) 조세범처벌법 제11조 제1항에서 규정하고 있음. 제2항에서는 명의대여죄에 대해 규정하고 있으며 명의대여는 조세의 회피 또는 강제집행의 면탈을 목적으로 자신의 성명을 사용하여 타인에게 사업자등록을 할 것을 허락하거나 자신 명의의 사업자등록을 타인이 이용하여 사업을 영위하도록 허락하는 것을 의미한다.

할 수 있다. 실질과세원칙은 헌법상의 기본이념인 평등의 원칙을 조세법률관계에 구현하기 위한 실천적 원리로 해석되고 있다.[9] 실질과세 규정의 주요 목적은 부당한 조세회피행위를 규제하고 과세의 형평을 제고하여 조세정의를 실현하는 것으로 보는 것이 일반적이다.[10]

국세기본법의 실질과세 규정은 귀속의 실질, 행위 또는 계산의 실질, 다단계행위의 실질에 관한 내용으로 구성되어 있다.[11]

(1) 귀속의 실질

과세의 대상이 되는 소득, 수익, 재산, 행위 또는 거래의 귀속이 명의일 뿐이고 사실상 귀속되는 자가 따로 있을 때에는 사실상 귀속되는 자를 납세의무자로 하여 세법을 적용한다.

(2) 행위 또는 계산의 실질

세법 중 과세표준의 계산에 관한 규정은 소득, 수익, 재산, 행위 또는 거래의 명칭이나 형식에 관계없이 그 실질 내용에 따라 적용한다.

(3) 다단계행위의 실질

제3자를 통한 간접적인 방법이나 둘 이상의 행위 또는 거래를 거치는 방법으로 이 법 또는 세법의 혜택을 부당하게 받기 위한 것으로 인정되는 경우에는 그 경제적 실질 내용에 따라 당사자가 직접 거래를 한 것으로 보거나 연속된 하나의 행위 또는 거래를 한 것으로 보아 이 법 또는 세법을 적용한다.[12]

실질과세 규정은 부당한 방법에 의한 조세회피를 방지하기 위한 일반 규

---

9) 대법원 2012. 1. 19. 선고 2008두8499 판결.

10) 대법원 2012. 1. 19. 선고 2008두8499 판결에서는 '구 국세기본법(2007. 12. 31. 법률 제8830호로 개정되기 전의 것, 이하 같다) 제14조 제1항, 제2항이 천명하고 있는 실질과세의 원칙은 헌법상의 기본이념인 평등의 원칙을 조세법률관계에 구현하기 위한 실천적 원리로서, 조세의 부담을 회피할 목적으로 과세요건사실에 관하여 실질과 괴리되는 비합리적인 형식이나 외관을 취하는 경우에 그 형식이나 외관에 불구하고 실질에 따라 담세력이 있는 곳에 과세함으로써 부당한 조세회피행위를 규제하고 과세의 형평을 제고하여 조세정의를 실현하고자 하는 데 주된 목적이 있다'고 판시하고 있다.

11) 국세기본법 제14조.

12) 다단계행위가 건전한 사회통념이나 상관행에 비추어 경제적 합리성을 결한 비정상적인 것일 경우 세법의 혜택을 부당하게 받기 위한 것으로 인정될 수 있다.

정으로 볼 수 있다. 그런데 실제의 법률관계는 다양하게 전개되므로 구체적 사안에 대해 이를 직접 적용하는 것에는 한계가 있다.

2. 부당행위계산 부인 규정

부당행위계산 부인 규정은 부당한 방법에 의한 조세회피를 방지하기 위한 구체적인 규정에 해당한다. 그 주요 내용과 적용요건은 다음과 같다.

(1) 주요 내용

납세의무자의 행위 또는 계산이 특수관계인 사이의 조세의 부담을 부당하게 감소시키는 거래유형에 해당되는 경우 과세권자가 객관적으로 타당하다고 인정되는 소득 등이 있었던 것으로 의제하여 과세하는 내용이다.[13)]

(2) 적용요건

조세의 종류에 따라 차이가 있지만 공통적인 적용요건으로는 '특수관계자 사이의 거래', '조세부담을 부당하게 감소시키는 행위'를 들 수 있다.[14)] 조세부담을 부당하게 감소시키는 행위는 사회통념이나 관습에 비추어 볼 때 합리적인 경제인이라면 취할 수 없는 비정상적인 거래로서 조세부담을 부당하게 감소시키는 행위이다.

조세 부담을 부당하게 감소시킨 것으로 인정될 수 있는 대표적인 예는 다음과 같다.[15)]

(1) 자산을 시가보다 높은 가격으로 매입하는 것.

(2) 자산을 시가보다 낮은 가격으로 양도하는 것.

---

13) 대법원 2009. 9. 10. 선고 2009두7462 판결 등.

14) 부당행위계산 부인에 대해 규정하고 있는 개별 세법의 조항으로는 소득세법 제41조와 제101조, 법인세법 제52조, 부가가치세법 제29조 제4항을 들 수 있다.

15) 소득세법 시행령 제98조 제2항, 법인세법 시행령 제88조 제1항.

제3절 | 무상이전과 증여의제

자산이 이전되는 방식은 이전의 대가가 있는지에 따라 유상거래와 무상이전으로 구분할 수 있다. 이러한 구분은 조세회피의 관점에서도 의미가 있는 구분으로 볼 수 있다. 유상거래에 비해 무상이전에서는 조세회피가 용이할 수 있기 때문이다. 유상거래의 경우 거래내용에 관한 자료가 생성되고 과세관청에 신고되는 것이 일반적인 데 비해 무상이전의 경우 그렇지 않을 수 있다.[16)]

무상이전의 당사자가 개인들인 경우가 조세를 회피하는 것이 가장 용이하다고 볼 수 있으며 이 경우 회피할 수 있는 조세는 증여세이다. 자산이 영리법인에 무상이전 되는 경우 1차적으로 영리법인에 귀속되며, 2차적으로 영리법인의 출자자에게 귀속된다는 점에서 법인세 외에 증여세 조세회피와도 관련될 수 있다.

무상이전과 관련된 조세회피의 방지를 위한 대표적인 규정으로는 상속세 및 증여세법의 증여의제 규정을 들 수 있다. 증여의제 규정을 이해하기 위해서는 먼저 증여의 개념을 파악할 필요가 있다. 상속세 및 증여세법에서는 증여세 납부세액에 중요한 영향을 주는 개념인 증여를 포괄적으로 정의하고 있다. 즉 증여를 행위 또는 거래의 명칭·형식·목적 등과 관계없이 직접 또는 간접적인 방법으로 타인에게 무상으로 유형·무형의 재산 또는 이익을 이전(현저히 낮은 대가를 받고 이전하는 경우를 포함)하거나 타인의 재산가치를 증가시키는 것으로 정의하고 있다.[17)] 증여의제 규정은 증여의 정의에 해당되지 않는 행위를 증여로 의제하거나 증여로 발생하는 증여재산 금액을 의제하는 규정이다. 실질적인 증여재산이 아닌 것을 증여세 과세대상으로 의제하는 부분은 실질과세원칙의 예외에 해당한다.

증여의제 규정에 해당되는 것에는 명의신탁재산의 증여의제 규정, 특수관계법인과의 거래를 통한 이익의 증여의제 규정, 특수관계법인으로부터 제

16) 개인 간의 재산의 무상이전의 경우 그에 관한 자료의 생성을 회피할 수 있는 방법이 사용될 가능성이 높을 것이다.

17) 상속세 및 증여세법 제2조.

공받은 사업기회로 발생한 이익의 증여의제 규정, 특정법인과의 거래를 통한 이익의 증여의제 규정이 있다.[18]

(1) 명의신탁재산의 증여의제 규정[19]

명의신탁재산을 실제소유자가 명의자에게 증여한 것으로 의제하는 내용이다.[20] 조세회피를 목적으로 주주명부의 명의를 소유자가 아닌 타인의 명의로 기재한 경우 그 대상 주식은 증여의제 규정이 적용되는 명의신탁재산에 해당할 수 있다.

(2) 특수관계법인과의 거래를 통한 이익의 증여의제 규정[21]

법인의 특수관계법인에 대한 매출액의 비율이 정상거래비율을 초과하는 경우 그 수혜법인의 지배주주와 그 친족(주식보유비율이 일정비율 이상)이 얻은 이익에 대해 증여세를 과세하기 위한 규정이다. 수혜법인의 지배주주와 그 친족이 얻은 증여재산가액을 수혜법인의 세후영업이익과 주식보유비율 등에 기초하여 산정한 금액으로 의제하는 내용이 포함되어 있다.[22]

(3) 특수관계법인으로부터 제공받은 사업기회로 발생한 이익의 증여의제 규정[23]

법인이 특수관계법인(지배주주와 그 친족의 주식보유비율이 100분의 30 이상인 법인)으로부터 사업기회를 제공받은 경우 그 수혜법인의 지배주주와 그 지배주주의 친족이 얻은 이익에 대해 증여세를 과세하기 위한 규정이다. 수혜법인의 지배주주와 그 친족이 얻은 증여재산가액을 사업기회로 인한 수혜법인의 이익과 주식보유비율 등에 기초하여 산정한 금액으로 의제하는 내용이 포함되어 있다.[24]

---

18) 명의신탁재산의 증여의제 규정을 제외한 나머지 증여의제 규정들은 직접적인 수증자가 영리법인인 경우로써 그 영리법인의 출자자를 수증자로 의제하는 내용이라는 공통점이 있다.

19) 상속세 및 증여세법 제45조의2.

20) 증여의 정의에 해당되지 않는 행위를 증여로 의제하는 규정으로 볼 수 있다.

21) 상속세 및 증여세법 제45조의3. 일감몰아주기에 대한 과세의 강화를 위한 규정으로 볼 수 있다.

22) 법인의 이익을 기준으로 주주가 얻은 이익을 계산하고 있으므로 증여로 발생하는 증여재산 금액을 의제하는 규정으로 볼 수 있다.

23) 상속세 및 증여세법 제45조의4. 일감떼어주기에 대한 과세의 강화를 위한 규정으로 볼 수 있다.

24) 법인의 이익을 기준으로 주주가 얻은 이익을 계산하고 있으므로 증여로 발생하는 증여재

(4) 특정법인과의 거래를 통한 이익의 증여의제 규정[25)]

특정법인(지배주주와 그 친족의 주식보유비율이 100분의 30 이상인 법인)의 주주등과 특수관계에 있는 자가 그 특정법인에게 재산 또는 용역을 무상으로 제공하는 등의 특정의 거래를 하는 경우 특정법인의 주주등이 얻은 이익에 대해 증여세를 과세하기 위한 규정이다. 특정법인의 주주등이 얻은 증여재산가액을 특정법인이 제공받은 이익에 주식보유비율을 곱하여 계산한 금액으로 의제하는 내용이 포함되어 있다.[26)]

정·리·문·제

1. 조세 부정행위에 관한 설명으로 옳은 것은?[27)]

1) 이중장부의 작성을 이용하여 과소신고를 하고 조세를 포탈하는 경우 형사처벌의 대상이 되며 행정 제재의 대상이 아니다.
2) 강제집행의 면탈을 목적으로 타인 명의의 사업자등록을 이용하여 사업을 영위하는 경우 형사처벌의 대상이 되며 국세 부과 제척기간이 연장된다.
3) 재산의 은닉을 이용하여 조세를 포탈하는 경우 형사처벌의 대상이 되며 국세 부과 제척기간이 단축된다.
4) 세금계산서의 조작을 이용하여 초과환급신고를 하고 조세를 포탈하는 경우 형사처벌의 대상이 되며 행정 제재의 대상도 된다.

2. 부당행위계산 부인 규정에 관한 설명으로 옳은 것은?[28)]

1) 특수관계인 사이의 거래가 아니어도 부당한 것으로 인정되는 경우 적용될 수 있다.

산 금액을 의제하는 규정으로 볼 수 있다.

25) 상속세 및 증여세법 제45조의5.

26) 법인의 이익을 기준으로 주주가 얻은 이익을 계산하고 있으므로 증여로 발생하는 증여재산 금액을 의제하는 규정으로 볼 수 있다.

27) 정답 4).

28) 정답 3).

2) 자산을 시가보다 낮은 가격으로 매입하는 경우 적용될 수 있다.
3) 자산을 시가보다 낮은 가격으로 양도하는 경우 적용될 수 있다.
4) 실질과세원칙의 예외에 해당한다.

3. 상속세 및 증여세법의 증여의제 규정에 관한 설명으로 옳지 않은 것은?[29)]

1) 부동산을 명의신탁하는 경우 적용될 수 있다.
2) 법인의 특수관계법인에 대한 매출액의 비율이 정상거래비율을 초과하는 경우 적용될 수 있다.
3) 법인이 특수관계법인으로부터 사업기회를 제공받은 경우 적용될 수 있다.
4) 지배주주의 주식보유비율이 100분의 30 이상인 주식회사의 주주와 특수관계에 있는 자가 그 주식회사에게 용역을 무상으로 제공하는 경우 적용될 수 있다.

핵심 요약

- 실질과세 규정은 조세법의 주요 원칙인 실질과세원칙에 대한 규정으로 조세회피 방지와 관련된 일반 규정으로 볼 수 있으며, 부당행위계산 부인 규정은 조세회피 방지를 위한 보다 구체적인 규정으로 그 적용요건이 보다 구체적임.
- 증여의제 규정은 증여의 정의에 해당되지 않는 행위를 증여로 의제하거나 증여로 발생하는 증여재산 금액을 의제하는 규정으로 실질과세원칙의 예외에 해당되는 내용도 포함되어 있음.

29) 정답 1). 부동산의 명의신탁에는 적용되지 않는다.

제7장 납부세액의 불확실성

이 장에서 살펴볼 내용은 납부세액 불확실성의 개요, 주요 조세 불명확 사항, 세무신고와 세무계획에 관한 것이다. 이 장의 학습 목표로는 납부세액 불확실성의 개요를 이해하고 간략하게 설명하는 것, 조세 불명확 사항의 주요 내용을 이해하고 활용하는 것, 납부세액 불확실성의 효과적 관리방법을 이해하고 활용하는 것을 들 수 있다.

제1절 | 납부세액 불확실성의 개요

기업이 기간별 세전이익에 대해 납부할 법인세 등의 세액은 1차적으로 기업이 적용한 세무처리에 따라 작성한 세무신고서 상의 금액으로 산정된다. 그러나 기업이 세무신고한 납부세액은 이후에 수정될 가능성이 있으므로 불확실성이 존재한다.

세무신고는 납세의무자가 납부세액 등을 기재한 과세표준신고서 등 조세의 부과 및 징수에 관련된 제 자료를 과세관청에 보고하는 것이다. 세무신고와 세액의 납부에 대해서는 조세의 종류별로 세법에서 그 기한 등의 절차를 규정하고 있다. 세무신고 등의 의무를 위반하는 경우에 대한 행정 제재로 가산세 제도가 운영되고 있다.

납세의무자인 기업이 세무신고한 납부세액이 최종적인 금액이 되는 경우도 적지 않다. 그러나 최초의 세무신고 납부세액은 세무신고를 접수한 과세관청은 물론 세무신고를 한 기업에 의해서도 수정될 수 있다. 세무신고인은 최초로 세무신고한 납부세액이 과소한 경우 수정신고로 수정할 수 있으며, 과다한 경우 수정을 위해 경정청구를 할 수 있다.[1)]

과세관청은 세무신고된 납부세액이 적법하게 산정된 것인지에 대해 조사할 수 있다. 그리고 과세관청은 세무신고된 납부세액이 적법하지 않다고 판단하는 경우 적법한 세액으로 수정하는 경정을 할 수 있다. 국내에서는 적용되지 않지만 외국에서 납부하는 세액의 경우 해당 국가의 과세관청과 납부세액에 관하여 이견이 있는 경우 합의에 의해 세액을 조정하는 절차가 적용되는 경우도 있다.[2)]

국내에서는 과세관청의 경정으로 수정된 납부세액에 대해 불복하기 위해서는 조세소송 등의 조세쟁송을 진행하여야 한다. 조세쟁송은 조세심판원의 심판 등의 전심절차와 행정소송에 해당하는 조세소송으로 구분할 수 있다.

기업의 기간별 세전이익에 대한 납부세액의 불확실성에 영향을 주는 주요 요인으로는 세무신고에 적용된 세무처리의 오류 여부, 불명확한 사항에 대한 세무처리, 과세관청의 세무조사를 들 수 있다.

(1) 세무신고에 적용된 세무처리의 오류 여부

세무처리의 오류에 따라 신고한 납부세액의 산정에 오류가 있는 경우 납부세액이 수정될 가능성이 높아질 것이다.

(2) 불명확한 사항에 대한 세무처리

세법 등의 규정은 명확하지 않은 부분이 있으며 그에 대한 세무처리에 따라 신고 납부세액에 차이가 있을 수 있다. 불명확한 사항에 대한 세무처리를 납부세액을 최소화하는 방법으로 적용하는 경우 과세관청이 수용하지 않을 가능성이 높아지므로 납부세액이 수정될 가능성이 높아질 것이다. 불명확한 사항에 대한 세무처리에 따른 납부세액의 불확실성은 해당 세무처리가 포함된 세무신고에 의해 발생하게 된다.

---

1) 경정청구는 과세관청에 제기하며 과세관청이 이를 수용하여 경정 처분하는 경우 세액이 수정된다.

2) 대표적으로 미국의 경우 납부세액에 대한 납세의무자와 과세관청 간의 분쟁을 미국 국세청 내 심사국에서 합의를 통하여 해결하는 절차가 있다.

(3) **과세관청의 세무조사**

과세관청의 세무조사의 강도가 높고 빈번할수록 납부세액이 중요하게 수정될 가능성이 높아질 것이다.

납부세액의 불확실성이 소멸하는 형태로는 제척기간의 만료와 조세쟁송의 완료를 들 수있다.

(1) **제척기간의 만료**

과세관청이 조세의 부과권을 행사할 수 있는 기간인 제척기간이 만료되면 과세관청은 세무신고에 대해 이의를 제기할 수 없으므로 납부세액의 불확실성이 소멸한다.

(2) **조세쟁송의 완료**

최종심인 대법원의 판결이 선고되거나 그 전 단계의 판결 등만 있지만 청구 기한 등의 경과로 더 이상 쟁송을 진행할 수 없는 경우를 의미한다. 조세쟁송이 완료되면 납부세액에 대해 더 이상 다툴 수 없으므로 납부세액의 불확실성이 소멸한다.

제2절 | 주요 조세 불명확 사항

기업들이 국내에서 직면하게 되는 주요 조세 불명확 사항으로는 부당행위계산의 부인, 손익의 귀속시기, 세액공제와 세액감면을 들 수 있다.

1. 부당행위계산 부인과 관련된 조세 불명확 사항

부당행위계산 부인 규정의 적용 대상과 효과는 다음과 같이 요약할 수 있다.[3)]

3) 부당행위계산 부인 규정에 해당되는 것으로는 소득세법 제41조와 제101조, 법인세법 제52조, 부가가치세법 제29조 제4항을 들 수 있다.

(1) 적용 대상

특수관계인과의 거래로 인하여 조세의 부담을 부당하게 감소시킨 것으로 인정되는 경우에 적용된다. 조세 부담을 부당하게 감소시킨 것으로 인정될 수 있는 대표적인 예는 '자산을 시가보다 높은 가격으로 매입하는 것', '자산을 시가보다 낮은 가격으로 양도하는 것'이다.[4] 즉 특수관계인과의 거래에서 적용될 가격의 조정을 통해 특수관계인 간의 소득을 이전하여 특수관계인 전체의 관점에서 세금부담을 감소시키는 것에 대해 적용될 수 있다.

(2) 적용 효과

특수관계인과의 거래에서 적용된 부당한 가격을 부인하고 객관적으로 타당하다고 인정되는 가격을 적용하여 납부세액을 산정한다. 따라서 기업이 특수관계인과의 거래에서 적용된 부당한 가격에 대해 부당행위계산 부인 규정에 따라 세무처리를 하지 않고 산정한 납부세액을 세무신고한 경우 과세관청에 의해 납부세액이 경정될 수 있다.

부당행위계산 부인 규정과 관련된 대표적인 조세 불명확 사항은 자산의 시가가 불명확할 수 있다는 것이다. 활성화된 거래에서 형성된 가격에 대한 자료가 있는 경우가 아니라면 자산의 시가를 명확하게 특정하는 것은 쉽지 않다.[5] 따라서 특수관계인과 시가가 명확하지 않은 거래를 수행하게 되는 경우 그 거래에서 적용된 가격이 과세관청에 의해 부인될 가능성을 배제할 수 없으므로 해당기업은 납부세액 불확실성에 노출될 수 있다. 정보비대칭으로 자산의 판매거래가 어려운 경우 특수관계인과의 거래는 정보비대칭비용의 문제를 해결할 수 있지만 납부세액 불확실성에 노출될 수 있다는 점도 유의할 필요가 있을 것이다.

---

4) 소득세법 시행령 제98조 제2항, 법인세법 시행령 제88조 제1항.

5) 법인세법 제52조 제2항에서는 시가를 건전한 사회 통념 및 상거래 관행과 특수관계인이 아닌 자 간의 정상적인 거래에서 적용되거나 적용될 것으로 판단되는 가격(요율·이자율·임대료 및 교환 비율과 그 밖에 이에 준하는 것을 포함)으로 정의하고 있다. 시가의 불명확성을 반영하여 시가와 거래가격이 일정금액 이상인 경우에만 부당행위계산 부인 규정을 적용한다(법인세법 시행령 제88조 제3항 등).

2. 손익의 귀속시기와 관련된 조세 불명확 사항

세전이익에 대한 납부세액이 일정한 기간을 단위로 산정되는 경우 개별 거래의 귀속시기는 기간별 납부세액에 차이를 발생시킬 수 있다. 기간별 한계세율에 차이가 있는 경우 개별 거래에서 발생하는 손익의 귀속시기에 따라 소득세나 법인세 납부세액이 달라질 수 있기 때문이다. 법인세법 등에서는 거래에서 발생하는 손익의 귀속시기에 대해 비교적 구체적인 규정을 두고 있다.[6)]

그런데 손익의 귀속시기에 관한 규정만으로는 손익의 귀속시기를 명확하게 구분하기 어려울 수 있는데, 그 이유로는 거래의 다양성, 새로운 형태의 거래 출현을 들 수 있다.

(1) 거래의 다양성

기업이 수행하는 거래는 다양한 형태로 나타날 수 있으며 다양한 거래 형태가 혼합될 수 있다. 이에 따라 모든 형태의 거래에 대해 귀속시기를 일일이 규정하는 것은 불가능하다.

(2) 새로운 형태의 거래

기업은 기존의 거래 형태와는 다른 새로운 형태의 거래를 수행할 수 있다. 새로운 형태의 거래의 귀속시기에 관한 규정을 추가하는 데는 어느 정도의 시차가 있을 수밖에 없다.

손익의 귀속시기가 명확하지 않은 거래를 수행한 기업이 채택한 세무처리가 과세관청에 의해 부인될 가능성을 배제할 수 없으므로 해당기업은 납부세액 불확실성에 노출될 수 있다.

---

6) 법인세법의 경우 제40조의 위임에 따라 시행령(제68조부터 제71조까지)에서 익금과 손금의 귀속시기에 대하여 비교적 구체적으로 규정하고 있다. 그리고 법인세법 제43조에서는 법인세법에 규정되어 있지 아니한 사항에 대해서는 법인이 익금과 손금의 귀속사업연도 등에 관하여 일반적으로 공정·타당하다고 인정되는 기업회계기준을 적용하거나 관행을 계속 적용하여 온 경우에는 그 기업회계의 기준 또는 관행에 따르도록 하고 있다. 우리나라의 대표적인 기업회계기준인 한국채택국제회계기준과 일반기업회계기준은 수익과 비용의 인식에 대해 비교적 상세하게 규정하고 있다.

3. 세액공제 세액감면과 관련된 조세 불명확 사항

세액공제와 세액감면은 납부세액을 그만큼 감소시키는 효과가 있다. 과세표준 산정과정에서 차감되는 소득공제의 경우 그 금액에 세율을 적용한 금액만큼만 납부세액 감소 효과가 있다는 것과 비교하면 세액공제와 세액감면의 효과는 상당하다는 것을 알 수 있다. 세액공제와 세액감면의 종류는 단순하지 않은 편으로 각각 일정한 적용요건을 갖추어야 적용할 수 있으며, 정해진 방법에 따라 그 금액을 산정하여야 한다. 그런데 세법에서 규정하고 있는 적용요건이나 금액 산정 방법에 명확하지 않은 부분이 적지는 않은 것으로 볼 수 있다.[7)]

기업이 적용한 기준에 따라 신청한 세액공제 또는 세액감면이 과세관청에 의해 부인될 가능성을 배제할 수 없으므로 해당기업은 납부세액 불확실성에 노출될 수 있다.

제3절 | 세무신고와 세무계획

세법에서 명확하게 규정하고 있지 않은 거래나 사건이 발생한 기업은 신고할 납부세액을 산정함에 있어 적용할 세무처리에 관한 방침을 선택하여야 한다. 납부세액을 최소화하기 위한 공격적인 세무처리를 선택하는 경우 과세관청에 의해 경정될 수 있으며 조세쟁송을 제기하는 경우에도 납부세액의 증가와 가산세가 수반될 수 있다. 반대로 납부세액 불확실성을 회피하기 위한 보수적인 세무처리를 선택하는 경우 납부세액의 부담이 커지게 된다. 따라서 납부세액과 불확실성을 모두 고려하는 세무처리를 선택하는 것이 합리적일 것이다. 즉 불명확한 사항에 대한 세무처리에 따른 납부세액 불확실성을 합리적인 수준에서 부담하고 이를 효과적으로 관리하는 방법이 바람직할 것이다.

7) 세액공제나 세액감면에 관한 다툼과 관련 있는 판례들이 적지 않다는 점에서 유추할 수 있다.

불명확한 사항에 대한 세무처리에 따른 납부세액 불확실성의 기댓값을 추정하는 것이 실무적으로 가능한 경우, 최선의 방법은 신고 납부세액과 불확실성의 기댓값의 합이 최소가 될 수 있는 정책을 적용하는 것이다. 불명확한 사항에 대한 세무처리에 따른 납부세액 불확실성의 기댓값은 다음과 같이 추정할 수 있다.

불명확한 사항에 대한 세무처리에 따른 납부세액 불확실성의 기댓값
=불명확한 사항에 대한 세무처리의 세금효과×과세관청의 경정확률
×조세소송 패소확률

(1) 불명확한 사항에 대한 세무처리의 세금효과

기업이 적용한 세무처리를 과세관청이 수용하지 않는 경우 증가할 납부세액과 가산세로 측정할 수 있다.

(2) 과세관청의 경정확률

세무조사의 대상이 될 가능성, 기업이 적용한 불명확한 사항에 대한 세무처리 등에 따라 달라질 수 있다.

(3) 조세소송 패소확률

판례에 대한 검토, 전문가의 의견 등을 반영하여 최선의 추정치를 적용하여야 할 것이다.

예제 사업연도가 매년 1월 1일부터 12월 31일까지인 어떤 주식회사의 당기 중 거래 등에 대한 자료가 다음과 같은 경우 세무계획에서 채택한 불명확 사항에 대한 세무처리에 따른 납부세액 불확실성의 기댓값과 납부세액의 감소를 산정하여 보자.

- 한계세율이 10%인 특수관계인에게 장부금액이 10,000원이고 시가가 명확하지 않은 부동산을 15,000원에 판매하고 그 차액을 세무기준 세전이익에 반영하는 세무처리를 할 계획임.
- 관련된 모든 정보를 완전히 가지고 있는 적법한 과세관청에 의해 조사

된다고 가정하면 과세관청은 판매된 부동산의 시가를 20,000원으로 판단할 것으로 예상됨.

- 부동산의 판매금액이 15,000원인 경우 과세관청의 경정이 있을 확률은 30%로 추정됨.
- 조세소송에서 판매된 부동산의 시가가 15,000원으로 인정될 확률은 60%이며, 20,000원으로 인정될 확률은 40%임.
- 법인세율은 20%, 가산세율은 10%를 적용함.

| 풀이 |

불명확 사항에 대한 세무처리에 따른 납부세액 불확실성의 기댓값은 다음과 같이 산정할 수 있다.

불명확 사항에 대한 세무처리의 세금효과

=(과세관청의 시가－판매금액)×법인세율×(1＋가산세율)

=(20,000－15,000)×20%×110%=1,100원

납부세액 불확실성의 기댓값

=세무처리의 세금효과×경정확률×패소확률

=1,100원×30%×40%=132원

불명확 사항에 대한 세무처리에 따른 납부세액의 감소는 다음과 같이 산정할 수 있다.

납부세액의 감소=(과세관청의 시가－판매금액)×법인세율

=(20,000－15,000)×20%=1,000원

판매금액을 20,000원으로 책정하는 경우에 비해 납부세액의 감소와 납부세액 불확실성의 기댓값의 순효과는 868원(1,000－132)이다.

정·리·문·제

1. 불명확한 사항에 대한 세무처리에 따른 납부세액 불확실성에 관한 설명으로 옳은 것은?[8]

   1) 불명확한 사항은 세무신고서의 오류로 수정신고 또는 경정청구의 대상인 사항을 의미한다.
   2) 불명확한 사항에 대한 세무처리에 따른 납부세액의 불확실성은 해당 세무처리가 포함된 세무신고에 의해 발생한다.
   3) 불명확한 사항에 대한 세무처리에 대하여 과세관청이 이의를 제기하고 경정을 한 경우 납부세액 불확실성은 소멸된다.
   4) 불명확한 사항에 대한 세무처리와 관련하여 조세쟁송이 진행되는 경우 납부세액의 불확실성은 조세쟁송이 개시되는 때에 소멸된다.

2. 불명확한 사항에 대한 세무처리에 따른 납부세액 불확실성이 발생할 수 있는 경우에 해당하지 않는 것은?[9]

   1) 특수관계인과 시가가 명확하지 않은 거래를 수행하게 되는 경우
   2) 손익의 귀속시기가 명확하지 않은 거래를 수행하게 되는 경우
   3) 적용요건이나 금액 산정 방법이 명확하지 않은 세액공제를 적용하는 경우
   4) 오류에 따른 과소신고에 대해 과세관청의 경정 여부가 명확하지 않은 경우

3. 불명확한 사항에 대한 세무처리에 따른 납부세액 불확실성의 기댓값에 관한 설명으로 옳은 것은?[10]

   1) 불명확한 사항에 대한 세무처리의 세금효과가 클수록 많아진다.
   2) 불명확한 사항에 대한 세무처리의 가산세효과는 반영하지 않는다.
   3) 과세관청의 경정확률이 높을수록 적어진다.
   4) 조세소송에서 승소할 확률이 높을수록 많아진다.

---

8) 정답 2).
9) 정답 4).
10) 정답 1).

핵심 요약

- 불명확한 사항에 대한 세무처리에 따른 납부세액의 불확실성은 해당 세무처리가 포함된 세무신고에 의해 발생하게 되며, 우리나라 기업들이 직면하게 되는 주요 불명확한 사항은 부당행위계산의 부인, 손익의 귀속시기, 세액공제와 세액감면과 관련된 것임.
- 불명확한 사항이 발생한 기업은 납부세액을 계산함에 있어 적용할 세무처리의 방침을 선택하여야 하며, 합리적인 수준의 납부세액 불확실성을 부담하고 이를 효과적으로 관리하는 것이 필요함.

연·습·문·제

1. 사업연도가 매년 1월 1일부터 12월 31일까지인 어떤 주식회사의 세무계획에 대한 자료가 다음과 같은 경우 세무계획에서 채택한 불명확 사항에 대한 세무처리에 따른 납부세액의 감소는?[11)]

> - 세무계획 : 특수관계인에게 장부금액이 15,000원이고 시가가 명확하지 않은 부동산을 20,000원에 판매하고 그에 따라 세무처리하는 것임.
> - 관련된 모든 정보를 완전히 가지고 있는 적법한 과세관청에 의해 조사된다고 가정하면 과세관청은 판매된 부동산의 시가를 24,000원으로 판단할 것으로 예상됨.
> - 법인세율은 20%, 가산세율은 10%를 적용함.

1) 600원 2) 700원
3) 800원 4) 900원

11) 정답 3). 납부세액의 감소 = (과세관청의 시가 − 판매금액) × 법인세율 = (24,000 − 20,000 × 20% = 800원.

2. 사업연도가 매년 1월 1일부터 12월 31일까지인 어떤 주식회사의 세무계획에 대한 자료가 다음과 같은 경우 세무계획에서 채택한 불명확 사항에 대한 세무처리에 따른 납부세액 불확실성의 기댓값은?[12)]

– 세무계획 : 특수관계인에게 장부금액이 20,000원이고 시가가 명확하지 않은 부동산을 14,000원에 판매하여 세무기준 세전이익을 6,000원 감소시키는 것임. – 관련된 모든 정보를 완전히 가지고 있는 적법한 과세관청에 의해 조사된다고 가정하면 과세관청은 판매된 부동산의 시가를 17,000원으로 판단할 것으로 예상됨. – 부동산의 판매금액이 14,000원인 경우 과세관청의 경정이 있을 확률은 20%로 추정됨. – 조세소송에서 판매된 부동산의 시가가 14,000원으로 인정될 확률은 75%이며, 17,000원으로 인정될 확률은 25%임. – 법인세율은 20%, 가산세율은 10%를 적용함.

1) 30원
2) 33원
3) 36원
4) 39원

12) 정답 2). 불명확 사항에 대한 세무처리의 세금효과 = (과세관청의 시가 – 판매금액) × 법인세율 × (1 + 가산세율) = (17,000 – 14,000) × 20% × 110% = 660원, 납부세액 불확실성의 기댓값 = 세무처리의 세금효과 × 경정확률 × 패소확률 = 660 × 20% × 25% = 33원.

제8장 기업의 조직형태와 세금비용

이 장에서 살펴볼 내용은 기업 조직형태와 세금비용의 개요, 개인기업과 법인기업의 세금비용 비교, 법인전환과 과점주주에 관한 것이다. 이 장의 학습 목표로는 개인기업과 법인기업의 세금비용 차이를 이해하고 간략하게 설명하는 것, 개인기업 법인전환의 주요 내용을 이해하고 활용하는 것, 과점주주에 대한 과세의 주요 내용을 이해하고 활용하는 것을 들 수 있다.

제1절 | 기업 조직형태와 세금비용의 개요

기업의 조직형태는 다양하게 구성될 수 있으며 대표적인 것으로는 개인기업과 주식회사를 들 수 있다.

(1) 개인기업

가장 단순한 조직형태에 해당되는 것으로 기업주인 개인에게 기업의 모든 사항이 직접 귀속된다. 규제나 통제가 상대적으로 적어 자율성 측면에서 유리한 측면이 있다.

(2) 주식회사

법인기업 중 대표적인 형태로 기업의 모든 사항은 1차적으로 주식회사에 귀속되며 기업의 소유와 경영이 분리될 수 있다. 기업주인 주주의 권리는 주식소유비율에 따라 달라질 수 있으며 유한책임이 적용되는 것이 원칙이다. 기업의 자금조달 등 대외 관계에서 상대적으로 유리한 측면이 있다.

동일한 사업에서 발생하는 세전이익이라도 그 세전이익이 귀속되는 기업의 조직형태에 따라 납부세액에도 차이가 발생할 수 있다.

(1) 개인기업의 납부세액

사업에서 발생하는 세전이익은 기업주인 개인에게 귀속되며, 그 세무기준 세전이익에 대해 소득세와 지방소득세를 납부하여야 한다.

(2) 주식회사의 납부세액

사업에서 발생하는 세전이익은 주식회사에 귀속되며 배당금의 형태로 기업주인 주주에게 귀속된다. 주식회사에 귀속되는 세무기준 세전이익에 대해서는 법인세와 지방소득세를 납부하여야 하며, 주주에게 귀속되는 배당금에 대해서는 소득세와 지방소득세를 납부하여야 한다. 기업주인 주주의 관점에서 사업에서 발생하는 세전이익에 대해서는 법인세와 소득세가 단계적으로 과세되는 2단계 과세 구조가 적용된다고 볼 수 있다.

개인기업은 법인전환을 통해 기업의 조직형태를 변경할 수 있으며, 그 대표적인 방법으로는 사업양도(양수) 방법과 현물출자 방법을 들 수 있다.

(1) 사업양도(양수) 방법

주식회사를 설립하고 그 신설 주식회사가 개인기업의 사업을 포괄적으로 양수하는 방법이다. 사업양도의 구체적인 내용은 계약에 따라 달라질 수 있으며 상법에서 규정하고 있는 영업양도를 포함하는 것으로 볼 수 있다.[1] 신설 주식회사가 지급하여야 할 사업양도(양수)의 대가가 많을수록 신설 주식회사에 납입할 자본이 많아질 것이다.

(2) 현물출자 방법

개인기업의 사업용 자산을 신설 주식회사에 현물출자하는 방법이다. 주식회사에 대한 현물출자는 상법에서 정하는 절차를 따라야 한다는 점에서 절차상 비용이 상대적으로 많을 수 있다.[2]

---

1) 상법 제42조에서 규정하고 있는 영업양도는 일정한 영업목적에 의하여 조직화된 총체, 즉 물적·인적 조직을 그 동일성을 유지하면서 일체로서 이전하는 것을 의미한다.
2) 상법 제290조, 제295조, 제298조, 제299조, 제299조의2, 제310조를 참조할 수 있다.

개인기업의 주식회사 전환에 관한 의사결정에서는 전환으로 인한 효익과 비용이 반영되어야 할 것이다.

(1) **전환 효과**

외부 자금의 조달이 유리해지고, 기업주가 부담할 위험이 감소할 수 있으며, 세금비용 측면에서도 유연성이 더 높아질 수 있다. 그러나 기업에 대한 규제와 감시가 강화될 수 있으며, 기업 내부적으로도 통제가 강화될 수 있다.

(2) **전환 비용**

주식회사의 신설 관련 비용, 사업양수도 계약이나 현물출자를 위해 전문가의 서비스를 이용하는 경우의 수수료 등이 발생할 수 있다. 세법에서는 법인전환을 유도하기 위하여 조세혜택을 주고 있는데 일정한 요건을 갖추지 못하는 경우 소득세, 부가가치세 등의 납부세액이 발생할 수 있으며, 취득세 등의 납부세액이 증가할 수 있다.[3)]

제2절 | 개인기업과 법인기업의 세금비용 비교

동일한 사업을 개인기업 형태로 하는 경우와 법인기업 형태로 하는 경우 기업주에게 귀속될 세금효과의 주요 내용은 다음과 같다.[4)]

(1) **개인기업의 경우**

기업의 세전이익은 직접적으로 기업주에게 귀속되며 귀속되는 기간별로 초과누진세율을 적용한 소득세를 납부하여야 하는 것이 일반적이다. 기업주가 받는 급여 수준은 기업주에게 귀속될 세무기준 세전이익과 납부세액에 영향을 주지 않는다. 기업주의 재산이 상속되는 경우 상속세의 과세표준에는 기업의 사업용 자산의 평가금액이 산입된다.

---

3) 법인전환에 대한 세제혜택을 규정하고 있는 대표적인 규정으로는 조세특례제한법 제32조, 지방세특례제한법 제57조의2를 들 수 있다.
4) 기업활동은 계속적으로 지속된다고 가정하는 것이 일반적일 것이다.

(2) 법인기업의 경우

기업주가 근무용역을 제공하고 법인으로부터 급여를 받는 경우 귀속되는 기간별로 초과누진세율을 적용한 소득세를 납부하여야 한다. 급여 차감전 세전이익이 기업주의 급여 수준에 근접한 경우 법인의 세전이익은 영에 근접하게 되므로 개인기업 형태와 세금비용 측면에서 거의 차이가 없을 수 있다. 기업주에 대한 급여 차감전 세전이익이 급여보다 많아질수록 개인기업 형태와 세금비용 측면의 다양한 차이가 발생할 수 있다.

기업의 세전이익은 법인기업에 귀속되며 귀속되는 기간별로 초과누진세율을 적용한 법인세를 납부하여야 하는 것이 일반적이다. 기업주의 출자지분은 법인기업의 순자산에 대한 청구권에 대한 것이므로 법인기업에 귀속되는 법인세 납부세액은 간접적으로 법인기업의 기업주에게 귀속된다고 할 수 있다. 그런데 기업주가 법인기업으로부터 배당금을 받는 경우 배당금은 법인기업의 세후이익을 재원으로 하므로 법인세 납부세액이 직접적으로 기업주에게 귀속되는 결과와 같아질 수 있다. 이러한 1차적인 법인세 부담 외에 추가로 기업주는 배당금에 대해 소득세를 납부하여야 하는 것이 일반적이다. 기업주에게 귀속되는 배당금 외에도 법인기업에 대한 출자지분을 양도하여 얻는 양도차익에 대해서도 소득세를 납부하여야 하는 것이 일반적이다. 요약하면 법인기업 형태로 얻는 세전이익으로 인해 법인기업의 기업주에게 귀속되는 세전이익에 대해서는 법인세와 소득세를 2단계로 납부하는 구조가 적용된다.

법인의 세전이익에 대해 납부할 법인세의 초과누진세율은 소득세에 비해 상대적으로 낮으며, 이는 세후이익의 재투자 측면에서 법인기업이 유리하다는 것을 의미한다. 기업주가 법인으로부터 받는 배당금에 대해 납부할 소득세의 세율은 기간별 금융소득에 따라 단일세율 또는 초과누진세율을 적용한다.[5] 초과누진세율이 적용되는 경우 다른 소득들에 합산되어 적용된다. 주식 등 출자지분의 양도에서 발생하는 양도차익에 대해 납부할 소득세는 다른 소득과 분류하여 산출한다. 기업주는 배당금의 시기를 조정하거나 경영권을 유지할 수 있는 범위 내에서 지분의 일부를 양도하는 방법으로 납부세

5) 금융소득은 배당소득과 이자소득의 합계액을 의미하며 금융소득이 2천만원 이하인 경우 단일세율이 적용되는 것이 일반적이다.(소득세법 제14조 제3항 제6호)

액의 귀속기간을 유연하게 조정할 수 있다.

기업주의 재산이 상속되는 경우 상속세의 과세표준에는 기업에 대한 출자지분의 평가금액이 산입된다.

기업주가 법인으로부터 받는 배당금에 대해 초과누진세율을 적용한 소득세를 납부하는 경우 배당세액공제를 통해 최소한의 법인세부담을 완화시키고 있다.

배당세액공제

과세표준에 세율을 적용하여 산출되는 세액에서 직접 차감하는 세액공제에 해당하므로 그 금액만큼 납부세액이 감소하게 된다. 배당세액공제를 적용하는 경우 과세표준에는 배당금 대신 법인세 차감전 배당금이 포함되어야 한다. 법인세 차감전 배당금은 배당금에 법인세 상당액을 가산한 금액으로 법인세 상당액은 배당금의 금액에 법인세 최저세율을 반영한 법인세 상당비율을 곱하여 산정한다.[6] 그리고 배당세액공제는 배당금에 가산하는 법인세 상당액과 동일하다.[7]

예제 다음의 두 가지 형태의 기업의 기업주들에게 귀속될 01년의 세액을 비교하여 보자(과거기간의 결손금은 고려하지 않음).

- 개인기업의 기업주에게 귀속되는 01년 세전이익은 10,000원이며 소득세율은 40%를 적용함.
- 법인기업의 기업주에게 귀속되는 01년 세전이익은 급여 5,000원과 배당금 4,000원이며, 소득세율은 급여와 배당금 모두 40%를 적용하며 배당세액공제는 배당금의 10%를 적용함. 법인기업의 01년 세전이익은 5,000원이며 법인세율은 20%를 적용함.

| 풀이 |

개인기업 기업주에게 귀속될 01년의 세액은 다음과 같이 산정할 수 있다.

6) 소득세법 제17조 제3항 참조할 수 있다.

7) 소득세법 제56조 참조

개인기업 기업주 귀속세액=01년 세전이익은 (10,000원)×40%=4,000원

법인기업 기업주에게 귀속될 01년의 세액은 다음과 같이 산정할 수 있다.

법인기업 기업주 귀속세액
=01년 세전급여(5,000원)×40%
+[01년 세전 배당금(4,000원)+배당세액공제를 위한 합산(4,000×10%)]
×40%−배당세액공제(4,000×10%)
+법인세[5,000×20%]=4,360

개인기업의 세전이익은 10,000원이고 법인기업의 급여차감전 세전이익은 10,000원(5,000+5,000)으로 동일하지만, 기업주에게 귀속되는 세액은 법인기업 형태가 더 높은 결과로 나타났으며, 이는 배당금에 대한 이중과세에 기인하는 것으로 볼 수 있다. 다만 배당소득에 대해 종합과세가 아닌 분리과세가 적용되어 소득세율이 낮아지는 경우 다른 결과로 나타날 수 있을 것이다.

제3절 | 법인전환과 과점주주

주식회사의 장점을 활용하기 위해 개인기업을 주식회사로 전환하는 경우가 있다. 이 경우 세금비용 측면에서 유의할 사항으로는 법인전환에 대한 조세혜택을 받기 위해서는 일정한 요건을 갖추어야 한다는 점 외에도 과점주주에 해당하면 납세의무가 추가될 수 있다는 점, 과점주주를 회피하기 위한 주식 명의신탁에 대해서는 증여의제가 적용될 수 있다는 점을 들 수 있다.

1. 과점주주와 납세의무

개인기업을 법인으로 전환하면서 기업주의 지분비율이 50%를 초과하는 경우 해당 기업주는 세법상의 과점주주에 해당할 수 있다. 과점주주에 해당하면 추가되는 납세의무로는 제2차납세의무, 출자지분 취득에 대한 취득세 납세의무를 들 수 있다.

(1) 제2차납세의무

과세관청의 비상장법인에 대한 징수부족액이 있는 경우 그 법인의 과점주주는 징수부족액 중 지분비율에 해당되는 금액에 대해 납세의무를 지게 된다.[8)]

(2) 출자지분 취득에 대한 취득세 납세의무[9)]

출자지분의 취득으로 과점주주가 되거나, 과점주주의 지분비율이 증가하는 경우 법인 소유의 부동산 등을 취득한 것으로 보아 지분비율을 적용한 가액에 대해 취득세 납세의무를 지게 된다.[10)] 법인설립 시에 발행하는 주식 또는 지분의 취득에는 적용되지 않으므로 개인기업의 법인전환시 출자지분 비율의 결정에 고려할 필요가 있다.

2. 명의신탁과 증여의제

과점주주에 대한 세제상 불이익을 회피하기 위하여 출자지분을 명의신탁하는 경우가 있다. 명의신탁은 재산의 소유자가 아닌 타인을 대외적으로 소유자인 것처럼 표시해 두는 것을 그 주요 내용으로 하며, 대표적인 예로는 부동산 명의신탁과 주식 명의신탁을 들 수 있다.

(1) 부동산 명의신탁

부동산 등기를 부동산 소유자가 아닌 타인 명의로 하는 것을 주된 내용으로 한다. 법으로 금지되어 있으며 형사 처벌 등의 제재 대상이다.[11)]

(2) 주식 명의신탁

주주명부의 기재를 주식의 소유자가 아닌 타인 명의로 하는 것을 주된 내용으로 한다. 법으로 금지하고 있지 않으며, 조세회피에 이용될 가능성이 있다.

---

8) 과점주주에 해당하기 위한 요건과 과점주주의 제2차납세의무에 대해서는 국세기본법 제39조와 지방세기본법 제46조에서 규정하고 있다.

9) 주식 등 지분상품의 취득은 본래 취득세 과세대상이 아니다.

10) 지방세법 제7조 제5항, 제10조 제4항, 지방세법 시행령 제11조.

11) 부동산 실권리자명의 등기에 관한 법률 제3조, 제5조, 제7조를 참고할 수 있다.

주식 명의신탁에는 명의신탁 증여의제 규정이 적용될 수 있다는 점에 유의하여야 한다.

(1) 명의신탁 증여의제 규정

주식의 소유자가 명의자에게 증여한 것으로 의제하여 증여세를 과세하는 내용이 포함된다. 주식의 실제소유자에게 증여세 납세의무가 있다.[12]

(2) 명의신탁 증여의제 규정의 적용요건[13]

권리의 이전이나 그 행사에 등기등이 필요한 재산(토지와 건물은 제외)의 실제소유자와 명의자가 달라야 한다. 그리고 실제소유자와 명의자 간에 재산의 명의만을 명의자로 표시하기로 한 것에 대한 합의가 있어야 한다.[14] 또한 조세회피 목적이 있어야 한다.

정·리·문·제

1. 법인기업의 세금비용 측면의 특징에 관한 설명으로 옳은 것은?[15]

1) 법인기업의 기업주가 법인기업으로부터 받는 급여에 대해서는 법인세와 소득세가 과세된다.
2) 법인기업으로부터 받는 배당금의 시기를 늦출수록 법인기업의 기업주에게 귀속되는 납부세액의 현재가치는 감소한다.
3) 주식 등 출자지분의 양도에서 발생하는 양도차익에 대한 소득세 과세에서는 이중과세를 조정하기 위한 세액공제가 적용된다.
4) 동일한 세전소득을 얻은 법인기업과 개인기업이 세후소득을 모두 재투자하는 경우 법인기업의 재투자 금액이 더 적다.

---

12) 증여세 납세의무는 일반적으로 수증자에게 있다.
13) 상속세 및 증여세법 제45조의2.
14) 합의가 없었다는 점에 대해서는 이를 주장하는 자가 증명하여야 한다(대법원 2008. 2. 14. 선고 2007두15780 판결 등).
15) 정답 2).

2. 배당금에 대한 소득세 납부세액 산정에 적용되는 배당세액공제에 관한 설명으로 옳지 않은 것은?[16)]

1) 기업주가 법인으로부터 받는 배당금에 대해 초과누진세율을 적용한 소득세가 부과되는 경우 적용된다.
2) 배당세액공제를 적용하는 경우 소득세 과세표준에는 배당금 대신 법인세 차감전 배당금이 포함된다.
3) 배당세액공제의 금액은 배당금에 대한 소득세 산출세액을 산정하기 위해 배당금에 가산되는 법인세 상당액과 동일하다.
4) 배당세액공제의 적용으로 개인기업주는 배당소득에 대해 법인세를 부담하지 않게 된다.

3. 세법상의 과점주주에 관한 설명으로 옳은 것은?[17)]

1) 비상장법인에 대한 징수부족액이 있는 경우 과점주주는 징수부족액 중 지분비율에 해당하는 금액에 대해 납세의무를 지게 된다.
2) 법인설립 시에 발행하는 주식의 취득으로 과점주주가 되는 경우 법인 소유의 부동산 등을 취득한 것으로 보아 취득세 납세의무를 지게 된다.
3) 과점주주의 지분비율이 증가하는 경우 법인 소유의 부동산 등의 총가액에 대해 취득세 납세의무를 지게 된다.
4) 과점주주가 되는 것을 회피하기 위하여 주식을 명의신탁하는 경우에는 증여의제 규정이 적용되지 않는다.

16) 정답 4). 배당세액공제에도 불구하고 개인기업주의 법인세부담이 완전히 없어지는 것은 아니다.

17) 정답 1).

핵심 요약

- 개인기업 기업주의 소득에 대해서는 소득세 과세만이 적용되는 데 비해 법인기업 기업주의 소득에 대해서는 법인세 과세와 소득세 과세의 2단계 과세가 적용되며, 법인기업 형태가 개인기업 형태에 비해 납부세액을 기간별로 조정할 수 있는 유연성이 더 높음.
- 세법에서는 과점주주에 대해 제2차납세의무와 출자지분 취득에 대한 취득세 납세의무를 부과하고 있으므로 출자지분의 구성에 유의하여야 하며, 조세회피 목적의 주식 명의신탁의 경우 명의신탁 증여의제 규정이 적용될 수 있음.

연·습·문·제

1. 어떤 주식회사의 01년의 세전이익 등에 관한 자료가 다음과 같은 경우 이 주식회사의 01년의 세후이익 중 10,000원을 배당금으로 받는 주주에게 귀속되는 법인세 납부세액은?[18)]

− 주식회사의 01년 세전이익은 20,000원이며 법인세율은 20%를 적용함.

1) 2,500원
2) 2,400원
3) 2,200원
4) 2,000원

18) 정답 1). 주주에게 귀속되는 법인세 납부세액 = 수령한 배당금 × 법인세율/(1 − 법인세율) = 10,000 × 20%/(1 − 20%) = 2,500원.

2. 어떤 주식회사의 01년의 세전이익 등에 관한 자료가 다음과 같은 경우 이 주식 회사의 01년의 세후이익 중 10,000원을 배당금으로 받는 주주의 소득세 납부 세액은?[19)]

– 주식회사의 01년 세전이익은 20,000원이며 법인세율은 20%를 적용함. – 배당금에 대한 소득세율은 40%를 적용하며 배당세액공제는 10%를 적용함.

1) 3,100원
2) 3,200원
3) 3,300원
4) 3,400원

19) 정답 4). 소득세 납부세액 = (수령한 배당금 + 배당세액공제를 위한 합산) × 소득세율 – 배당세액공제 = (10,000 + 10,000 × 10%) × 40% – 10,000 × 10% = 3,400원.

제9장 법인세와 세무계획

이 장에서 살펴볼 내용은 법인세 납부세액의 결정요소, 지급이자와 세무계획, 세전이익의 평준화에 관한 것이다. 이 장의 학습 목표로는 법인세 납부세액의 주요 결정요소를 이해하고 간략하게 설명하는 것, 세무계획에서 지급이자의 영향을 이해하고 활용하는 것, 세전이익의 평준화 방법을 이해하고 활용하는 것을 들 수 있다.

제1절 | 법인세 납부세액의 결정요소

법인기업이 세전이익에 대한 법인세 납부세액을 효과적으로 기획하고 관리하기 위해서는 법인세 납부세액을 결정하는 주요 요소들에 대한 기획과 관리가 필요하다. 기간별 법인세 납부세액은 과세기간별 세무기준 세전이익을 기초로 산정된 과세표준에 세율을 적용하여 산출한 세액에서 세액공제와 세액감면을 차감하여 산정되는 것을 기본 구조로 한다.

> 법인세 납부세액
> =과세표준과 세율에 따른 산출세액－세액공제와 세액감면

기간별 법인세 납부세액을 결정하는 주요 요소로는 세무기준 세전이익, 세율, 세액공제와 세액감면을 들 수 있다.

1. 세무기준 세전이익

세무기준 세전이익은 법인세법에서 법인세의 과세대상 중 하나로 규정하고 있는 각 사업연도의 소득 금액을 의미한다.[1] 회계와 세법의 차이로 인해 세무기준 세전이익은 회계기준 세전이익인 법인세비용차감전순이익과는 차이가 있는 것이 일반적이다. 세무기준 세전이익이 많을수록 법인세 과세표준과 납부세액이 많아진다. 세무기준 세전이익은 해당기간의 자본의 납입이나 환급에 따른 순자산 변동을 제외한 순자산의 세전 증가액의 대부분을 포함하지만 자산의 미실현보유손익은 포함하지 않는 것이 일반적이다.

(1) 자본의 납입이나 환급에 따른 순자산 변동

손익에 영향을 주지 않는 자본거래에 따른 변동으로 회계와 세무기준 모두 세전이익에 포함되지 않는다. 주주등에게 지급하는 배당금은 세무기준 세전이익을 감소시키지 않는다는 점은 채권자에게 지급하는 이자의 세전이익 감소효과와 대비된다. 즉 자본조달 방법에 따라 법인세 납부세액이 달라질 수 있다.

(2) 자산의 미실현보유손익

자산의 보유기간의 가치변동은 세무기준 세전이익에 포함되지 않는 것이 일반적이다.[2] 이에 따라 자산의 보유이득의 실현시기에 따라 세무기준 세전이익이 달라질 수 있다.

2. 세 율

법인세 납부세액의 주요 결정요소인 법인세 세율의 특징으로는 초과누진세율, 결손금에 대한 비대칭적 적용을 들 수 있다.

(1) 초과누진세율

과세표준의 크기에 따라 일정 금액을 기준으로 세율이 단계적으로 증가

1) 법인세의 과세대상에 대해서는 법인세법 제4조에서 규정하고 있다.

2) 과세기간별 소득 금액에 포함될 수 있는 미실현보유이득의 대표적인 예로는 화폐성외화자산의 환율차익을 들 수 있다(법인세법 시행령 제76조 제2항 참조).

하는 구조이다.[3] 과세표준이 최고세율 적용 기준금액을 초과하는 경우에도 과세표준 중 일정 금액에 대해서는 낮은 세율이 적용된다. 이에 따라 일정 기간의 과세기간별 과세표준의 합계가 같아도 과세기간별 과세표준의 변동으로 낮은 세율을 적용받을 기회를 활용하지 못하는 경우 납부세액이 더 많아질 수 있다.

(2) 결손금에 대한 비대칭적 적용

결손금에 대해서는 발생기간에는 영의 세율이 적용되고 이월공제가 적용되어 미래기간의 과세표준 산정과정에서 차감되는 것이 일반적이다. 다만, 중소기업에 대해서는 결손금의 소급공제를 허용하고 있으며, 이 경우 법인세 환급세액이 발생할 수 있다.[4]

이러한 법인세 세율의 특징에 따라 세무기준 세전이익의 기간별 변동이 적을수록 납부세액이 적어질 수 있음을 알 수 있다. 그리고 과세기간별로 낮은 세율이 적용되는 기회를 완전히 이용할 수 있을 정도의 세전이익이 발생하는 것이 과세표준 대비 납부세액의 비율을 감소시킬 수 있다.

예제 법인세 과세기간이 매년 1월 1일부터 12월 31일까지인 가주식회사와 나주식회사의 연도별 세무기준 세전이익 등에 대한 자료가 다음과 같은 경우 법인세 납부세액을 비교하여 보자.

- 가 주식회사의 연도별 세무기준 세전이익 : 02년 10,000원, 03년 10,000원, 04년 10,000원.
- 나 주식회사의 연도별 세무기준 세전이익 : 02년 5,000원, 03년 20,000원, 04년 5,000원.
- 01년 말 현재 가 주식회사와 나 주식회사의 세무상결손금 이월액은 없음.
- 법인세율은 과세표준 10,000원 이하에 대해서는 10%, 10,000원 초과에 대해서는 20%를 적용함.

---

3) 법인세법 제55조에서 규정하고 있다.
4) 법인세법 제72조를 참조할 수 있다.

| 풀이 |

가 주식회사의 연도별 법인세 납부세액은 다음과 같다.

02년 납부세액＝02년 과세표준(10,000원)×10%＝1,000원

03년 납부세액＝03년 과세표준(10,000원)×10%＝1,000원

04년 납부세액＝04년 과세표준(10,000원)×10%＝1,000원

나 주식회사의 연도별 법인세 납부세액은 다음과 같다.

02년 납부세액＝02년 과세표준(5,000원)×10%＝500원

03년 납부세액＝03년 과세표준 중 10,000원 이하(10,000원)×10%
＋03년 과세표준 중 10,000원 초과(10,000원)×20%
＝3,000원

04년 납부세액＝04년 과세표준(5,000원)×10%＝500원

가 주식회사의 02년부터 04년까지의 법인세 납부세액 합계는 3,000원인 데 비해 나 주식회사의 02년부터 04년까지의 법인세 납부세액 합계는 4,000원으로 차이가 있는 것을 볼 수 있다. 이와 같이 02년부터 04년까지의 세전이익 합계는 30,000원으로 같은데, 납부세액에 차이가 발생하는 것은 나 주식회사의 02년과 04년 세전이익이 낮은 세율이 적용되는 구간의 한도에 미달함으로써 그 혜택을 얻지 못한 것에 기인하는 것이다.

3. 세액공제와 세액감면

세액공제와 세액감면은 과세표준에 세율을 적용하여 산출된 세액에서 직접 차감되는 방식으로 납부세액을 감소시킨다. 세액공제와 세액감면의 적용과 관련된 주요 사항으로는 적용 요건의 충족, 최저한세와 이월공제를 들 수 있다.

(1) 적용 요건의 충족

세액공제와 세액감면의 종류별로 일정한 요건을 충족하는 경우에 적용할 수 있다. 적용 요건이 특정한 투자지출이나 특정 분야의 세전이익인 경우 해당 투자 등에는 암묵세가 있을 수 있다는 점에 유의하여야 할 것이다.

(2) 최저한세와 이월공제

최저한세는 조세혜택에 한도를 두기 위한 것으로 조세혜택 전의 과세표

준에 최저한세율을 적용한 것이다.[5] 세액공제와 세액감면은 최저한세를 초과하는 산출세액에 대해서만 차감할 수 있다. 최저한세로 인한 미사용 세액공제에 대해서는 이월공제가 허용될 수 있지만 이월공제 가능 기간의 세전이익이 충분하지 못한 경우 소멸될 수 있다.[6]

제2절 | 지급이자와 세무계획

배당금과 지급이자의 법인세 효과의 차이는 법인의 자본조달 방법이 세무계획과 관련이 있다는 것을 의미한다.

(1) 지급이자의 법인세 효과

지급이자는 세무기준 세전이익을 감소시킬 수 있다.[7] 따라서 지분상품을 발행하는 경우에 비해 차입하는 경우의 법인세 납부세액이 적어질 수 있다. 다만 지급이자는 매출액의 변동과는 무관하게 고정적으로 발생하므로 세전이익의 기간별 변동성을 높일 수 있다.

(2) 지급이자와 비세금비용

지급이자는 당기순이익을 감소시키고 변동성을 높이므로 재무보고비용을 발생시킬 수 있다. 또한 차입금이 증가하는 경우 기업의 재무위험이 높은 것으로 평가되어 재무보고비용을 발생시킬 수 있다.[8]

법인기업을 지배하는 기업주의 관점에서도 법인기업에 대한 투자방법은 세무계획에 영향을 줄 수 있다.

(1) 법인기업에 대한 투자방법

기업주의 법인기업에 대한 대표적인 투자방법으로는 출자와 대여를 들

---

5) 최저한세에 대해서는 조세특례제한법 제132조에서 규정하고 있다.

6) 세액공제의 이월공제에 대해서는 조세특례제한법 제144조에서 규정하고 있다.

7) 지급이자 중 손금불산입이 적용되는 부분은 세무기준 세전이익을 감소시키지 못한다(법인세법 제28조 참조).

8) 차입금의 증가로 재무위험이 높은 것으로 평가되는 경우 이자율이 높아질 수 있다.

수 있을 것이다. 출자에 비해 대여의 경우 자금의 회수가 보다 용이하며 세금부담이 적어질 수 있다.[9] 법인기업이 자금의 대부분을 기업주로부터 조달하는 경우 기업주에 대한 차입금 증가에 따른 비세금비용은 중요하지 않을 것이다.

(2) 법인인 기업주의 세무계획

법인인 기업주가 종속법인에 자금을 대여하는 경우 그 지배법인에 대해서는 지급이자 손금불산입이 적용될 수 있다는 점도 유의하여야 한다.[10] 지급이자 손금불산입은 세무기준 세전이익 산정과정에서 지급이자를 차감하지 않는 것이다.[11] 또한 국외 종속기업에 대한 자금 대여의 경우 해당 국가의 과소자본세제에 유의하여야 한다. 과소자본세제(taxation on thin capitalization)의 기본 구조는 출자 자본에 비해 과다한 특수관계자에 대한 차입금의 이자를 손금불산입하고 배당으로 간주하여 과세하는 것이다.[12]

예제 다음의 투자계획을 법인기업으로 운영하는 경우 자본구조1과 자본구조2에 따라 법인기업과 그 기업주(개인)에게 귀속될 납부세액을 비교하여 보자.

- 투자금액은 200,000원이 소요되며, 투자에 따른 '이자와 세금비용 차감 전 이익'은 매년 10,000원임.
- 자본구조1 : 투자금액을 전액 자본출자하며 세후이익은 모두 재투자하지 않고 배당금으로 지급함.
- 자본구조2 : 투자금액 중 100,000원은 자본출자하고 100,000원은 대여하며, 세후이익은 모두 재투자하지 않고 배당금으로 지급하며, 대여에 대

---

9) 대여의 경우 지급이자로 인해 법인세 부담이 감소할 수 있으며, 이자소득에 대해서는 소득세만을 부담한다. 이에 비해 출자의 경우 2단계 과세가 적용되며 배당금에 대해 이중과세를 조정하기 위한 규정(소득세법 제17조의 배당세액공제 규정과 법인세법 제18조의2의 수입배당금 익금불산입 규정)이 있지만 이중과세의 조정이 완전하지는 않은 것이 일반적이다.

10) 대여금이 업무무관가지급금에 해당되는 경우 적용된다(법인세법 제28조 참조).

11) 업무무관가지급금에 대해 적용되는 지급이자 손금불산입 금액은 업무무관가지급금(대여금)에 상당하는 차입금에 대해 산정된 지급이자 금액이다.

12) 우리나라의 경우 국제조세조정에관한법률 제14조에서 규정하고 있다.

한 이자는 매년 3,000원임.

−법인세율은 20%, 소득세율은 40%, 배당세액공제는 10%를 적용함.[13)]

| 풀이 |

법인기업에게는 매년 법인세 납부세액이 귀속되며, 법인기업 기업주에게는 배당금과 이자소득에 대한 소득세 납부세액과 법인세 납부세액이 귀속되므로 법인기업과 법인기업 기업주에게 귀속될 매년의 납부세액은 다음과 같이 산정할 수 있다.

(1) 자본구조1(투자금액 200,000원을 전액 자본출자하는 경우)

법인기업에 귀속될 매년 법인세 납부세액
=연간 세전이익(10,000원)×20%=2,000원

법인기업 기업주에게 귀속될 매년의 납부세액
=배당금에 대한 소득세 납부세액+법인세 납부세액
=[매년 배당금(8,000원)[14)]+배당세액공제를 위한 합산(8,000×10%)]
×40%−배당세액공제(8,000×10%)
+매년 법인세 납부세액(2,000원)=4,720

(2) 자본구조2(투자금액 중 100,000원은 자본출자하고 100,000원은 대여하는 경우)

법인기업에 귀속될 매년 법인세 납부세액
=연간 세전이익(10,000−3,000)×20%=1,400원

법인기업 기업주에게 귀속될 매년의 납부세액
=배당금과 이자소득에 대한 소득세 납부세액+법인세 납부세액
=[연간 이자(3,000원)+연간 배당금(5,600원)[15)]
+배당세액공제를 위한 합산(5,600×10%)]×40%
−배당세액공제(5,600×10%)
+매년 법인세 납부세액(1,400원)=4,504

투자금액 200,000원을 전액 자본출자하는 경우에 비해 투자금액 중 100,000원

---

13) 이 예제는 법인기업의 기업주에게 귀속되는 이자소득이나 배당소득 등의 금융소득에 대해 종합과세가 적용되는 경우를 전제로 하고 있다. 금융소득에 대해 분리과세가 적용되는 경우에는 기업주에게 귀속되는 납부세액은 달라질 것이다.

14) 매년 배당금=법인기업의 매년 세후소득=연간 세전소득(10,000원)−연간 법인세(2,000원)=8,000원.

15) 매년 배당금=법인기업의 매년 세후소득=연간 세전소득(10,000−3,000)−연간 법인세(1,400원)=5,600원.

은 자본출자하고 100,000원은 대여하는 경우 법인기업과 기업주에게 귀속될 납부세액이 적어지며, 기업주에게 귀속되는 세후소득도 5,280원(8,000－2,720)에서 5,496원(3,000＋5,600－3,104)으로 증가하는 것을 볼 수 있다.

제3절 | 세전이익의 평준화

세전이익의 귀속시기는 납부세액의 현재가치에 차이를 발생시킬 수 있으므로 그에 대한 조정은 법인세 세무계획에서도 중요한 의미를 갖는다. 세전이익의 귀속시기를 조정하는 방법으로 납부세액의 현재가치를 감소시킬 수 있는 대표적인 방법으로는 세전이익의 이연과 세전이익의 평준화를 들 수 있다.

(1) 세전이익의 이연

세전이익의 귀속시기를 가능한 미래기간으로 이연하는 것이다. 한계명목세율이 기간별로 동일하여 추가적인 세전이익에 대해 납부할 세액의 명목금액이 동일하다면 추가적인 세전이익의 귀속시기가 늦을수록 납부세액의 현재가치는 감소하게 될 것이다. 이러한 세무계획이 적용될 수 있는 대표적인 예로는 미실현보유이득이 있는 자산의 매도 시기에 관한 의사결정을 들 수 있다.

(2) 세전이익의 평준화

세전이익의 귀속시기를 세전이익의 기간별 변동을 최소화하는 방향으로 조정하는 것이다. 이 방법은 과세기간별로 낮은 세율이 적용되는 기회를 활용하는 데 유용할 수 있다.

세전이익의 기간별 변동의 주요 요인으로는 매출액의 변동성과 고정비용을 들 수 있다.

(1) 매출액의 변동성

변동성이 높을수록 세전이익의 기간별 변동성이 커진다. 매출액의 변동성이 높을수록 당기순이익의 변동성도 높아지므로 재무보고의 관점에서도 불리하다.

(2) 고정비용

고정비용의 비중이 높을수록 세전이익의 기간별 변동성이 커진다. 대표적인 고정비용으로는 감가상각비와 이자비용을 들 수 있다, 지급이자의 세전이익 감소효과를 활용하는 세무계획은 세전이익의 평준화를 활용하는 세무계획과 상충될 수 있다.

세전이익의 기간별 변동성을 감소시키는 평준화 방법으로는 자산 판매 시기의 조정, 비용 발생 시기의 조정, 비용 배분 방법의 조정을 들 수 있다.

(1) 자산 판매 시기의 조정

재고자산, 유형자산 등 자산의 판매 시기를 조정하여 보유손익의 귀속기간을 조정하는 방법이다. 정보비대칭으로 손실이 발생할 수 있다.

(2) 비용 발생 시기의 조정

광고선전비, 연구개발비 등 비용의 발생 시기를 조정하는 방법이다. 비용의 발생 시기가 적절하지 못한 것에 따른 손실이 발생할 수 있다는 점에 유의하여야 한다.

(3) 비용 배분 방법의 조정

기간별 귀속을 직접 추적할 수 없는 비용에 적용되는 배분 방법을 이용하는 방법이다. 대표적인 예로 감가상각비의 인식 여부, 감가상각방법의 선택 등을 이용하여 기간별 감가상각비를 조정하는 방법을 들 수 있다. 다만, 기업회계기준에 위배되는 방법인 경우 재무보고에 대한 평판이 낮아질 수 있다.[16)]

---

16) 감가상각비를 인식하지 않는 경우 기업회계기준에 위배되며 외부회계감사의 감사의견에서 지적될 수 있다.

세전이익의 평준화는 기간별 납부세액의 명목금액뿐만 아니라 납부시기에도 영향을 주게 된다. 따라서 세전이익의 평준화에 관한 의사결정에서는 납부세액의 현재가치를 기준으로 하여야 한다.

예제 법인세 과세기간이 매년 1월 1일부터 12월 31일까지인 어떤 주식회사의 연도별 세무기준 세전이익 추정금액과 세전이익 평준화에 관한 자료가 다음과 같은 경우 02년의 세전이익 평준화에 관한 세무계획에 대해 살펴보자.

- 연도별 세무기준 세전이익 추정금액 : 02년 5,000원, 03년 20,000원, 04년 5,000원.
- 01년 말 현재 세무상결손금 이월액은 없음.
- 법인세율은 과세표준 10,000원 이하에 대해서는 10%, 10,000원 초과에 대해서는 20%를 적용함.
- 적용 가능한 세전이익 평준화 방법 : 03년의 세전이익 중 2,000원을 02년으로 귀속시기는 방법이 가능하며 납부세액에 대한 영향 외에 다른 효과는 없음.
- 현재가치 계산을 위한 할인율은 5%를 적용함.

| 풀이 |

세전이익 평준화에 관한 세무계획은 납부세액의 현재가치를 기준으로 한다.

(1) 세전이익 평준화를 하지 않는 경우의 추정 법인세 납부세액의 02년 말 현재가치

02년 추정 납부세액＝02년 과세표준(5,000원)×10%＝500원

03년 추정 납부세액

＝03년 과세표준 중 10,000원 이하(10,000원)×10%

＋03년 과세표준 중 10,000원 초과(10,000원)×20%

＝3,000원

04년 추정 납부세액＝04년 과세표준(5,000원)×10%＝500원

추정 법인세 납부세액의 02년 말 현재가치

$=500+3{,}000/(1+5\%)+500/(1+5\%)^2=3{,}811$원

(2) 세전이익 평준화를 하는 경우의 추정 법인세 납부세액의 02년 말 현재가치

02년 추정 납부세액＝02년 과세표준(7,000원)×10%＝700원

03년 추정 납부세액

＝03년 과세표준 중 10,000원 이하(10,000원)×10%

＋03년 과세표준 중 10,000원 초과(8,000원)×20%＝2,600원

04년 추정 납부세액＝04년 과세표준(5,000원)×10%＝500원

추정 법인세 납부세액의 02년 말 현재가치

$=700+2{,}600/(1+5\%)+500/(1+5\%)^2=3{,}630$원

세전이익 평준화는 추정 법인세 납부세액의 02년 말 현재가치를 181원(3,811－3,630) 감소시키는 것을 알 수 있다.

정·리·문·제

1. 법인세 과세기간별 세무기준 세전이익에 관한 설명으로 옳은 것은?[17)]

1) 차입으로 자금을 조달하는 경우에 비해 주식을 발행하는 경우 과세기간별 세무기준 세전이익이 적어질 수 있다.
2) 배당금의 지급시기에 따라 과세기간별 세무기준 세전이익이 달라질 수 있다.
3) 자산의 보유이득의 실현시기에 따라 과세기간별 세무기준 세전이익이 달라질 수 있다.
4) 과소자본세제가 적용되는 경우 과세기간별 세무기준 세전이익이 적어질 수 있다.

17) 정답 3).

2. 기업주의 법인기업에 대한 투자방법의 효과에 관한 설명으로 옳지 않은 것은?[18]

1) 개인 기업주의 경우 출자에 비해 대여의 세금부담이 적다.
2) 법인기업이 자금의 대부분을 개인 기업주로부터 조달하는 경우 개인 기업주에 대한 차입금 증가는 비세금비용을 급격하게 증가시킨다.
3) 종속법인에 대한 대여금이 있는 법인의 경우 지급이자 손금불산입이 적용될 수 있다.
4) 국외 종속기업에 대한 대여금이 있는 법인의 경우 과소자본세제의 적용으로 국외 종속기업의 납부세액이 증가할 수 있다.

3. 법인세 과세기간별 소득 금액을 기간별로 평준화하는 방법에 해당하는 것은?[19]

1) 미실현보유이득이 있는 자산을 한계세율이 높은 기간에 판매하는 것
2) 광고선전비의 발생을 한계세율이 낮은 기간에 증가시키는 것
3) 배당금을 한계세율이 높은 기간에 지급하는 것
4) 감가상각방법으로 정액법을 적용하는 것

핵심 요약

- 기간별 법인세 납부세액을 결정하는 주요 요소로는 과세기간별 세무기준 세전이익, 세율, 세액공제와 세액감면을 들 수 있으며, 배당금은 법인세 과세기간별 세무기준 세전이익을 감소시키지 않지만 지급이자는 감소시킬 수 있으므로 자본조달 방법에 따라 법인세 납부세액이 달라질 수 있음.
- 법인세의 세율은 초과누진세율이 적용됨에 따라 과세기간별 세무기준 세전이익의 기간별 변동이 적을수록 법인세 납부세액이 적어지며, 과세기간별 세무기준 세전이익을 기간별로 평준화하는 방법으로는 판매 시기의 조정, 비용 발생 시기의 조정, 감가상각비의 조정 등을 들 수 있음.

18) 정답 2). 법인기업이 자금의 대부분을 기업주로부터 조달하는 경우 기업주에 대한 차입금 증가에 따른 비세금비용은 중요하지 않을 것이다.
19) 정답 4).

연·습·문·제

1. 어떤 주식회사에 관한 자료가 다음과 같은 경우 02년부터 04년까지의 법인세 납부세액은?[20]

−연도별 세무기준 세전이익 : 02년 52,000원, 03년 (−)12,000원, 04년 20,000원. −01년 말 현재 세무상결손금 이월액은 없으며, 결손금소급공제는 적용되지 않음. −결손금 이월공제의 과세기간별 공제한도는 세전이익의 80%를 적용함. −법인세율은 과세표준 20,000원 이하에 대해서는 10%, 20,000원 초과 2,000,000원 이하에 대해서는 20%를 적용함.

1) 9,000원　　2) 9,200원
3) 9,400원　　4) 9,600원

2. 다음의 투자계획을 법인기업으로 운영하는 경우 기업주(개인)에게 귀속될 연도별 세후소득은?[21]

−투자금액 중 50%는 자본출자이며, 50%는 대여함. −투자에 따른 세전이익은 매년 10,000원임. −기업주에게 귀속되는 이자는 매년 5,000원이며, 법인기업의 세후이익은 모두 기업주에게 배당으로 지급함. −법인세율은 20%, 소득세율은 40%, 배당세액공제는 10%를 적용함.

1) 7,280원　　2) 7,820원
3) 8,280원　　4) 8,820원

---

20) 정답 2). 20,000×10%+(52,000−20,000)×20%+(20,000−12,000)×10%=9,200원.

21) 정답 3). 세후소득=세전소득−배당금과 이자소득에 대한 소득세 납부세액=5,000+(10,000−10,000×20%)−[(5,000+8,000+8,000×10%)×40%−8,000×10%]=8,280원.

| 부록 | 법인세법의 개요

법인세법은 우리나라의 대표적인 국세인 법인세의 과세요건과 과세절차 등을 규정하고 있다.[22)]

1. 법인세의 과세요건

(1) 과세권자

법인세의 과세권자는 국가이다. 구체적으로는 법인세 납세의무자의 납세지를 관할하는 세무서장 또는 지방국세청장이 과세한다.[23)] 대표적인 법인세 납세의무자인 내국법인의 경우 법인세 납세지는 그 법인의 등기부에 따른 본점이나 주사무소의 소재지이다.[24)]

(2) 납세의무자

법인세의 납세의무자는 법인세 과세대상 소득이 있는 법인이다.[25)] 법인세법에서는 법인을 주소 또는 사업의 실질적 관리장소를 기준으로 내국법인과 외국법인으로 구분하고 있으며, 사업 목적을 기준으로 영리법인과 비영리법인으로 구분하고 있다.[26)] 내국법인 중 국가와 지방자치단체(지방자치단체조합 포함)는 그 소득에 대해 법인세 납세의무가 없으며, 외국법인은 국내원천소득에 대해서만 법인세 납세의무가 있다.[27)]

한편 법인세법에서는 내국법인에게 이자나 투자신탁의 이익을 지급하는 자(개인 포함)에게 법인세를 원천징수하여야 할 의무를 부과하고 있으며, 이에 따라 법인세를 원천징수한 자는 해당 법인세를 납부할 의무가 있다는 내

---

22) 법인세법은 1949년 1월에 제정되었다.

23) 법인세의 과세관할에 대해서는 법인세법 제12조에서 규정하고 있다.

24) 법인세법 제10조 제1항.

25) 법인세의 납세의무자에 대해서는 법인세법 제3조에서 규정하고 있다.

26) 법인은 자연인 이외에 법률에 의하여 권리능력이 인정되어 권리·의무의 주체가 될 수 있게 한 것이며, 내국법인은 국내에 본점이나 주사무소 또는 사업의 실질적 관리장소를 둔 법인을 말한다.

27) 국내원천소득의 내용과 구분에 대해서는 법인세법 제93조에서 규정하고 있다.

용을 납세의무자 조항에서 규정하고 있다.[28)]

(3) 과세대상

법인세의 과세대상은 각 사업연도의 소득, 청산소득, 토지 등 양도소득이다.[29)]

각 사업연도의 소득

영리내국법인의 경우 각 사업연도의 손익거래에 따른 세무기준 순자산 증가액을 기준으로 산정한다.[30)] 사업연도는 법령이나 법인의 정관 등에서 정하는 1회계기간으로 하며, 그 기간은 1년을 초과하지 못한다. 자본 또는 출자의 납입에 따른 순자산 증가액은 제외되며, 미실현된 자산의 보유이득은 원칙적으로 제외되고 있다.

비영리내국법인의 경우에는 수익사업에서 생기는 소득으로 한정한다. 그리고 외국법인의 경우 국내원천소득(비영리외국법인의 경우 수익사업에서 생기는 소득 한정)으로 한정한다.

청산소득

영리내국법인의 청산 시점에서의 순자산의 실제가치와 세무기준 장부가액의 차이이다.[31)] 각 사업연도의 소득에서 제외되고 있는 자산의 미실현이득에 해당되는 소득으로 볼 수 있다.

토지 등 양도소득

비사업용 토지 등 특정 자산의 양도소득이다.[32)] 이 소득은 각 사업연도의 소득을 구성하는 항목에 해당되므로 법인세법이 이를 별도의 과세대상으로 규정하는 이유는 각 사업연도의 소득에 대한 법인세 외에 추가적인 법인세를 과세하기 위한 것이다.

---

28) 법인세 원천징수의무에 대해서는 법인세법 제73조에서 규정하고 있다.
29) 법인세법 제4조에서 규정하고 있다.
30) 순자산은 법인에게 귀속되는 자산에서 부채를 차감한 것으로 자본과 같은 개념이다.
31) 청산은 법인이 해산등에 의하여 모든 법률관계를 종료시키고 그 재산관계를 정리하여 이를 분배하는 절차이다.
32) 법인세법 제52조의2에서 규정하고 있다.

(4) 과세표준

법인세의 과세표준은 법인세 과세대상 소득의 금액을 기초로 산정한다. 대표적인 법인세 과세대상 소득인 내국영리법인의 각 사업연도의 소득에 대한 법인세 과세표준은 각 사업연도의 소득에서 이월결손금, 비과세소득, 소득공제액을 차감한 금액이다.[33]

내국영리법인의 각 사업연도의 소득에 대한 법인세 과세표준
=각 사업연도의 소득
 −이월결손금
 −비과세소득
 −소득공제액

내국영리법인의 각 사업연도의 소득

각 사업연도에 속하는 수익인 익금의 총액에서 손비인 손금의 총액을 공제한 금액이다.[34] 각 사업연도의 소득은 재무제표에 표시되는 당기순이익에서 법인세비용을 차감하기 전의 금액인 법인세비용차감전순이익과 유사한 개념이지만 각각 다른 목적에 따라 산정되므로 그 금액에는 차이가 있다. 재무제표에 표시되는 당기순이익은 해당기간의 매출액 등의 수익에서 외부로부터 매입하여 사용한 중간재의 취득원가와 인건비, 감가상각비, 이자비용 등의 생산요소의 비용과 법인세비용을 차감한 금액을 나타낸다.

각 사업연도의 소득과 법인세비용차감전순이익의 차이에도 불구하고 기업이 일반목적으로 작성하여 보고하는 재무제표의 당기순이익을 기초로 각 사업연도의 소득을 도출해 내는 것이 실무적으로 효율적이다. 이에 따라 각 사업연도의 소득은 다음과 같은 구조로 산정한다.

각 사업연도의 소득
=당기순이익+익금산입 및 손금불산입−손금산입 및 익금불산입

33) 법인세법 제13조에서 규정하고 있다.

34) 법인세법에서는 내국법인의 각 사업연도의 소득의 구성요소인 익금과 손금 항목들의 금액 산정에 대한 내용을 상세하게 규정하고 있다.

익금산입 및 손금불산입

익금산입은 법인세법상 익금에 해당하지만 당기순이익에 반영되지 않은 익금을 조정하기 위한 것이며, 손금불산입은 당기순이익에 반영되었지만 법인세법상 손금에 해당하지 않는 비용을 조정하기 위한 것이다.

손금산입 및 익금불산입

손금산입은 법인세법상 손금에 해당하지만 당기순이익에 반영되지 않은 손금을 조정하기 위한 것이며, 익금불산입은 당기순이익에 반영되었지만 법인세법상 익금에 해당하지 않는 수익을 조정하기 위한 것이다.

이월결손금

각 사업연도의 개시일 전 15년 이내에 개시한 사업연도의 법인세 신고 등에 의한 결손금으로서 그 후의 각 사업연도의 과세표준 계산을 할 때 공제되지 아니한 금액이다.[35] 결손금은 각 사업연도의 손금의 총액이 익금의 총액을 초과하는 경우에 그 초과하는 금액이다.

비과세소득

법인세법 등에 의하여 과세되지 않는 특정의 소득이다. 법인세법에서는 비과세소득으로 「공익신탁법」에 따른 공익신탁의 신탁재산에서 생기는 소득을 규정하고 있다.[36]

소득공제액

법인세법 등에 의하여 과세표준의 계산시 차감하는 특정의 소득금액 관련 공제액이다. 법인세법에서는 소득공제로 유동화전문회사 등에 대한 소득공제를 규정하고 있다.[37]

예제 어떤 주식회사의 각 사업연도의 소득에 대한 법인세와 관련된 자료가 다음과 같은 경우 각 사업연도의 소득에 대한 법인세 과세표준을 산정하여

35) 법인세법 제14조 참조. 2008년부터 2020년까지의 기간에 발생한 이월결손금에 대해서는 10년까지 이월공제한다.

36) 법인세법 제51조 참조. 공익사업을 장려하기 위한 조세혜택에 해당된다.

37) 법인세법 제51의2조 참조. 자산의 유동화 등 특수목적으로 설립되어 소득의 대부분을 배당으로 지급하는 회사에 대해 2중 과세를 완화시켜 주기 위한 조세혜택에 해당된다.

보자.

- 재무제표의 당기순이익 : 10,000원
- 손금불산입 : 2,000원
- 익금불산입 : 1,000원
- 공제가능 이월결손금 : 3,000원

| 풀이 |

각 사업연도소득금액은 당기순이익에 익금산입 및 손금불산입을 가산하고 손금산입 및 익금불산입을 차감하여 산정하므로 다음과 같다.

각 사업연도소득금액 = 당기순이익(10,000) + 손금불산입(2,000)
− 익금불산입(1,000)
= 11,000원

각 사업연도소득에 대한 법인세 과세표준은 각 사업연도소득금액에서 이월결손금, 비과세소득, 소득공제액을 차감한 금액이므로 다음과 같이 산정할 수 있다.

각 사업연도소득에 대한 법인세 과세표준
= 각 사업연도소득금액 − 이월결손금
= 11,000 − 3,000 = 8,000원

(5) 세율

내국법인의 각 사업연도의 소득에 대한 법인세 세율은 과세표준 금액을 여러 단계로 구분하여 높은 단계에 대해 보다 높은 세율을 적용하는 초과누진세율의 구조를 가지고 있다.[38] 내국법인의 각 사업연도의 소득에 대한 법인세 세액은 과세표준에 세율을 적용하여 산출한다.

2. 법인세의 신고와 납부

법인세 납세의무자인 법인은 법인세 과세표준과 세액을 관할 세무서장에게 신고하고 납부하여야 한다.[39] 신고와 납부의무의 위반에 대한 제재로 가

38) 법인세법 제55조에서 규정하고 있다.
39) 법인세법 제60조, 제64조.

산세 부과 규정이 있다. 내국법인의 각 사업연도의 소득에 대한 법인세의 과세기간은 해당 법인의 1회계 기간으로 보통 1년이고, 신고 및 납부기한은 사업연도 종료일이 속하는 달의 말일부터 3월 이내이다.[40]

내국법인의 법인세 납부에 대해서는 사업연도 개시일로부터 6개월간을 법인세 중간예납기간으로 하여 해당 세액을 중간예납기간 경과일 후 2개월 이내에 납부하도록 하는 중간예납제도를 적용하고 있다.

내국법인의 각 사업연도의 소득에 대한 법인세 납부세액은 과세표준에 세율을 적용하여 산출된 세액에서 세액감면, 세액공제, 기납부세액을 차감한 금액이다.

법인세 납부세액＝법인세 산출세액－세액감면－세액공제－기납부세액

세액감면

조세정책적인 목적상 과세소득 중 특정한 소득과 관련된 세액의 일부 또는 전부를 경감해주는 것이다.

세액공제

이중과세 방지 등의 여러 목적에 따라 여러 가지 방법으로 계산된 금액을 공제해주는 것이다.

기납부세액

중간예납세액과 원천징수세액 등이다.

40) 납부할 세액이 일정액을 넘어서는 경우 분납할 수 있다.

제10장 결손금과 세무계획

이 장에서 살펴볼 내용은 결손금의 법인세 효과, 결손금 발생의 방지, 결손금의 활용에 관한 것이다. 이 장의 학습 목표로는 결손금의 법인세 효과를 이해하고 간략하게 설명하는 것, 결손금의 발생을 방지하기 위한 방법을 이해하고 활용하는 것, 결손금의 활용 방법을 이해하고 활용하는 것을 들 수 있다.

제1절 | 결손금의 법인세 효과

결손금은 세전이익이 0 미만인 세전손실을 의미하는 것으로 세금효과 측면에서 세전이익과 상당한 차이가 있다. 결손금의 법인세 효과에 영향을 주는 주요 사항으로는 소급공제 여부, 미래기간의 세전이익을 들 수 있다.[1)]

(1) 소급공제 여부

소급공제는 결손금을 과거기간으로 소급하여 공제하는 것으로 과거기간의 과세표준과 납부세액을 소급하여 감소시키고 감소된 납부세액을 되돌려 주게 된다. 따라서 소급공제가 허용되는 경우 결손금 발생기간에 법인세 등의 환급세액이 발생할 수 있다.[2)] 그에 반해 소급공제가 허용되지 않는 경우 결손금에 대해 발생기간에는 영의 세율이 적용되며 미래기간으로 이월되어

1) 개인의 사업에서도 세전손실인 결손금이 발생할 수 있으며 이 경우의 세금효과는 소득세 효과이다.
2) 결손금의 소급공제에 대해서는 법인세법 제72조 등에서 규정하고 있다.

미래기간의 과세표준과 납부세액을 감소시킬 수 있다.

(2) 미래기간의 세전이익

결손금의 소급공제가 허용되지 않고 이월되는 경우 공제 여부는 미래기간의 세전이익에 따라 달라질 수 있다. 미래기간의 세전이익이 충분하게 발생하는 경우 결손금 이월액은 모두 미래기간의 과세표준을 감소시킬 수 있다.[3] 이월공제가 허용되는 기간이 한정되어 있고 그 기간의 세전이익이 충분하지 못한 경우 결손금 이월액 중에는 법인세 효과 없이 소멸되는 금액이 있을 수 있다.

결손금의 일반적인 법인세 효과를 이해하기 위해서는 만성적인 결손금 발생보다는 일시적인 결손금의 발생이 법인세 납부세액에 어떤 영향을 주는지를 살펴보아야 할 것이다. 일시적인 결손금의 발생은 법인세 납부세액을 증가시키는 것이 일반적이며 그 이유로는 낮은 세율을 적용받을 기회의 소멸, 납부세액 절감효과의 감소와 소멸을 들 수 있다.

(1) 낮은 세율을 적용받을 기회의 소멸

일정 기간의 기간별 세전이익의 합계가 같더라도 기간별 결손금이 없는 경우에 비해 일시적인 기간별 결손금이 있는 경우 초과누진세율의 구간 중 낮은 세율을 적용받을 수 있는 기간의 수가 줄어들게 된다.[4] 이에 따라 장기적 관점에서 기간별 세전이익(손실)의 합계가 같더라도 결손금이 발생한 기간이 있는 경우 납부세액의 합계는 증가하게 된다. 일시적 결손금으로 납부세액의 귀속시기가 늦추어질 수 있다는 차이도 있지만 그에 따른 납부세액의 현재가치의 감소는 높은 세율의 적용으로 인한 납부세액 증가에 비하면 미미한 수준이다.[5]

---

3) 15년 이내에 충분한 세무기준 세전이익이 발생하여야 이월 결손금을 모두 공제 받을 수 있는 것이 일반적이다(법인세법 제13조 제1항 제1호 가목).

4) 2 기간 동안의 과세표준 합계액이 동일하더라도 결손금이 발생하는 기간이 있는 경우와 그렇지 않은 경우를 비교하면 결손금이 발생하는 기간이 있는 경우 납부세액 합계액이 많아지게 될 것이다.

5) 낮은 세율을 적용받을 수 있는 구간에 해당하는 세전이익이 매기 발생하는 경우와 일시적 결손금으로 특정 기간에 2배의 세전이익이 발생하는 경우를 비교해 보면, 높은 세율의 적용에 따른 납부세액의 증가는 세전이익에 높은 세율과 낮은 세율의 차이를 곱한 금액인

(2) **납부세액 절감효과의 감소**

결손금의 소급공제는 중소기업에만 적용되는 것이므로 이월공제가 일반적이라고 볼 수 있다. 일시적 결손금의 이월공제와 소급공제에 따른 납부세액 절감액의 명목금액이 동일하더라도 시기의 차이로 인하여 납부세액 절감액의 현재가치는 차이가 있게 된다. 즉 소급공제에 비해 이월공제의 경우 납부세액 절감액의 현재가치는 감소하게 된다. 그리고 이월되는 기간이 길어질수록 납부세액 절감액의 현재가치는 감소하게 된다.

(3) **납부세액 절감효과의 소멸**

결손금의 이월공제는 이월공제가 허용되는 기간의 세전이익이 충분하지 못한 경우 적용되지 못하고 소멸될 수 있다. 과거로부터 누적된 손실이 일시적으로 실현되어 거액의 결손금이 발생하는 경우 결손금의 이월공제 가능기간 내에 충분한 세전이익을 얻지 못할 수 있다.

결손금의 발생 가능성은 사업투자안에 대한 의사결정에도 영향을 줄 수 있다. 그 이유로는 한계세율에 대한 영향과 비대칭적 세율의 적용을 들 수 있다.

(1) **결손금과 한계세율**

사업투자안에 대한 의사결정은 사업투자안의 기대세전이익에서 기대세금비용을 차감한 기대세후이익을 기준으로 하는 것이 합리적일 것이다. 그리고 기대세금비용의 추정에는 한계세율이 적용되는데, 결손금은 결손금 발생기간의 한계세율은 물론 이월공제가 적용되는 미래기간의 한계세율을 낮출 수 있다. 결손금으로 인해 한계세율이 낮아지는 경우 조세혜택의 가치가 감소하게 되므로 조세혜택 사업에 대한 투자의사결정에 영향을 줄 수 있다.

(2) **결손금에 대한 비대칭적인 세율의 적용**

세전이익(손실)에 대해 적용되는 세율은 영을 기준으로 비대칭적이다. 세전이익은 발생기간에 납부세액을 증가시키는 반면 결손금은 미래기간의 납

데 비해, 납부세액의 현재가치 감소는 세전이익에 세율을 곱하고 다시 할인율을 곱한 금액 정도에 불과하다.

부세액을 감소시키는 것이 일반적이며 사업의 실패로 법인세 절감효과가 없을 수도 있다. 즉 세전이익에 적용되는 세율에 비해 결손금에 대해서는 낮은 세율이 적용되는 것이 일반적이라고 할 수 있다. 이는 결손으로 귀결될 수 있는 가능성이 있는 사업투자안의 기대세금비용을 증가시키게 되며, 사업투자안들의 기대세전이익의 순위와 기대세후이익의 순위가 달라지도록 작용할 수 있다.[6)]

예제 어떤 회사의 사업투자안1과 사업투자안2의 기대세후이익을 비교하여 보자(화폐의 시간가치는 고려하지 않음).

- 사업투자안1 : 세전이익이 50,000원일 확률이 50%이며, 10,000원일 확률이 50%임.
- 사업투자안2 : 세전이익이 120,000원일 확률이 50%이며, (−)50,000원일 확률이 50%임.
- 법인세율은 세전이익 0 이하에 대해서는 0%, 0 초과에 대해서는 20%를 적용함.[7)]

| 풀이 |

사업투자안1의 기대세전이익과 기대세후이익은 다음과 같다.

사업투자안1의 기대세전이익 = 50,000원 × 50% + 10,000원 × 50%
= 30,000원

사업투자안1의 기대세후이익 = (50,000원 − 50,000 × 20%) × 50%
+ (10,000원 − 10,000 × 20%) × 50%
= 24,000원

사업투자안2의 기대세전이익과 기대세후이익은 다음과 같다.

사업투자안2의 기대세전이익 = 120,000원 × 50% + (−)50,000원 × 50%
= 35,000원

---

6) 기대세전이익이 동일하더라도 결손으로 귀결될 가능성이 없는 경우에 비해 결손으로 귀결될 가능성이 있는 경우 기대세금비용은 더 많아질 수 있다.

7) 사업실패로 결손금의 법인세 절감효과가 없을 경우 세전이익 0 이하에 대해 법인세율 0%가 적용될 것이다.

$$사업투자안2의\ 기대세후이익 = (120{,}000원 - 120{,}000 \times 20\%) \times 50\% + (-)50{,}000원 \times 50\% = 23{,}000원$$

기대세전이익은 사업투자안2가 사업투자안1보다 많지만 기대세후이익은 사업투자안1이 사업투자안2보다 많은 것을 알 수 있다. 결손금에 대한 비대칭적인 세율의 적용은 기대세전이익률이 더 높은 위험투자에 비해 기대세전이익률이 더 낮은 결손금 발생 위험이 없는 투자를 선호하게 할 수 있음을 알 수 있다.

제2절 | 결손금 발생의 방지

결손금의 법인세 납부세액 증가 효과를 감소시키기 위한 세무계획에는 결손금 발생의 방지, 결손금 이월액의 조기 공제, 공제 가능성이 낮은 결손금 이월액의 활용과 같은 사항들이 포함될 필요가 있다.

결손금의 발생을 방지하기 위해서는 사업투자안의 선정단계부터 위험을 기획하고 관리할 필요가 있다. 사업투자안의 선정에 관한 의사결정에서는 결손금이 발생할 위험과 그에 따른 세금효과를 반영할 필요가 있다. 즉 사업실패로 사업이 종료되는 경우 누적된 결손금 이월액은 소멸되며, 사업실패에 따른 결손금이 발생할 가능성은 사업의 기대세금비용을 증가시킨다는 점에 유의할 필요가 있다. 사업별 결손 가능성을 배제하기 어렵다면 사업 포트폴리오의 구성을 통해 해결하는 방법이 있을 수 있다. 결손금 발생 위험에 대한 노출 유형이 다른 사업들을 포트폴리오로 구성하는 경우 결손금 발생 위험을 낮출 수 있다.

수행 중인 사업에서 결손금이 발생하는 것을 방지하기 위해서는 다양한 위험들을 관리할 필요가 있으며, 그 중 영업위험과 재무위험의 관리와 관련된 주요 사항으로는 다음을 들 수 있다.

(1) 영업위험의 관리

영업위험은 매출액의 변동과 고정영업비용으로 인한 이익의 변동성에 따른 불확실성을 의미한다. 매출액의 기간별 변동성을 최소화하는 것은 결손금의 발생 가능성을 낮출 수 있다. 그리고 고정영업비용의 비중을 최소화하는 것도 결손금의 발생 가능성을 낮출 수 있다.

(2) **재무위험의 관리**

재무위험은 부채에서 발생하는 고정재무비용인 이자비용 등의 재무적 요인으로 인한 이익의 변동성에 따른 불확실성을 의미한다. 이자비용과 관련해서는 이자비용을 발생시키는 부채가 적을수록 그리고 이자율의 변동위험을 최소화할수록 결손금의 발생 가능성을 낮출 수 있을 것이다. 매출채권 등의 채권에서 발생할 수 있는 신용 손실과 관련된 위험을 최소화하는 것도 결손금의 발생 가능성을 낮출 수 있다. 외화거래 등으로 환율변동위험에 노출되어 있는 경우 환율변동위험을 최소화하는 것은 결손금의 발생 가능성을 낮출 수 있다. 이러한 재무위험을 최소화하는데에는 유용한 금융상품을 활용할 수 있다.[8)]

과세기간별 세전이익을 기간별로 평준화하는 데 사용할 수 있는 방법들은 결손금의 발생을 최소화하기 위한 방법으로도 활용될 수 있다.

(1) **자산 판매 시기의 조정**

자산의 판매에 따른 이익이 결손 기간에 귀속되도록 판매 시기를 조정하는 방법이다. 정보비대칭으로 손실이 발생할 수 있다는 점에 유의하여야 한다.

(2) **비용 발생 시기의 조정**

광고선전비, 연구개발비 등 비용의 발생 시기를 결손 기간의 다음 기간으로 조정하는 방법이다. 비용의 발생 시기가 적절하지 못한 것에 따른 손실이 발생할 수 있다는 점에 유의하여야 한다.

(3) **비용 배분 방법의 조정**

기간별 귀속을 직접 추적할 수 없는 비용에 적용되는 배분 방법을 이용하여 결손 기간에 배분되는 비용을 최소화하는 방법이다.

---

8) 대표적인 예로는 환율변동의 위험을 햇지하기 위하여 선물환약정을 이용하는 것을 들 수 있다.

제3절 | 결손금의 활용

결손금 이월액은 가능한 빠른 미래기간에 공제를 적용하는 것이 법인세 납부세액의 현재가치를 감소시킬 수 있다. 앞에서 살펴본 결손금의 발생을 최소화하는 데 사용할 수 있는 방법들은 결손금 이월액의 조기 공제적용을 위한 방법으로도 활용될 수 있다.

결손금 이월액이 과다하여 통상적인 미래기간의 세전이익이 결손금을 공제할 만큼 충분하지 못한 경우 결손금 이월액을 활용하기 위한 방법으로는 지분상품의 발행과 채무면제를 들 수 있다.

1. 지분상품의 발행

지분상품의 발행은 결손금 이월액의 공제 금액을 증가시킬 수 있다. 지분상품의 발행으로 자본이 납입되면 그만큼 법인의 자산이 증가하게 되며 증가된 자산으로부터 추가 세전이익이 발생할 수 있기 때문이다. 이 경우 지분상품 발행은 해당 법인의 지배주주에게 가장 큰 영향을 주므로 그에 대한 검토가 필요하다. 결손금 이월액이 있는 법인의 지배주주인 개인이 자산을 개인적으로 소유하는 경우와 법인에 출자하는 경우 그에게 귀속되는 납부세액의 차이를 비교해 보면 다음과 같다.

(1) 개인적으로 소유하는 경우

자산에서 발생하는 소득에 매년의 통상적인 한계세율을 곱한 금액의 납부세액이 발생할 것이다.

(2) 결손법인에 출자하는 경우

결손금 공제로 자산에서 발생하는 법인의 소득에 대한 법인세 납부세액이 없을 수 있다. 결손금 공제 효과로 법인의 순자산의 가치가 증가할 수 있지만 출자지분을 양도하지 않는 한 소유주 단계의 소득세는 과세되지 않는다. 그리고 법인이 배당가능한 상태가 된 이후 배당금을 수령하는 경우 한계세율을 곱한 금액의 소득세 납부세액이 발생하지만 이연과세로 인한 이익을 얻을 수 있다.

그런데 이처럼 개인인 지배주주가 결손법인에 대한 자본출자를 이용하여 납부세액을 감소시키는 세무계획에는 비세금비용이 수반될 수 있다. 자산을 개인적으로 보유하는 경우에 비해 자산의 유동성이 낮아질 수 있다. 그리고 법인의 미래현금흐름 위험에 노출되어 손실이 발생할 수 있다.

그리고 자본출자 등으로 출자자들의 지분비율이 변동되는 경우 증여세 납부세액이 발생하거나 결손금 공제에 제한이 있을 수 있다는 점에도 유의하여야 한다. 먼저 유상증자의 경우 기존 출자자들을 대상으로 한 균등 증자가 아닌 경우 출자자가 얻은 이익에 대해 증여세가 과세될 수 있다.[9] 법인 간의 합병을 이용하는 경우 합병법인의 합병 전 결손금 이월액은 피합병법인으로부터 승계받은 사업에서 합병 후 발생하는 소득금액에 대해 공제할 수 없다.[10]

2. 채무면제

법인의 지배주주 등 출자자가 법인에 대여한 자금이 있고 법인의 결손 누적으로 회수가 불가능한 경우 법인의 재무상태를 개선하기 위해 법인의 채무를 면제하는 경우가 있을 수 있다. 그 효과와 유의사항으로는 다음을 들 수 있다.

(1) 채무면제의 효과

결손금 이월액의 영향으로 법인에 발생하는 채무면제 이익에 대해서는 법인세 납부세액이 없을 수 있다.

(2) 유의사항

법인의 출자자 중 특수관계인이 있는 경우 법인에 대한 채무면제에 대해서는 그 특수관계인인 출자자가 법인의 채무면제로 인한 이익에 출자비율을

9) 상속세및증여세법 제39조에 예시되어 있으며, 유상증자가 주식 등의 시가와 다른 가액으로 이루어지는 경우 출자자에게 이익이 발생할 수 있다.

10) 법인세법 제45조.

곱한 금액만큼 증여로 인한 이익을 얻은 것으로 의제될 수 있다는 점에 유의하여야 한다.[11)]

정·리·문·제

1. 결손금의 법인세 효과 등에 관한 설명으로 옳지 않은 것은?[12)]

1) 결손금의 소급공제가 허용되는 경우 결손금 발생기간에 법인세 환급세액이 발생할 수 있다.
2) 결손금의 소급공제가 허용되지 않는 경우 결손금 이월액은 미래기간의 과세표준을 증가시킬 수 있다.
3) 결손금 이월액은 미래기간의 한계세율을 낮출 수 있다.
4) 법인세 절감효과가 없는 결손금 이월액이 발생할 가능성은 사업투자안의 기대세금비용을 증가시킬 수 있다.

2. 기업이 결손금의 발생을 방지할 수 있는 방법에 해당하는 것은?[13)]

1) 결손금 발생 위험에 대한 노출 유형이 유사한 사업들을 포트폴리오로 구성하는 것.
2) 원금손실이 발생할 수 있는 금융자산을 매입하는 것.
3) 미실현보유손실이 있는 자산을 결손금 발생 가능성이 있는 기간에 판매하는 것.
4) 연구비의 발생을 결손금 발생 가능성이 있는 기간에 감소시키는 것.

3. 법인기업이 결손금 이월액을 모두 사용하지 못할 것으로 예상되는 경우 결손금 이월액을 활용하기 위한 방법에 관한 설명으로 옳은 것은?[14)]

1) 기존 출자자들을 대상으로 한 균등 증자로 증가한 자산에서 발생하는 소득에 대해서는 결손금 공제가 적용되지 않는다.

11) 상속세및증여세법 제45조의5.
12) 정답 2). 결손금 이월액은 미래기간의 과세표준을 감소시킬 수 있다.
13) 정답 4).
14) 정답 3).

2) 기존 출자자들을 대상으로 한 균등 증자가 아닌 증자로 증가한 자산에서 발생하는 소득에 대해서는 결손금 공제가 적용되지 않는다.
3) 법인의 소유주가 법인의 채무를 면제하는 경우 발생하는 채무면제이익에 대해서는 결손금 공제가 적용된다.
4) 피합병법인으로부터 승계받은 사업에서 합병 후 발생하는 소득금액에 대해서는 합병법인의 합병 전 결손금 이월액의 공제가 적용된다.

핵심 요약

- 결손금의 발생은 법인세 납부세액을 증가시키는 것이 일반적이므로 결손금이 발생하지 않도록 방지하는 것이 필요하며, 이를 위해 결손금의 발생 위험을 감소시키기 위한 기획과 관리가 필요함.
- 결손금 이월액이 과다하여 통상적인 미래기간의 세전이익이 결손금을 공제할 만큼 충분하지 못한 경우 결손금 이월액을 활용하는 방법으로는 지분상품의 발행과 채무면제를 고려할 수 있음.

연·습·문·제

1. 어떤 회사의 사업투자안에 관한 자료가 다음과 같은 경우 기대세후이익은?[15)]

- 사업투자안의 세전이익은 100,000원일 확률이 90%이며, (−)300,000원일 확률이 10%임. - 법인세율은 세전이익 0 이하에 대해서는 0%, 0 초과에 대해서는 20%를 적용함.

1) 72,000원　　2) 60,000원
3) 48,000원　　4) 42,000원

15) 정답 4). (100,000 − 100,000 × 20%) × 90% + (−)300,000 × 10% = 42,000원.

2. 어떤 회사의 사업투자안에 관한 자료가 다음과 같은 경우 기대세금비용은?[16)]

–사업투자안의 세전이익은 100,000원일 확률이 85%이며, (–)200,000원 일 확률이 15%임. –법인세율은 세전이익 0 이하에 대해서는 10%, 0 초과에 대해서는 20%를 적용함.

1) 14,000원　　2) 15,000원

3) 16,000원　　4) 17,000원

16) 정답 1). 100,000×20%×85%+(–)200,000×10%×15%=14,000.

제11장 소득세와 세무계획

이 장에서 살펴볼 내용은 소득세 납부세액의 결정요소, 소득 유형의 전환, 개인별 과세의 활용에 관한 것이다. 이 장의 학습 목표로는 소득세 납부세액의 결정요소를 이해하고 간략하게 설명하는 것, 소득 유형의 전환의 주요 내용을 이해하고 활용하는 것, 개인별 과세의 활용방법을 이해하고 활용하는 것을 들 수 있다.

제1절 | 소득세 납부세액의 결정요소

개인이 소득에 대해 납부할 소득세 납부세액의 결정요소는 그 소득에 대한 소득세 과세방법에 따라 상당한 차이가 있다. 소득세의 과세방법에는 종합과세, 분리과세, 분류과세가 있다.

1. 종합과세에 따른 소득세 납부세액의 결정요소

종합과세가 적용되는 소득에 대한 연도별 소득세 납부세액은 연도별 종합소득 금액을 기초로 산정된 과세표준에 세율을 적용하여 산출한 세액에서 세액공제와 세액감면을 차감하여 산정되는 것을 기본 구조로 한다.

소득세 납부세액
=과세표준과 세율에 따른 산출세액－세액공제와 세액감면

(1) 연도별 종합소득 금액

개인이 경상적으로 얻는 소득의 대부분이 포함된다. 분리과세나 분류과세가 적용되는 소득과 상속세나 증여세가 과세되는 무상이익은 포함되지 않는다.[1] 부동산매매업에 따라 부동산 판매사업에서 얻는 세전이익은 종합소득 금액에 포함되지만, 그 외의 부동산 양도에 따른 세전이익에 대해서는 분류과세가 적용된다.[2] 사업활동에서 세전이익을 얻기 위하여 직접 사용된 부채의 지급이자는 종합소득 금액을 감소시킨다.

(2) 종합소득공제

종합소득 과세표준 산정과정에서 연도별 종합소득 금액에서 차감하는 것으로 소득자와 생계를 같이 하는 가구의 인적 구성이 주요 결정요소이다. 생계를 같이 하는 가구에 소득이 있는 구성원이 2인 이상인 경우 한계세율이 높은 구성원이 부양가족과 관련된 종합소득공제를 적용하는 것이 유리하다.

(3) 세율

초과누진세율 구조이므로, 연도별로 과세표준 중 일정 금액에 대해서는 낮은 세율이 적용된다. 사업소득에서 발생한 결손금으로 종합소득 금액이 음수인 경우 영의 세율이 적용되며, 결손금은 이월되어 미래기간의 종합소득 금액에서 공제되는 것이 일반적이다.[3] 사업소득에서 결손금이 발생하는 경우 연도별로 낮은 세율을 적용받을 수 있는 기회를 활용하지 못할 수 있다.

(4) 세액공제와 세액감면

과세표준에 세율을 적용하여 산출된 세액에서 직접 차감된다. 세액공제 중 연금계좌세액공제는 종합소득이 있는 거주자가 연금계좌에 납입하는 경우에 적용받을 수 있는 것으로 납세자의 투자 또는 저축 의사결정에 영향을 줄 수 있다.[4] 연금계좌세액공제는 연금계좌 납입액의 일정비율을 세액에서

---

1) 사업과 관련된 수증이익은 사업소득에 포함되어 소득세가 과세될 수 있다. 그 외에 소득세법에서 과세대상으로 규정하지 않은 소득도 종합소득 금액에서 제외될 수 있다.

2) 부동산매매업은 사업소득에 해당되는 소득을 열거하고 있는 소득세법 제19조 제1항 제12호의 부동산업에 포함된다.

3) 소득세법 제45조.

4) 연금계좌세액공제에 관해서는 소득세법 제59조의3에서 규정하고 있다.

공제하는 대신 미래기간에 연금계좌 납입액을 포함한 연금수령액이 소득세 과세대상이 된다는 점에 유의하여야 한다.[5)]

2. 분리과세에 따른 소득세 납부세액의 결정요소

분리과세가 적용되는 소득에 대한 소득세 납부세액은 분리과세 소득 금액을 기초로 산정된 과세표준에 세율을 곱하여 결정된다.

(1) 분리과세 소득 금액

분리과세가 적용되는 대표적인 소득으로는 일정금액 이하의 연도별 금융소득을 들 수 있다.[6)] 금융소득의 귀속시기는 약정에 의한 지급일 또는 지급받은 날을 기준으로 구분하는 것이 일반적이다.[7)]

(2) 세율

종합과세에 적용되는 일반세율의 최고세율에 비해 낮은 단일 세율이 적용된다.[8)]

3. 분류과세에 따른 소득세 납부세액의 결정요소

분류과세가 적용되는 소득에 대한 소득세 납부세액은 연도별 분류과세 소득 금액을 기초로 산정된 과세표준에 세율을 곱하여 결정되는 것이 일반적이다.[9)]

(1) 연도별 분류과세 소득 금액

분류과세가 적용되는 대표적인 소득으로는 부동산 양도소득, 퇴직소득을 들 수 있다. 분류된 소득별로 연도별 분류과세 소득 금액을 산정하며 별도

5) 연금수령액은 연금계좌납입액과 그 운영수익을 기초로 산정될 것이다.

6) 소득세법 제14조 제3항 제6호에서는 이자소득과 배당소득의 합계액이 2천만원 이하이면서 원천징수된 소득에 대해서는 종합소득과세표준에 합산하지 않는 것으로 규정하고 있다.

7) 소득세법 시행령 제45조와 제46조.

8) 금융소득인 이자소득과 배당소득에 대해 분리과세가 적용되는 경우 원천징수세율인 14%가 적용된다(소득세법 제129조 제1항).

9) 구조조정대상 부동산 취득자에 대한 양도소득세의 감면과 같이 세액감면이 적용되는 경우도 있다(조세특례제한법 제43조).

의 과세표준이 된다.[10] 증여자의 채무를 수증자가 인수하는 조건의 부담부 증여의 경우 채무액에 해당하는 금액은 양도로 인한 수입으로 본다.[11] 1세대1주택에 대해서는 비과세 등의 조세혜택이 있다. 부동산 양도소득 금액은 양도가액에서 취득가액 등 필요경비를 차감한 양도차익을 기초로 산정되므로 필요경비에 대한 증빙을 잘 관리하는 것이 필요하다.

(2) 세율

소득의 분류, 보유기간, 등기 여부, 양도인의 특성 등에 따라 적용되는 세율의 유형이 달라질 수 있다. 부동산 양도소득에 대해서는 초과누진세율이 적용되는 것이 일반적이므로 양도할 부동산이 2 이상인 경우 양도시기를 조정하여 과세기간을 분산하는 세무계획이 가능하다. 연도별 분류과세 소득금액이 0 이하인 결손금인 경우 소급공제나 이월공제되지 않고 소멸된다.

제2절 | 소득 유형의 전환

소득세에 관한 세무계획에서는 소득 유형의 전환이 중요한 비중을 갖게 되며, 그 이유로는 소득세의 과세대상의 범위, 과세방법의 구분을 들 수 있다.

(1) 과세대상의 범위

순자산 증가 금액 중 과세대상에 포함되는 범위가 법인세의 경우에 비해 좁다. 과세대상에서 제외되는 대표적인 순자산 증가로는 미실현된 부분 외에 증여세나 상속세 과세대상 등과 같이 소득세법에서 규정하고 있지 않은 부분을 들 수 있다.[12] 이에 따라 소득의 유형을 과세대상에서 과세대상이 아닌 것으로 전환할 수 있는 여지가 법인세에 비해 더 많다.

---

10) 부동산에 관한 권리의 양도소득, 영업권 이용권 회원권 특정법인의 주식 등의 양도소득도 부동산 양도소득과 같은 분류에 해당한다(소득세법 제102조).

11) 양도로 보는 채무액에 해당되는 금액에서 발생하는 양도소득에 대해서는 증여자가 소득세를 납부하여야 하며, 그 외의 증여이익에 대해서는 수증자가 증여세를 납부하여야 한다.

12) 상속세나 증여세의 과세대상이 아니면서 소득세법에서 규정하고 있는 소득과 유사하지 않은 새로운 유형의 소득이 발생하는 경우 해당 소득에 대한 규정이 신설되기 전까지는 소득세 과세대상에서 제외될 것이다.

(2) 과세방법의 구분

소득의 유형이나 금액별로 과세방법에 차이가 있을 수 있다. 이에 따라 과세방법을 전환시킬 수 있는 소득 유형의 전환은 소득세 납부세액을 감소시킬 수 있다.

소득 유형의 전환에 해당되는 한 가지 예로는 종합과세 사업소득의 분리과세 금융소득으로의 전환을 들 수 있다.

(1) 사업소득의 금융소득 전환 방법

사업자금을 자기자본으로 충당하는 대신 사업자금을 부채로 조달하고 금융자산에 투자하는 방법으로 종합과세 소득을 분리과세 소득으로 전환할 수 있다. 사업소득을 얻기 위하여 직접 사용된 부채의 지급이자는 사업소득 금액 산정에서 차감할 수 있으므로 종합과세 되는 소득금액을 감소시킨다.[13)]

(2) 사업소득의 금융소득 전환 여부의 결정

세후소득의 증감을 기준으로 전환 여부를 결정할 수 있을 것이다.

예제 어떤 거주자의 02년의 소득세 납부세액 추정을 위한 자료가 다음과 같은 경우 사업자금을 자기자본으로 충당하는 대신 사업자금을 부채로 조달하고 금융자산에 투자하는 세무계획에 따른 소득세 납부세액과 세후소득의 증감 금액을 추정하여 보자.

- 사업자금을 자기자본으로 충당하는 경우 02년의 금융소득은 없음.
- 사업자금을 부채로 조달하는 경우 02년의 종합소득에서 차감할 지급이자는 20,000원이며, 금융소득은 20,000원으로 모두 분리과세 됨.
- 종합소득에 대한 02년의 소득세 한계세율은 40%이며, 분리과세 되는 금융소득에 대한 세율은 15%를 적용함.

| 풀이 |

사업자금을 자기자본으로 충당하는 대신 부채로 조달하는 경우 종합과세가

---

13) 초과인출금이 발생하여 자기자본이 음수가 되는 경우 지급이자에 대한 필요경비가 인정되지 않는다.

적용되는 소득의 과세표준은 부채의 지급이자 20,000원 만큼 감소하고, 분리과세가 적용되는 소득의 과세표준은 20,000원 증가한다.

(1) 소득세 납부세액의 증감

사업자금을 자기자본으로 충당하는 대신 부채로 조달하는 경우 02년의 소득세 납부세액의 증감은 다음과 같이 산정할 수 있다.

소득세 납부세액의 증감
=종합과세 소득세 납부세액의 증감[(−)20,000×40%]
+분리과세 소득세 납부세액의 증감(20,000×15%)
=(−)5,000원

(2) 소득세 차감 후 소득의 증감

사업자금 조달 방법에 따른 02년의 소득세 차감 전 소득은 차이가 없으므로 소득세 차감 후 소득은 소득세 납부세액의 감소 금액인 5,000원만큼 증가하게 된다.

이 예제의 결과는 차입이자율이 금융자산 투자수익률보다 높거나 금융소득이 종합과세되는 경우 달라질 수 있을 것이다.

제3절 | 개인별 과세의 활용

소득세 납부세액은 개인별로 산정되는 데 비해 소득은 생계를 같이하는 가구의 구성원들이 공동으로 향유할 수 있다. 생계와 재산을 공동으로 향유하는 가구의 관점에서 소득세 납부세액이 개인별 소득을 기준으로 산정된다는 점은 세무계획에 중요한 의미가 있다. 가구의 소득이 한 구성원에게 집중되는 것보다는 분배되는 것이 한계세율을 낮추어 납부세액을 감소시킬 수 있다. 가구의 소득 중 가구의 재산에서 발생하는 소득은 재산의 분배를 통해 구성원에게 분배할 수 있다.

(1) 금융자산의 분배

금융자산에서 발생하는 금융소득이 분배되어 한계세율을 낮출 수 있다. 금융자산의 분배에는 증여세 납부세액이 발생할 수 있다는 점도 고려하여야 한다.

(2) 부동산의 분배

부동산의 임대에서 발생하는 임대사업소득이 분배되어 한계세율을 낮출 수 있다. 부동산의 양도에서 발생하는 양도소득도 분배되어 한계세율을 낮출 수 있다. 부동산을 분배하는 경우 발생할 수 있는 취득세와 증여세 납부세액에 대해서도 고려하여야 한다.

가구가 소유하고 있는 주택이 하나인 경우 그 분배 방법으로는 공유를 적용할 수 있다. 공유는 재산 등의 물건을 지분에 따라 수인이 소유하는 것을 의미한다.[14] 주택의 취득시에 공유하는 것으로 하는 것이 취득세 납부세액을 최소화할 수 있다. 가구 또는 세대의 구성원들이 1주택을 공동으로 소유하는 경우에도 1세대1주택으로 구분될 수 있다.[15] 공동소유 주택의 양도소득에 대해 소득세가 과세되는 부분이 있는 경우 구성원 별로 소유지분에 따라 양도소득이 분배되므로 상대적으로 낮은 세율이 적용된다.[16]

정·리·문·제

1. 소득세 과세기간별 종합소득 금액에 관한 설명으로 옳은 것은?[17]

1) 부동산매매업을 위하여 직접 사용된 부채의 지급이자는 종합소득 금액을 감소시킨다.
2) 경상적으로 발생하는 수증이익은 종합소득 금액을 증가시킨다.
3) 분류과세되는 소득과 관련된 과세기간별 결손금은 종합소득 금액에서 공제할 수 있다.
4) 종합소득 금액은 종합소득 과세표준에 종합소득공제를 차감하여 산정한다.

---

14) 민법 제262조 제1항.
15) 양도소득에 대한 비과세 대상이 되기 위해서는 소득세법 시행령 제154조에 따른 보유기간 및 거주기간 요건도 충족하여야 한다.
16) 종합부동산세의 경우에도 상대적으로 낮은 세율을 적용받을 수 있다.
17) 정답 1).

2. 소득세 관련 세무계획에 관한 설명으로 옳지 않은 것은?[18)]

1) 종합과세가 적용되는 소득 금액이 있는 거주자는 연금계좌세액공제를 이용하여 소득세 납부세액을 감소시킬 수 있다.
2) 금융소득의 약정에 의한 지급일 또는 지급받은 날을 조정하는 것은 금융소득에 대한 과세방법을 전환하는 방법이 될 수 있다.
3) 사업자금을 자기자본으로 충당하는 대신 사업자금을 부채로 조달하고 금융자산에 투자하는 방법으로 분리과세 소득을 종합과세 소득으로 전환할 수 있다.
4) 양도할 부동산이 2 이상인 경우 양도시기를 연도별로 분산하는 것은 소득세 납부세액을 감소시킬 수 있다.

3. 부부가 주택을 공유로 취득하는 경우에 관한 설명으로 옳은 것은?[19)]

1) 주택의 양도에서 발생하는 소득에 대해 소득세 비과세를 적용받을 수 없다.
2) 주택의 양도에서 발생하는 소득에 대해서는 분리과세가 적용된다.
3) 주택의 양도에서 발생하는 소득에 대해서는 세대합산 과세가 적용된다.
4) 주택의 양도에서 발생하는 소득에 대해서는 개인별 과세가 적용된다.

핵심 요약

- 금융소득 중 분리과세 되는 부분은 종합소득 금액에서 제외되며, 사업소득을 얻기 위하여 직접 사용된 부채의 지급이자는 종합소득 금액에서 차감할 수 있으므로 종합과세 소득을 분리과세 소득으로 전환하는 것이 가능함.
- 생계와 재산을 공동으로 향유하는 가구의 관점에서 가구의 소득이 한 구성원에게 집중되는 것보다는 분배되는 것이 한계세율을 낮추어 납부세액을 감소시킬 수 있음.

18) 정답 3). 종합과세되는 소득을 분리과세되는 소득으로 전환할 수 있다.
19) 정답 4).

연·습·문·제

1. 어떤 개인기업 사업주(거주자)의 02년의 자료가 다음과 같은 경우 사업자금을 자기자본으로 충당하는 대신 사업자금을 부채로 조달하고 금융자산에 투자하는 데 따른 02년의 세후소득의 증가(감소)는?[20]

−사업자금을 자기자본으로 충당하는 경우 02년의 금융소득은 없음. −사업자금을 부채로 조달하는 경우 지급이자는 15,000원으로 02년의 종합소득에서 차감할 수 있으며, 금융소득은 10,000원으로 모두 분리과세 됨. −종합소득에 대한 02년의 소득세 한계세율은 40%이며, 분리과세 되는 금융소득에 대한 세율은 15%를 적용함.

1) 500원　　2) 1,000원
3) (−)500원　　4) (−)1,000원

2. 어떤 개인기업 사업주(거주자)의 02년의 자료가 다음과 같은 경우 사업자금을 자기자본으로 충당하는 대신 사업자금을 부채로 조달하고 금융자산에 투자하는 데 따른 02년의 세후소득의 증가(감소)는?[21]

−사업자금을 자기자본으로 충당하는 대신 사업자금을 부채로 조달하고 금융자산에 투자하는 경우 02년의 지급이자 증가액은 10,000원, 금융소득 증가액은 11,000원임. −지급이자 증가액은 02년의 종합소득을 10,000원 감소시키며, 금융소득 증가액은 종합소득을 11,000원 증가시킴. −종합소득에 대한 02년의 소득세 한계세율은 40%임.

1) 400원　　2) 600원
3) (−)400원　　4) (−)600원

---

20) 정답 3). 세후소득 증감＝지급이자에 따른 세후소득의 증감＋금융소득에 따른 세후소득의 증감＝15,000×40%−15,000＋10,000−10,000×10%＝(−)500원.

21) 정답 2). 세후소득 증감＝(금융소득 증가−지급이자 증가)×(1−40%)＝(11,000−10,000×(1−40%)＝600원.

| 부록 | 소득세법의 개요

소득세법은 우리나라의 대표적인 국세인 소득세의 과세요건과 과세절차 등을 규정하고 있다.[22)]

1. 소득세의 과세요건

(1) 과세권자

소득세의 과세권자는 국가이다. 구체적으로는 소득세 납세의무자의 소득세 납세지를 관할하는 세무서장 또는 지방국세청장이 과세한다.[23)] 대표적인 소득세 납세의무자인 거주자의 소득세 납세지는 그 주소지로 하며, 주소지가 없는 경우에는 그 거소지로 한다.[24)]

(2) 납세의무자

소득세의 납세의무자는 소득세 과세대상 소득이 있는 개인이다.[25)] 소득세법에서는 개인을 국내에 주소를 두거나 183일 이상의 거소를 둔 개인인 거주자와 비거주자로 구분하고 있다.[26)] 비거주자 중에서는 국내원천소득이 있는 자만이 소득세 납세의무자에 해당한다.

한편 소득세법에서는 국내에서 거주자나 비거주자에게 급여 등을 지급하는 자에게 그 소득에 대한 소득세를 원천징수하여야 할 의무를 부과하고 있으며, 이에 따라 소득세를 원천징수한 자는 해당 소득세를 납부할 의무가 있다는 내용을 납세의무자 조항에서 규정하고 있다.[27)]

---

22) 소득세법은 1949년 1월에 제정되었다.

23) 소득세의 과세관할에 대해서는 소득세법 제11조에서 규정하고 있다.

24) 소득세법 제6조 제1항.

25) 소득세의 납세의무자에 대해서는 소득세법 제2조에서 규정하고 있다.

26) 소득세법 제1조의2 제1항 제1호. 소득세법이 소득세 납세의무의 범위를 정하는 기준으로 국적이 아닌 거주를 적용하고 있는 것은 국적과 관계없이 거주자의 전세계 소득에 대해 과세권을 행사하는 거주지국 과세원칙을 적용하고 있음을 의미한다.

27) 소득세 원천징수의무에 대해서는 소득세법 제127조에서 규정하고 있다.

(3) 과세대상

소득세의 과세대상은 주로 개인이 노동·자본·토지 등의 생산요소를 제공하여 사회적 생산에 참가하여 얻는 이득으로 소득세법에서 열거하고 있는 소득으로 한정된다.[28] 소득세의 과세대상인 거주자의 소득 중 대표적인 것은 종합소득이다.[29]

소득세의 과세단위는 연도를 기준으로 구분되는데, 그 기간 귀속은 소득의 실질 발생시기가 아닌 실현시기를 기준으로 하는 것이 일반적이다. 종합소득은 주로 소득의 실질적인 발생 기간이 1년 이내여서 그 소득의 실현시기를 기준으로 기간 귀속을 하여도 실질 귀속과 큰 차이가 없는 소득으로 이자소득, 배당소득, 사업소득, 근로소득, 연금소득, 기타소득을 합산한 것이다.

소득세의 과세대상인 거주자의 소득 중 퇴직소득이나 양도소득에는 소득의 실질적인 발생이 장기간에 걸쳐 서서히 이루어져서 일시에 실현되는 소득이 포함된다는 점에서 종합소득과 차이가 있다.[30]

거주자의 경우 거주자의 전세계 소득이 소득세 과세대상이 되는 반면, 비거주자의 경우 국내에서 발생된 국내원천소득만이 소득세 과세대상이 된다.[31]

(4) 과세표준

소득세의 과세기간은 매년 1월 1일부터 12월 31일까지이므로 과세표준도 연 단위로 산정한다.[32] 소득세법은 소득의 유형별 특성을 반영하여 소득의 유형별로 과세방법을 다르게 규정하고 있으며, 이에 따라 종합소득에 대한 소득세의 과세표준은 그 외의 소득과는 구분하여 산정된다. 종합소득에 해당되는 소득 중에서도 일용근로자의 근로소득 등에 대해서는 종합소득 과

---

28) 열거주의과세방법 또는 소득원천설이라고도 하며, 과세할 수 있는 소득은 소득세법에서 구체적으로 일일이 열거하여야 한다는 논리에 따른 것이다. 다만 이자소득, 배당소득, 연금소득의 경우에는 열거된 소득과 유사한 소득도 과세대상에 포함하고 있어 유형별 포괄주의의 요소도 있다.

29) 거주자의 소득 구분에 대해서는 소득세법 제4조에서 규정하고 있다.

30) 퇴직소득에 대해서는 소득세법 제22조에서 규정하고 있다.

31) 거주자의 국외 소득에 대해서도 소득세가 과세되므로 외국에서 납부한 세액이 있는 경우 국제적 이중과세가 될 수 있으며 외국납부세액공제와 같은 조정이 필요하다.

32) 과세기간에 대해서는 소득세법 제5조에서 규정하고 있다.

세표준에 합산하지 않고 분리하여 개별적으로 과세표준과 소득세 세액을 산정하고 있다.[33)]

종합소득에 대한 소득세 과세표준은 종합소득에 포함되는 개별소득별로 산정된 해당 연도의 소득금액을 기초로 산정된다. 소득별 소득금액은 해당 연도의 총수입금액에서 필요경비를 차감하는 방법으로 산정한다. 사업소득의 경우 매출액 등의 총수입금액에서 매출 등을 위해 필요한 비용인 필요경비를 차감하여 소득금액을 산정한다. 근로소득과 연금소득의 경우 총수입금액에 해당되는 총급여액 또는 총연금액에서 소득세법에 의한 필요경비 인정금액인 근로소득공제 또는 연금소득공제를 차감하여 소득금액을 산정한다. 다만 이자소득과 배당소득의 경우 필요경비는 인정되지 않으며 이자 또는 배당금으로 받은 총수입금액이 소득금액이 된다.

종합소득 과세표준은 종합소득에 포함되는 개별소득별 소득금액의 합계액인 종합소득금액에서 조세감면을 위한 종합소득공제를 차감한 금액이다.

종합소득 과세표준＝종합소득금액－종합소득공제

종합소득공제는 거주자와 생계를 같이 하는 가족의 구성의 차이에 따라 조세부담에 차등을 두기 위한 목적 등으로 과세표준에서 제외하는 금액이다.[34)]

예제 어떤 거주자의 01년의 소득에 대한 자료가 다음과 같은 경우 01년의 종합소득 과세표준을 산정하여 보자.

－도매업에서 발생한 매출액 : 900,000원
－도매업의 필요경비 : 800,000원
－분리과세 되는 이자소득금액 : 20,000원
－부동산 양도소득금액 : 30,000원
－종합소득공제 : 10,000원

33) 소득세법 제14조 제3항에서 규정하고 있으며 분리과세이자소득, 분리과세배당소득, 분리과세주택임대소득, 분리과세연금소득, 분리과세기타소득 등이 이에 해당되며, 주로 저소득층의 세금부담을 줄이기 위한 과세방법이다.

34) 종합소득공제에는 소득세법 제50조의 기본공제, 소득세법 제51조의 추가공제 등이 포함된다.

| 풀이 |

자료에 주어진 소득 중 종합소득에 해당되는 소득은 도매업에서 발생한 소득인 사업소득과 이자소득이지만 이자소득의 경우 분리과세 되는 소득이므로, 종합소득 과세표준의 산정을 위한 종합소득금액에 해당하는 것은 사업소득금액이다. 사업소득금액은 다음과 같이 산정할 수 있다.

사업소득금액=총수입금액(900,000)−필요경비(800,000)=100,000원

예제의 거주자의 종합소득금액은 사업소득금액만으로 구성되어 있으므로 종합소득 과세표준은 다음과 같이 산정할 수 있다.

종합소득 과세표준=종합소득금액(100,000)−종합소득공제(10,000원)
=90,000원

(5) 세율

거주자의 종합소득에 대한 소득세의 세율은 기본적으로 과세표준의 금액을 여러 단계로 구분하고, 높은 단계로 올라감에 따라 점차적으로 보다 높은 세율을 적용하는 초과누진세율의 구조를 가지고 있다.[35] 분리과세소득, 부동산의 양도소득 중 일부 소득 등에 대해서는 과세표준의 증감과 관계없이 언제나 일정한 세율을 유지하는 비례세율이 적용된다.

2. 소득세의 신고와 납부

소득세 납세의무자는 연도별로 소득세 과세표준과 세액을 관할세무서장에게 신고하고 납부하여야 하는 것이 원칙이다. 신고와 납부의무의 위반에 대한 제재로 가산세 부과 규정이 있다. 다만 근로소득, 퇴직소득, 분리과세소득만 있는 경우 소득세 원천징수가 적용되므로 신고의무를 적용하지 않는다.

소득세 신고 및 납부기간은 해당 과세연도의 다음 연도 5월 1일부터 5월 31일까지이다.[36] 종합소득에 대한 소득세의 납부에 대해서는 매년 1월 1일부터 6월 30일까지의 기간을 소득세 중간예납기간으로 하여 해당 세액을

35) 소득세법 제55조 제1항.

36) 납부할 세액이 일정액을 넘어서는 경우 분납할 수 있다.

11월 30일까지 납부하도록 하는 중간예납제도를 적용하고 있다.

종합소득에 대한 소득세 납부세액은 과세표준에 세율을 적용하여 산출된 세액에서 세액감면, 세액공제, 기납부세액을 차감한 금액이다.

소득세 납부세액 = 소득세 산출세액 − 세액감면 − 세액공제 − 기납부세액

세액감면은 조세정책적인 목적상 과세소득 중 특정한 소득과 관련된 세액의 일부 또는 전부를 경감해주는 것이며, 세액공제는 이중과세 방지 등의 여러 목적에 따라 여러 가지 방법으로 계산된 금액을 공제해주는 것이다. 기납부세액은 중간예납세액과 원천징수세액 등으로 구성된다.

타인의 소득에 대한 소득세를 원천징수한 원천징수의무자는 원천징수한 소득세를 그 징수일이 속하는 달의 다음달 10일까지 납부하고, 원천징수이행상황신고서를 관할세무서장에게 제출하여야 한다. 근로소득에 대한 원천징수의무자는 과세기간별로 종합소득 결정세액과 원천징수세액의 차이를 정산하는 연말정산을 하여야 하며, 그 때 종합소득공제와 세액공제를 받으려는 근로소득자는 그 사유를 표시하는 신고서를 원천징수의무자에게 제출하여야 한다.[37]

37) 소득세법 제137조, 제140조.

제12장 증여세와 세무계획

이 장에서 살펴볼 내용은 증여세 납부세액의 결정요소, 증여의 시기, 증여와 양도에 관한 것이다. 이 장의 학습 목표로는 증여세 납부세액의 주요 결정요소를 이해하고 간략하게 설명하는 것, 증여의 시기에 따른 증여세 납부세액 등의 차이를 이해하고 활용하는 것, 증여와 양도의 관련성을 이해하고 활용하는 것을 들 수 있다.

제1절 | 증여세 납부세액의 결정요소

증여세 납부세액은 증여재산가액을 기초로 산정된 과세표준에 세율을 적용하여 산출한 세액에서 세대생략가산액을 가산하고 세액공제를 차감하여 산정되는 것을 기본 구조로 한다.

증여세 납부세액
=과세표준과 세율에 따른 산출세액+세대생략가산액−세액공제

증여세 납부세액의 산정 단위는 증여자별로 구분하여 상당히 장기간을 단위로 하는 것이 일반적이다.[1] 증여세 납부세액을 결정하는 주된 요소로는 증여재산가액, 세율, 세대생략가산액과 세액공제를 들 수 있다.

1) 10년을 기준으로 한다.

1. 증여재산가액

증여로 인한 수증자의 재산증가액에 해당하는 증여재산가액은 증여세 과세표준을 구성하는 핵심요소이므로 증여세 납부세액을 결정하는 주된 요소에 해당한다. 증여는 다양한 형태로 이루어질 수 있으며, 증여의 형태별로 증여재산가액을 측정하는 방법은 달라질 수 있지만 증여일 현재의 재산 등의 시가에 기초하여 측정하는 것을 원칙으로 한다.[2] 시가는 불특정 다수인 사이에 자유롭게 거래가 이루어지는 경우에 통상적으로 성립된다고 인정되는 가액을 의미한다. 그런데 시가의 개념과 일치하는 가액을 특정하는 것은 용이하지 않으며, 실제로 시가 개념에 완전히 일치하는 가액으로 비화폐성 재산의 증여재산가액을 측정하는 경우는 없다고 볼 수 있다.[3] 시가를 특정하는 것이 가장 용이하다고 볼 수 있는 상장주식의 경우도 측정일을 기준으로 일정기간 동안의 일별 최종 시세가액의 평균액으로 시가를 측정하도록 하고 있다. 빈번한 거래로 상장주식의 시가에는 변동성이 크다는 점을 반영한 것으로 볼 수 있다.

이러한 시가 적용의 한계에 따라 상속세 및 증여세법에서는 시가로 인정될 수 있는 가액에 대해 규정하고 있다. 실제 증여재산가액의 측정에는 이러한 '시가 인정가액'이 적용되는 것이 원칙이라고 볼 수 있다. 시가 인정가액의 대표적인 예로는 해당재산 또는 면적 · 위치 · 용도 · 종목 및 기준시가가 동일하거나 유사한 다른 재산의 매매사례가액을 들 수 있다.[4] 매매사례가액이 시가 인정가액이 되기 위해서는 측정일을 기준으로 일정기간 이내에 발생된 사례에 해당하여야 한다.[5]

시가 인정가액으로도 증여재산 등의 시가를 특정할 수 없는 경우 상속세 및 증여세법에서 규정하고 있는 재산별 평가방법으로 측정한다. 이에 따르면 부동산의 증여재산가액은 개별공시지가나 고시가액 등을 적용하여 측정

2) 증여는 재화의 이전과 같이 특정 시점에 행하여지는 경우와 기간에 걸쳐 행하여지는 경우로 구분할 수 있으며, 특정시점에 행하여지는 경우 증여일은 그 특정시점이며, 기간에 걸쳐 행하여지는 경우 증여일은 법에서 정한 기준일이다.

3) 외국화폐의 경우 기준환율 또는 재정환율로 환산하는 방법으로 측정하므로 시가의 개념에 가장 가깝게 측정되는 경우로 볼 수 있다.

4) 매매사례가액 외에도 감정, 수용, 경매, 공매 가액도 시가 인정가액에 포함될 수 있다.

5) 일정기간이란 일반적으로 측정일 전후 3개월 이내의 기간을 의미한다.

한다. 그리고 비상장주식의 증여재산가액은 회사의 순손익가치와 순자산가치의 가중평균가액을 기준으로 측정한다.

증여세 과세표준은 증여재산가액에서 친인척 간의 증여에 대해 적용되는 증여재산공제를 차감하여 산정하는 것이 일반적이다. 배우자로부터 증여를 받는 경우에 적용되는 증여재산공제가 가장 많다.

2. 세 율

증여세 납부세액의 주요 결정요소인 증여세의 세율은 초과누진세율의 구조이다. 초과누진세율의 적용은 증여재산가액이 동일하더라도 그 과세단위가 나누어질수록 낮은 세율을 적용받을 기회가 많아진다는 것을 의미한다. 즉 증여세 납부세액은 증여자별로(직계존속의 경우 배우자 포함) 일정기간을 단위로 산정하므로 증여자별로 증여에 시차를 두는 것이 적용 세율을 낮출 수 있다. 이러한 증여의 시기에 관한 세무계획에서는 상속개시일 전 일정기간 이내에 증여한 재산가액이 상속세 과세표준에 포함된다는 점도 반영하여야 한다.

3. 세대생략가산액과 세액공제

세대생략가산액과 세액공제는 증여세 과세표준에 세율을 적용하여 산출된 세액에서 직접 가감된다.

(1) 세대생략가산액

증여세 산출세액에 가산되는 것으로 수증자가 증여자의 자녀가 아닌 직계비속인 경우에 적용된다. 다만 증여자의 최근친인 직계비속이 사망하여 그 사망자의 최근친인 직계비속이 증여받은 경우는 제외된다. 증여세 산출세액에 할증률을 곱하여 산정하며, 세대를 생략하지 않고 2단계 증여를 하는 경우의 증여세 산출세액의 합계보다는 적은 수준이다.

(2) 세액공제

증여세 과세표준에 과거의 증여재산가액이 포함되는 경우 과거의 증여세 납부세액을 공제하기 위한 납부세액공제를 적용한다. 그리고 상속세 및 증여세법에 따라 증여세 과세표준을 신고한 경우 신고세액공제를 적용한다.

제2절 | 증여의 시기

같은 재산이라도 그 증여의 시기에 따라 증여자와 수증자의 납부세액과 그 합계 금액에 차이가 있을 수 있다. 차이가 있을 수 있는 조세로는 증여세 외에도 소득세와 상속세를 들 수 있다.[6)]

(1) 증여의 시기와 소득세

재산에서는 소득이 발생할 수 있으며 재산의 증여 시기에 따라 그 소득의 귀속이 달라진다. 증여자와 수증자의 한계세율이 차이가 있다면 증여 시기에 따라 소득세 납부세액의 합계액에는 차이가 있게 된다.

(2) 증여의 시기와 상속세

상속개시 전의 증여의 시기와 범위는 상속세 과세표준과 납부세액에도 차이를 발생시킬 수 있다. 앞에서 살펴본 바와 같이 상속개시일 전 일정기간 이내에 증여한 재산가액은 상속세 과세표준에 포함되기 때문이다.

(3) 증여의 시기와 증여세

같은 재산이라도 그 증여의 시기에 따라 증여세 납부세액이 달라질 수 있는 이유로는 증여재산가액의 변동, 증여재산공제와 낮은 세율을 적용 받을 기회를 들 수 있다.

같은 재산이라도 그 증여 시기에 따라 증여재산가액이 달라질 수 있다. 예를 들어 특정의 부동산을 증여하는 경우 그 증여재산가액은 증여 시기에 따라 달라질 수 있다.[7)] 증여대상 재산의 증여재산가액이 물가상승 등으로 증가하는 경우 증여 시기가 늦을수록 초과누진세율의 구조에서 더 높은 세

6) 그 외에 취득세와 종합부동산세 등도 있다.

7) 증여재산가액의 변동 정도는 증여재산의 실질 가치 변동은 물론 증여재산가액(평가액)이 실질 가치를 어느 정도 반영하는지에 따라 차이가 있을 것이다.

율이 적용될 수 있다.

앞에서 살펴본 바와 같이 증여세 납부세액은 증여자별로(직계존속의 경우 배우자 포함) 일정기간을 단위로 산정하므로 증여의 시기에 따라 증여재산공제와 낮은 세율을 적용 받을 기회의 회수가 달라질 수 있다. 증여자별로 증여에 충분한 시차를 두는 것은 증여재산공제와 낮은 세율을 적용 받을 기회를 증가시킬 수 있다. 또한 증여재산공제에 대한 세금효과와 낮은 세율을 적용 받을 기회에 대한 세금효과의 현재가치는 증여시기가 빠를수록 더 많다.

증여 시기의 선택에 관한 세무계획에는 증여세를 포함한 모든 세금비용이 반영되어야 하며, 수증자는 물론 증여자의 납부세액에 대한 영향도 반영되어야 하므로 상당히 종합적인 접근이 필요하다.

예제 어떤 거주자가 다음의 재산을 자녀에게 01년 초에 이전하는 경우와 10년 말에 이전하는 경우의 증여세 납부세액과 증여세 차감 후 재산의 01년 초의 현재가치를 비교하여 보자(신고세액공제는 고려하지 않으며, 증여재산가액은 증여재산의 실질가치와 동일하다고 가정함).[8)]

- 01년 초에 재산을 이전하는 경우 증여재산가액은 30,000원이며, 증여재산가액은 연평균 물가상승률인 2%씩 매년 증가함.
- 증여재산공제는 5,000원을 적용함
- 증여세 세율은 과세표준 10,000원 이하에 대해서는 10%, 10,000원 초과 50,000원이하에 대해서는 20%를 적용함.
- 현재가치 산정을 위한 할인율 : 2%.

| 풀이 |

재산을 01년 초에 이전하는 경우 증여세 납부세액과 증여세 차감 후 재산은 다음과 같이 산정할 수 있다.

$$\text{증여세 납부세액} = 10{,}000 \times 10\% + (30{,}000 - 5{,}000 - 10{,}000) \times 20\%$$
$$= 4{,}000\text{원}$$

---

8) 이 예제에서는 증여재산 실질가치의 증가율과 현재가치 산정을 위한 할인율이 2%로 같은데, 시장이 완전하다면 모든 재산의 기대가치증가율은 동일할 것이며 개인의 특성이 반영되는 할인율보다 높지 않을 것이다.

$$증여세\ 차감후\ 재산 = 30{,}000 - 4{,}000 = 26{,}000원$$

재산을 10년 말에 이전하는 경우 증여세 납부세액과 증여세 차감 후 재산의 01년 초 현재가치는 다음과 같이 산정할 수 있다.

$$증여재산가액 = 30{,}000 \times (1+2\%)^{10} = 36{,}570원$$

$$증여세\ 납부세액 = 10{,}000 \times 10\% + (36{,}570 - 5{,}000 - 10{,}000) \times 20\% = 5{,}314원$$

$$증여세\ 납부세액의\ 01년초\ 현재가치 = 5{,}314/(1+2\%)^{10} = 4{,}359$$

$$증여세\ 차감후\ 재산의\ 01년초\ 현재가치 = (36{,}570 - 5{,}314)/(1+2\%)^{10} = 25{,}641원$$

증여세 납부세액은 01년초에 증여하는 경우가 10년 말에 증여하는 경우에 비해 359원(4,359－4,000) 적으며, 증여세 차감 후 재산의 현재가치는 같은 금액만큼 많은 것을 알 수 있다.[9)]

제3절 | 증여와 양도

재산의 이전에 유상거래와 무상이전의 성격이 혼합되어 있는 경우 무상이전 부분을 명확하게 구분하는 것은 용이하지 않으므로 무상이전 추정금액이 일정금액 이상인 경우에만 증여세를 과세하고 있다. 무상이전 추정금액의 산정기준은 특수관계인 여부에 따라 달라진다.

(1) 특수관계인 간의 재산이전

재산을 시가보다 낮은 가액으로 양수하거나 시가보다 높은 가액으로 양도한 경우로서 그 대가와 시가의 차액이 기준금액을 초과하는 경우에만 증여세 납부세액이 발생한다.[10)] 재산의 고가 매입과 저가 양도에 적용될 수 있

9) 증여재산공제와 증여세 세율의 구간이 물가상승률을 반영하여 변경되는 경우에는 납부세액의 현재가치는 동일해질 수 있으나, 현실적으로는 거의 변동되지 않는다.

10) 기준금액은 시가의 30%와 3억원 중 적은 금액이며, 전환사채 이전의 경우는 다른 기준금액이 적용된다. 배우자 또는 직계존비속에게 양도한 재산은 양도자가 그 재산을 양도한 때에 그 재산의 가액을 배우자등이 증여받은 것으로 추정하므로 실질적인 양도임을 입증할 수 있어야 한다.

는 부당행위계산 부인 규정도 시가와의 차액이 일정금액 이상인 경우에만 적용된다.[11]

(2) 특수관계인이 아닌 경우의 재산이전

거래의 관행상 정당한 사유 없이 재산을 시가보다 현저히 낮은 가액으로 양수하거나 시가보다 현저히 높은 가액으로 양도한 경우로서 그 대가와 시가의 차액이 기준금액을 초과하는 경우에만 증여세 납부세액이 발생한다.[12] 재산의 고가 매입과 저가 양도에 적용될 수 있는 기부금의제 규정도 시가와의 차액이 일정금액 이상인 경우에만 적용된다.[13]

특수관계인 간의 무상이전에 따른 증여세 납부세액을 감소시키기 위해 양도의 형식을 이용하는 세무계획에서는 배우자 등에 대한 양도 등의 증여 추정, 증여 후 양도에 대한 취득가액승계과 같은 조세회피 방지 규정에 유의하여야 한다.

1. 배우자 등에 대한 양도 등의 증여 추정

배우자 또는 직계존비속에게 양도 또는 부담부증여를 하는 경우 다음과 같은 증여 추정규정이 있다.

(1) 양도의 경우

배우자 또는 직계존비속에게 양도한 재산은 양도자가 그 재산을 양도한 때에 그 재산의 가액을 배우자 또는 직계존비속이 증여받은 것으로 추정한다. 양수 자금의 출처와 대가를 지급한 사실을 입증할 수 있어야 증여 추정을 피할 수 있다.[14]

(2) 부담부증여의 경우

배우자 간 또는 직계존비속 간의 부담부증여(증여로 추정되는 경우를 포함)

---

11) 일정금액은 시가의 5%나 3억원 이상이다(소득세법 시행령 제167조 제3항 등).
12) 기준금액은 시가의 30%이다.
13) 일정금액은 시가의 30%이다(소득세법 시행령 제79조 제1항 등).
14) 대표적인 방법으로 소유재산을 처분한 자금을 대가로 지급하였다고 입증하는 경우를 들 수 있다.

에 대해서는 수증자가 증여자의 채무를 인수한 경우에도 그 채무액은 수증자에게 인수되지 아니한 것으로 추정한다. 수증자가 인수한 채무액에 해당하는 금액은 양도로 의제한다.[15]

2. 증여 후 양도에 대한 취득가액승계

증여받은 재산의 취득가액은 증여받은 재산을 양도하는 경우 양도소득 금액의 결정요소에 해당한다. 재산의 취득가액이 높을수록 양도소득 금액은 적어진다. 증여받은 재산의 취득가액은 증여재산가액을 적용하는 것이 원칙이다.[16]

그런데 배우자 또는 직계존비속으로부터 증여받은 부동산 등을 일정기간 이내에 양도하는 경우 양도한 자산의 취득가액에 대해 증여자의 취득가액을 승계한 것으로 적용한다. 다만 사망으로 혼인관계가 소멸된 경우는 제외한다.[17] 이러한 취득가액승계의 의의는 증여를 이용해 부동산 등의 취득가액을 증가시켜 양도소득을 감소시키는 방식의 조세회피를 방지하기 위한 것으로 볼 수 있다.[18]

15) 소득세법 제97조의2.
16) 상속세 및 증여세법에 따라 평가한 가액을 취득 당시의 실지거래가액으로 본다(소득세법 시행령 제163조 제9항).
17) 소득세법 제97조의2.
18) 취득가액승계를 적용하지 아니할 경우의 소득세 세액이 더 많은 경우 취득가액승계를 적용하지 않는다(소득세법 제97조의2 제2항 제3호).

정·리·문·제

1. 증여세 과세표준 산정의 기초금액인 증여재산가액에 관한 설명으로 옳은 것은?[19]

1) 불특정 다수인 사이에 자유롭게 거래가 이루어지는 경우에 통상적으로 성립된다고 인정되는 가액을 특정할 수 없는 경우 0으로 산정한다.
2) 부동산의 증여재산가액은 개별공시지가나 고시가액으로 측정하는 것이 원칙이다.
3) 상장주식의 증여재산가액은 회사의 순손익가치와 순자산가치의 가중평균가액을 기준으로 측정하는 것이 원칙이다.
4) 비상장주식의 증여재산가액은 회사의 순손익가치와 순자산가치의 가중 평균 가액보다 매매사례가액을 우선적으로 적용하여 측정한다.

2. 기간의 경과에 따라 증여세 세율과 증여재산공제는 변동이 없고 증여재산가액은 증가하는 경우에 관한 설명으로 옳지 않은 것은?[20]

1) 증여시기가 빠를수록 높은 증여세율이 적용될 수 있다.
2) 증여시기가 늦을수록 증여세 납부세액은 더 많아진다.
3) 증여시기가 늦을수록 증여재산공제에 대한 세금효과의 현재가치는 더 적다.
4) 증여시기가 빠를수록 낮은 증여세율을 적용받을 수 있는 기회에 대한 세금효과의 현재가치는 더 많다.

3. 증여자의 채무를 수증자가 인수하는 조건의 부담부증여에 관한 설명으로 옳은 것은?[21]

1) 수증자는 인수한 채무액에 대해 소득세 납세의무가 있다.
2) 증여재산의 취득가액은 수증자가 인수한 채무액을 차감하여 산정한다.
3) 수증자는 인수한 채무액에 대해 증여세 납세의무가 없다.
4) 수증재산을 수증 후 양도하는 경우 수증자가 인수한 채무액은 양도차익에서 차감한다.

---

19) 정답 4).
20) 정답 1). 증여시기가 빠를수록 증여재산가액이 적으므로 낮은 세율이 적용될 수 있다.
21) 정답 3).

핵심 요약

- 증여의 시기는 증여세 납부세액과 증여세 차감 후 재산의 현재가치 등에 차이를 발생시킬 수 있으며, 상속개시 전의 증여는 상속세 과세표준과 납부세액에도 차이를 발생시킬 수 있음.
- 배우자 또는 직계존비속 간의 관계를 이용하여 증여와 양도를 적절하게 조합함으로써 조세를 회피할 가능성에 대비하여 세법에서는 배우자 등에 대한 양도 등의 증여 추정 규정, 증여 후 양도에 대한 취득가액승계 규정을 두고 있음.

연·습·문·제

1. 어떤 거주자가 다음의 재산을 자녀에게 10년 초에 증여하는 경우 증여세 차감 후 재산의 01년 초 현재가치는? (신고세액공제는 고려하지 않으며, 증여재산가액은 증여재산의 실질가치와 동일하다고 가정함)[22)]

-01년 초에 재산을 이전하는 경우 증여재산가액은 50,000원이며, 10년 초에 재산을 이전하는 경우 증여재산가액은 60,000원임. -증여재산공제는 5,000원을 적용함. -증여세 세율은 과세표준 10,000원 이하에 대해서는 10%, 10,000원 초과 50,000원 이하에 대해서는 20%를 적용함. -현재가치 산정을 위한 할인율 : 3%.

1) 37,876원
2) 38,321원
3) 38,876원
4) 39,321원

22) 정답 2). 증여세 차감 후 재산의 01년 초 현재가치 $= [60,000 - 10,000]/(1+3\%)^9 = 38,321$원.

2. 어떤 거주자가 다음의 재산을 자녀에게 01년 초에 증여하는 대신 12년 초에 증여하는 경우 증여세 차감 후 재산의 01년 초 현재가치의 증가(감소)는? (신고세액공제는 고려하지 않으며, 증여재산가액은 증여재산의 실질가치와 동일하다고 가정함)[23]

−01년 초에 재산을 이전하는 경우 증여재산가액은 30,000원이며, 증여재산가액은 연평균 물가상승률인 2%씩 매년 증가함. −증여재산공제는 5,000원을 적용함. −증여세 세율은 과세표준 10,000원 이하에 대해서는 10%, 10,000원 초과 50,000원 이하에 대해서는 20%를 적용함. −현재가치 산정을 위한 할인율 : 3%.

1) (−)2,998원
2) (−)1,449원
3) 1,449원
4) 2,998원

23) 정답 1). 증여세 차감 후 재산의 01년 초 현재가치의 증감 = 12년 초 증여시 현재가치 − 01년 초 증여시 현재가치 = $[30,000 \times (1+2\%)^{11} - 5,460]/(1+3\%)^{11} - [30,000 - 4,000] = (-)2,998$원.

제13장 부가가치세와 세무계획

이 장에서 살펴볼 내용은 부가가치세 납부세액의 결정요소, 거래 대상의 구성, 면세의 포기와 영세율에 관한 것이다. 이 장의 학습 목표로는 부가가치세 납부세액의 결정요소를 이해하고 간략하게 설명하는 것, 거래 대상의 구성에 따른 세금효과의 차이를 이해하고 활용하는 것, 면세 포기에 따른 세금효과를 이해하고 활용하는 것을 들 수 있다.

제1절 | 부가가치세 납부세액의 결정요소

사업자의 부가가치세 납부세액은 과세기간별 매출의 대가를 기초로 산정된 과세표준에 세율을 곱한 금액인 매출세액에서 매입의 대가에 포함된 부가가치세 매입세액을 차감하여 산정되는 것을 기본 구조로 한다.[1)]

부가가치세 납부세액＝과세표준과 세율에 따른 매출세액－매입세액

부가가치세 납부세액을 결정하는 주된 요소로는 매출의 대상, 과세기간별 매출대가와 매입대가의 차이, 세율을 들 수 있다.

1) 사업자는 사업 목적이 영리이든 비영리이든 관계없이 사업상 독립적으로 재화 또는 용역을 공급하는 자를 말하며(부가가치세법 제2조 제3호), 부가가치세 납세의무자에는 사업자 외에 재화를 수입하는 자가 포함된다(부가가치세법 제3조).

1. 매출의 대상

기업의 부가가치세 납부세액은 기업이 매출하는 것의 성격에 따라 달라질 수 있다. 즉 매출의 대상이 부가가치세가 과세되는 것인지 또는 면세되는 것인지, 그리고 부가가치세가 과세되는 것 중에서도 재화인지 또는 용역인지에 따라 기업의 부가가치세 납부세액에 대한 영향이 달라진다.

(1) 과세되는 것과 면세되는 것

부가가치세가 과세되는 것의 경우 과세기간별로 부가가치세 매출세액에서 매입세액을 차감한 금액을 기준으로 부가가치세 납부세액이 산정된다. 그리고 이 경우 부가가치세 매출세액과 매입세액에는 법인세 또는 소득세 효과가 없다. 부가가치세가 면세되는 것의 경우 부가가치세 매출세액과 부가가치세 납부세액이 없으며, 부가가치세 매입세액에는 부가가치세 효과가 없다. 대신 부가가치세 매입세액은 세무기준 세전이익에서 차감할 수 있으므로 법인세 또는 소득세 효과가 있다.[2)]

(2) 재화와 용역

부가가치세법에 따르면 재화는 재산 가치가 있는 물건 및 권리이며, 용역은 재화 외에 가치가 있는 모든 역무과 그 밖의 행위이다.[3)] 재화와 용역의 과세범위, 과세시기, 과세표준의 계산방법 등에는 차이가 있을 수 있다.[4)] 재화와 용역의 구분이 명확하지 않은 부분이 있을 수 있으며, 재화와 용역이 혼합된 형태로 고객에게 매출 될 수 있다.[5)]

2. 과세기간별 매출대가와 매입대가의 차이

과세기간별 매출대가와 매입대가의 차이가 클수록 부가가치세 납부세액

2) 부가가치세가 면제되는 재화 또는 용역에 대해서는 부가가치세법 제26조와 조세특례제한법 제106조에서 규정하고 있다.

3) 부가가치세법 제2조.

4) 재화로 구분되는 경우와 용역으로 구분되는 경우 부가가치세 면세 여부가 달라질 수 있으며, 과세대상 공급으로 의제하는 규정에도 차이가 있다(부가가치세법 제10조, 제12조).

5) 재화와 용역의 구분이 어려운 대표적인 예로는 소프트웨어나 콘텐츠 등의 무체물을 들 수 있다.

이 많아지는 것이 일반적이다.

(1) 매출대가와 매출세액

부가가치세가 과세되는 것의 매출대가에는 회계기준 수익에 해당되는 매출액과 부가가치세 매출세액이 포함된다.[6] 매출세액은 매출액에 부가가치세 세율을 곱한 금액인 것이 일반적이며, 매출세액이 많을수록 부가가치세 납부세액은 많아진다.

(2) 매입대가와 매입세액

부가가치세가 과세되는 것의 매입대가에는 자산의 취득가액과 부가가치세 매입세액이 포함된다.[7] 매입세액은 자산의 취득가액에 부가가치세 세율을 곱하여 산정할 수 있으며, 매입세액이 많을수록 부가가치세 납부세액은 적어진다. 매입세액이 귀속되는 부가가치세 과세기간은 자산이 매입된 기간이다. 부가가치세가 과세되는 재고자산이나 유형자산의 기간별 매입금액과 사용금액에 차이가 있는 것이 일반적이므로 기간별 부가가치세 납부세액의 귀속과 기간별 부가가치 창출액의 귀속은 일치하지 않는 것이 일반적이다.

3. 세 율

부가가치세 납부세액의 주요 결정요소인 부가가치세 세율의 주요 특징으로는 비례세율, 영 세율의 적용을 들 수 있다.

(1) 비례세율[8]

과세표준의 크기에 따라 세율이 달라지지 않는다. 매입세액이 매출세액을 초과하는 경우 부가가치세 환급세액이 발생할 수 있다.[9] 매입세액의 공제를 적용받기 위해서는 세금계산서의 수취 등의 요건을 충족하여야 한다.

---

6) 매출액은 순자산을 증가시키는 수익의 구성요소이며, 매출대가에는 개별소비세 등 다른 조세의 세액이 포함되는 경우도 있을 수 있다.

7) 용역을 매입하는 동시에 사용하는 경우 자산의 취득가액은 순자산의 감소인 비용으로 인식되는 것이 일반적일 것이다.

8) 부가가치세법 제30조 참조.

9) 유형자산 등의 장기사용자산의 대규모 매입 등이 있는 경우 매입부가가치세가 매출부가가치세를 초과할 수 있을 것이다.

(2) **영 세율의 적용**

영의 세율이 적용되는 경우가 있으며 대표적인 예로 외국으로의 수출 매출액을 들 수 있다.[10] 영 세율이 적용되는 매출과 관련된 매입세액은 부가가치세 납부세액 산정과정에서 차감할 수 있으며 매출세액을 초과하는 부분은 환급받을 수 있다.

제2절 | 거래 대상의 구성

매입자가 거래에서 얻고자 하는 상태를 완전히 충족시킬 수 있기 위해서는 다양한 재화와 용역의 결합이 필요한 것이 일반적이며, 매출 기업의 선택에 따라 고객과의 거래 대상의 구성이 달라질 수 있다.

(1) **재화와 용역의 결합**

재화는 원료가 되는 재화와 가공 등의 용역이 결합된 산물인 경우가 있다. 매출 기업은 거래의 대상을 재화로 구성할 것인지 또는 가공 등의 용역으로 구성할 것인지에 대해 선택할 수 있다.

(2) **부수 재화와 용역**

거래의 대상인 재화를 고객에게 인도하기 위해서는 운송, 설치 등의 용역이 따라붙을 수 있다. 반대로 거래의 대상이 되는 용역의 수행 과정에서 재화의 사용이 따라붙을 수 있다. 기업은 부수 재화나 용역을 거래 대상에 포함할 것인지의 여부에 대해 선택할 수 있다.

거래 대상의 구성에 관한 의사결정에 영향을 줄 수 있는 세금비용과 비세금비용 관련 사항으로는 다음을 들 수 있다.

(1) **세금비용의 측면**

거래 대상의 구성에 따라 부가가치세 과세와 면세의 구분, 과세시기, 과

10) 부가가치세법 제21조부터 제24조까지 참조.

세표준의 계산방법 등에 차이가 있을 수 있다. 이는 거래 대상의 구성에 따라 부가가치세와 법인세 또는 소득세 납부세액이 달라질 수 있다는 것을 의미한다.

(2) 비세금비용의 측면

거래 대상의 구성은 기업의 매출액과 세전이익 등의 성과에 영향을 줄 수 있다. 또한 거래 대상의 구성은 고객 또는 공급자와의 계약을 통해 결정되므로 거래상대방과의 관계에 영향을 줄 수 있다. 거래 대상의 구성에 따라 부가가치세 납부세액이 감소할 수 있지만 이는 거래상대방의 부가가치세 납부세액을 증가시킬 수 있다.[11)]

예제 부가가치세 과세 사업자에 해당되는 회사와 면세 사업자에 해당되는 회사에 대한 자료가 다음과 같은 경우 02년의 부가가치세와 법인세 납부세액과 법인세차감후소득(세후이익)을 비교하여 보자.

- 과세 사업자에 해당되는 회사의 02년 매출액은 10,000원, 부가가치세 매출세액은 1,000원, 매입대가 중 당기 비용은 7,000원, 부가가치세 매입세액은 700원(매입세액 공제 가능), 기타비용은 2,000원임.
- 면세 사업자에 해당되는 회사의 02년 매출액은 11,000원, 매입대가는 7,700원(부가가치세 매입세액 700원 포함)으로 당기 비용에 해당하며, 기타비용은 2,000원임.
- 법인세 납부세액은 연도별 세전이익에 세율 20%를 곱하여 산정함.

| 풀이 |

부가가치세 과세 사업자에 해당되는 회사의 02년의 부가가치세와 법인세 납부세액과 법인세차감후소득은 다음과 같이 산정할 수 있다.

(1) 부가가치세 납부세액

=부가가치세 매출세액(1,000)−부가가치세 매입세액(700)=300원

(2) 법인세 납부세액

=02년 세전이익(10,000−7,000−2,000)×세율(20%)=200원

---

11) 거래대상을 부가가치세가 면세되도록 구성하는 경우 매입자에 해당되는 사업자는 매입부가가치세 공제를 적용할 수 없으므로 부가가치세 납부세액이 증가할 수 있다.

(3) 법인세차감후소득

=02년 세전이익(10,000−7,000−2,000)−02년 법인세 납부세액(200원)

=800원

부가가치세 면세 사업자에 해당되는 회사의 02년의 부가가치세 납부세액은 없으며, 법인세 납부세액과 법인세차감후소득은 다음과 같이 산정할 수 있다.

(1) 법인세 납부세액

=02년 세전이익(11,000−7,700−2,000)×세율(20%)=260원

(2) 법인세차감후소득

=02년 세전이익(11,000−7,700−2,000)−법인세 납부세액(260원)

=1,040원

이 예제는 매출의 대가와 매입의 대가가 각각 11,000원과 7,700원으로 동일한 부가가치세 과세 사업자인 회사와 면세 사업자인 회사의 부가가치세와 법인세 납부세액과 세후소득을 비교한 것으로 과세 사업자인 회사의 납부세액이 더 많고 세후소득이 더 적음을 보여주는 예에 해당한다. 조세혜택(부가가치세 면세)에 대한 선호에 따른 경쟁 심화, 매출대가에 매입자의 부가가치세 매입세액 공제가능 금액이 포함되어 있지 않는 것에 따르는 경쟁력 약화 등의 이유로 매출대가가 감소하여 부가가치세 면세 사업자가 창출할 수 있는 부가가치가 감소한다면 차이는 감소할 수 있을 것이다.

제3절 | 면세의 포기와 영세율

영세율이 적용되는 매출의 대상이 부가가치세가 면세되는 것인 경우 면세 포기 여부에 따라 면세 또는 영세율을 선택하여 적용받을 수 있다.

(1) 면세 포기를 하지 않는 경우

면세가 적용되며, 부가가치세 납부세액과 환급세액이 없으며, 부가가치세 매입세액은 법인세 또는 소득세 과세표준을 감소시킨다.

(2) 면세 포기를 하는 경우

영세율이 적용되며, 부가가치세가 과세되는 것의 매출에 대한 과세 방법이 적용된다. 면세의 포기는 과세관청에 대한 신고 절차에 따라야 한다.[12]

예제 부가가치세가 면세되는 것만을 매출하는 어떤 회사에 대한 자료가 다음과 같은 경우 면세의 포기에 따라 02년의 부가가치세와 법인세 납부세액과 법인세차감후소득(세후이익)이 어떻게 달라지는지 살펴보자.

- 02년 매출액은 11,000원, 매입대가는 7,700원(부가가치세 매입세액 700원 포함)으로 당기비용에 해당하며, 기타비용은 2,000원임.
- 면세 포기를 하는 경우 02년의 매출액 전액에 대해 영세율을 적용받을 수 있음.
- 법인세 납부세액은 연도별 세전이익에 세율 20%를 곱하여 산정함.

| 풀이 |

면세 포기를 하지 않는 경우 02년의 부가가치세 납부세액은 없으며, 법인세 납부세액과 법인세차감후소득은 다음과 같이 산정할 수 있다.

(1) 법인세 납부세액

=02년 세전이익(11,000−7,700−2,000)×세율(20%)=260원

(2) 법인세차감후소득

=02년 세전이익(11,000−7,700−2,000)−법인세 납부세액(260원)

=1,040원

면세 포기를 하는 경우 02년의 부가가치세와 법인세 납부세액과 법인세차감후소득은 다음과 같이 산정할 수 있다.

(1) 부가가치세 납부세액(환급세액)

=부가가치세 매출세액(0)−부가가치세 매입세액(700)=(−)700원

(2) 법인세 납부세액

=02년 세전이익(11,000−7,000−2,000)×세율(20%)=400원

---

12) 부가가치세법 제28조 참조.

(3) 법인세차감후소득

=02년 세전이익(11,000−7,000−2,000)−02년 법인세 납부세액(400원)

=1,600원

면세 포기에 따라 부가가치세 환급세액은 700원 증가하며, 법인세 납부세액은 140원 증가하며, 법인세차감후소득은 560원 증가한다.

정·리·문·제

1. 부가가치세 과세기간별 매출대가와 매입대가에 관한 설명으로 옳은 것은?[13)]

1) 부가가치세 과세대상의 매출대가에는 부가가치세 매출세액이 포함되지 않는다.
2) 부가가치세 과세대상의 매입대가에는 부가가치세 매입세액이 포함된다.
3) 부가가치세 과세대상의 매출대가가 부가가치세 과세대상의 매입대가보다 많을수록 부가가치세 납부세액은 적어진다.
4) 부가가치세 과세대상의 매입대가가 귀속되는 부가가치세 과세기간은 자산이 사용된 기간이다.

2. 거래대상의 구성과 부가가치세에 관한 설명으로 옳지 않은 것은?[14)]

1) 매출거래 대상의 구성에 따라 부가가치세 과세와 면세의 구분이 달라질 수 있다.
2) 매출거래 대상의 구성에 따라 부가가치세 과세시기가 달라질 수 있다.
3) 매출거래 대상의 구성에 따라 부가가치세 과세표준의 계산방법이 달라질 수 있다.
4) 매출거래 대상의 구성에 따라 부가가치세 영세율 적용방법이 달라질 수 있다.

---

13) 정답 2).

14) 정답 4). 영세율 적용방법에 차이는 없다.

3. 부가가치세 매입세액에 관한 설명으로 옳은 것은?[15)]

1) 과세사업자인 법인은 부가가치세 매입세액을 부가가치세 납부세액 산정시 공제할 수 있다.
2) 면세사업자인 법인은 면세를 포기하면 관련된 부가가치세 매입세액을 부가가치세 납부세액 산정시 공제할 수 없다.
3) 과세사업자인 법인은 부가가치세 매입세액을 세무기준 세전이익 산정시 차감할 수 있다.
4) 면세사업자인 법인은 부가가치세 매입세액을 세무기준 세전이익 산정시 차감할 수 없다.

핵심 요약

- 부가가치세 납부세액은 과세기간별로 부가가치세 매출세액에서 매입세액을 차감한 금액을 기준으로 산정되는 것이 일반적이며, 부가가치세 면세가 적용되는 경우 부가가치세 납부세액이 없으며 부가가치세 매입세액은 세무기준 세전이익을 감소시킴.
- 거래 대상의 구성에 대한 의사결정에서는 거래 대상의 구성에 따라 달라질 수 있는 부가가치세 등의 납부세액, 거래상대방, 거래 대상의 구성이 기업의 매출액, 세전이익 등의 성과에 미치는 영향 등을 고려하여야 함.

15) 정답 1).

연·습·문·제

1. 부가가치세 과세 사업자에 해당하는 어떤 회사에 대한 자료가 다음과 같은 경우 02년의 부가가치세 납부세액과 법인세 납부세액의 합계는?[16)]

−02년의 매출액은 30,000원, 부가가치세 매출세액은 3,000원임. −02년의 매입대가 중 비용은 20,000원, 부가가치세 매입세액은 2,000원(매입세액 공제 가능)임. −02년의 기타비용은 7,000원임. −법인세 납부세액은 연도별 세전이익에 세율 20%를 곱하여 산정함.

1) 1,500원　　2) 1,600원
3) 1,700원　　4) 1,800원

2. 부가가치세 면세 대상만을 수출하는 어떤 회사에 대한 자료가 다음과 같은 경우 면세 포기를 선택하지 않는 대신 선택하는데 따른 02년 법인세차감후소득(세후이익)의 증가(감소)는?[17)]

−02년 매출액은 10,500원으로 면세 포기를 하는 경우 전액 영세율을 적용받을 수 있음. −02년의 매입대가는 7,700원(부가가치세 매입세액 700원 포함)으로 당기비용에 해당하며, 기타비용은 2,000원임. −법인세 납부세액은 연도별 세전이익에 세율 20%를 곱하여 산정함.

1) 460원　　2) 500원
3) 560원　　4) 600원

---

16) 정답 2). 부가가치세 납부세액＝매출부가가치세액−매입부가가치세액＝3,000−2,000＝1,000원, 법인세 납부세액＝(매출액−매입관련 비용−기타비용)×20%＝(30,000−20,000−7,000)×20%＝600원.

17) 정답 3). 02년 법인세차감후소득의 증가(감소)＝면세포기를 선택하는 경우의 법인세차감후소득−면세포기를 선택하지 않는 경우의 법인세차감후소득＝[(10,500−7,000−2,000)−1,500×20%]−[(10,500−7,700−2,000)−800×20%]＝1,200−640＝560원.

| 부록 | 부가가치세법의 개요

부가가치세법은 우리나라의 대표적인 국세인 부가가치세의 과세요건과 과세절차 등을 규정하고 있다.[18]

1. 부가가치세의 과세요건

(1) 과세권자

부가가치세는 우리나라의 대표적인 국세로서 과세권자는 국가이다. 구체적으로는 부가가치세 납세의무자의 납세지를 관할하는 세무서장 또는 지방국세청장이 과세한다.[19] 대표적인 부가가치세 납세의무자인 사업자의 경우 부가가치세 납세지는 각 사업장의 소재지인 것이 원칙이다.[20]

(2) 납세의무자

부가가치세의 납세의무자는 사업자와 재화를 수입하는 자이다.[21] 사업자는 사업 목적이 영리이든 비영리이든 관계없이 사업상 독립적으로 재화 또는 용역을 공급하는 자로 정의된다.[22] '사업상 독립적으로 재화 또는 용역을 공급하는 자'란 부가가치를 창출하여 낼 수 있는 정도의 사업형태를 갖추고 계속적이고 반복적인 의사로 재화 또는 용역을 공급하는 자를 뜻한다.[23]

한편 수입되는 재화를 공급하는 국외의 사업자에 대해서는 과세권이 미치지 못하며 수출국에서 부가가치세 형태의 조세가 과세되지 않는 것이 일반적이므로 재화를 수입하는 자를 사업자 여부와 관계없이 부가가치세 납세의무자로 규정하고 있다.[24]

---

18) 부가가치세법은 1976년 12월에 제정되었다.
19) 부가가치세의 과세관할에 대해서는 부가가치세법 제7조에서 규정하고 있다.
20) 부가가치세법 제6조.
21) 부가가치세의 납세의무자에 대해서는 부가가치세법 제3조에서 규정하고 있다.
22) 부가가치세법 제2조 제3호.
23) 대법원 2010. 9. 9. 선고 2010두8430, 판결.
24) 재화 수입자가 부가가치세를 납부하는 방식은 수출입물품에 대한 조세 등을 관할하는 세관에서 부가가치세를 징수하는 형태로 이루어진다.

재화나 용역 중 기초생활필수품, 국민후생, 문화 등과 관련이 있는 것의 공급에 대하여는 부가가치세를 면제하고 있는데, 이러한 재화나 용역만을 공급하는 사업자인 면세사업자의 경우는 부가가치세의 납세의무 등 부가가치세법상의 주요 의무가 면제된다.[25)]

부가가치세가 과세되는 재화나 용역을 공급하는 사업자인 과세사업자의 대표적인 형태로는 영리를 목적으로 하는 개인사업자와 주식회사를 들 수 있지만 비영리법인도 과세사업자에 해당될 수 있다는 점에 유의하여야 한다. 부가가치세 과세사업자 중 매출 규모가 기준 금액에 미달하는 개인사업자에 대해서는 간이과세자로 구분하여 별도의 간편 절차에 따라 부가가치세를 과세하고 있다.[26)]

(3) 과세대상

부가가치세의 과세대상은 사업자가 행하는 재화 또는 용역의 공급과 재화의 수입 거래이다.[27)]

재화의 공급

계약상 또는 법률상의 모든 원인에 따라 재화를 인도하거나 양도하는 것이다.[28)] 재화의 공급과 관련된 계약상 법률상 원인으로는 매매계약, 가공계약, 교환계약, 경매, 수용, 현물출자 등을 들 수 있다.[29)] 재화를 대가 없이 무상으로 공급하는 경우에도 그 재화가 매입세액이 공제된 것 등인 경우 재화의 공급으로 보는 것이 원칙이다.[30)]

재화는 재산 가치가 있는 물건 및 권리로 정의된다.[31)] 물건은 상품, 제품, 원료, 기계, 건물 등 모든 유체물과 전기, 가스, 열 등 관리할 수 있는 자연력이며, 권리는 광업권, 특허권, 저작권 등 물건 외에 재산적 가치가 있는 모든 것이다.[32)]

---

25) 재화 또는 용역의 공급에 대한 면세에 대해서는 부가가치세법 제26조에서 규정하고 있다.
26) 간이과세에 대해서는 부가가치세법 제61조부터 제70조까지의 조항에서 규정하고 있다.
27) 부가가치세의 과세대상에 대해서는 부가가치세법 제4조에서 규정하고 있다.
28) 부가가치세법 제9조 제1항.
29) 부가가치세법 시행령 제18조 제1항.
30) 부가가치세법 제10조 제1항, 제5항.
31) 부가가치세법 제2조 제1호.
32) 부가가치세법 시행령 제2조.

재화 중 가공되지 아니한 식료품, 수돗물 등의 공급에 대해서는 부가가치세 면제를 적용하고 있다.

용역의 공급

계약상 또는 법률상의 모든 원인에 따라 역무를 제공하는 것 또는 시설물, 권리 등 재화를 사용하게 하는 것이다.[33] 용역은 재화 외에 재산 가치가 있는 모든 역무와 그 밖의 행위로 정의된다.[34]

재화의 경우와는 달리 용역을 대가를 받지 않고 무상으로 타인에게 공급하는 것은 용역의 공급으로 보지 않는 것이 원칙이다.[35] 또한 고용관계에 따라 근로를 제공하는 것은 사업자의 용역 공급에 해당하지 않으므로 부가가치세 과세대상이 아니다.[36]

의료보건용역, 교육용역, 금융보험용역 등의 공급에 대해서는 부가가치세 면제를 적용하고 있다.

재화의 수입

외국으로부터 국내에 도착한 물품으로서 수입신고가 수리되기 전의 것을 국내에 반입하는 것 등이다.[37] 즉 재화의 수입에서 재화는 일반적인 개념과는 차이가 있다. 수입신고와 그 수리는 관세법에 따른 개념이며, 재화의 수입시기는 「관세법」에 따른 수입신고가 수리된 때이다.[38] 국내에 반입되는 물품이 보세구역을 거치는 경우 재화의 수입에 해당되는 것은 보세구역으로 반입되는 것이 아니라 보세구역에서 반입하는 것이다.

가공되지 아니한 식료품, 관세가 면제되는 여행자휴대품 등의 수입에 대해서는 부가가치세 면제가 적용된다.

---

33) 부가가치세법 제11조 제1항.
34) 부가가치세법 제2조 제2호. 부가가치세법 시행령 제3조 제1항에서는 용역의 범위에 포함되는 사업들을 규정하고 있다.
35) 부가가치세법 제12조 제2항.
36) 부가가치세법 제12조 제3항.
37) 부가가치세법 제13조.
38) 부가가치세법 제18조. 관세법 제241조 제1항에 따라 물품을 수입하려면 해당 물품의 품명·규격·수량 및 가격 등의 사항을 세관장에게 신고하여야 하며, 제38조 제1항에 따라 그 수입신고를 할 때에 세관장에게 관세의 납부에 관한 신고를 하여야 한다. 그리고 부가가치세법 제50조의2에 따라 재화의 수입에 대하여 「관세법」에 따라 관세를 세관장에게 신고하고 납부하는 경우에는 재화의 수입에 대한 부가가치세를 함께 신고하고 납부하여야 한다.

수입되는 재화는 세관을 물리적으로 통과하므로 부가가치세 징수가 용이하지만 물리적 통과가 필요 없는 재화인 권리 등이나 외국으로부터 공급받은 용역은 그렇지 못하므로 부가가치세 과세대상에서 제외되고 있다.[39]

(4) 과세표준

재화 또는 용역의 공급에 대한 부가가치세의 과세표준은 해당 과세기간에 공급한 재화 또는 용역의 공급가액을 합한 금액이다.[40] 재화나 용역의 공급가액은 대금, 요금, 수수료, 그 밖에 어떤 명목이든 상관없이 재화 또는 용역을 공급받는 자로부터 받는 금전적 가치 있는 모든 것을 포함하되, 부가가치세는 포함하지 아니한다. 재화나 용역의 공급에 대해서는 부가가치세 외에 다른 조세들도 납부하여야 할 경우가 있는데, 이 경우 부가가치세 과세표준에 포함될 재화나 용역의 공급가액에는 관련된 개별소비세 등이 포함된다.

재화 또는 용역의 공급에 대한 부가가치세의 과세표준이 과세기간의 부가가치가 아니라 공급가액이라는 점은 사업자가 과세관청에 실제로 납부하는 부가가치세액을 매출거래시 징수한 부가가치세액에서 매입거래시 징수당한 부가가치세액을 차감한 후의 금액으로 함으로써 해결한다.

사업자의 부가가치세 납부세액=매출세액－매입세액

예제 어떤 사업자가 한 부가가치세 과세기간 동안 부가가치세 500원을 포함하여 5,500원에 매입한 상품을 부가가치세 700원을 포함하여 7,700원에 판매한 경우 부가가치세 과세표준과 부가가치세 납부세액을 산정하여 보자.

| 풀이 |

부가가치세의 과세표준은 특정 과세기간 동안 재화나 용역을 공급하고 받은 대가 금액 중 부가가치세액은 제외한 금액이므로 상품의 판매대가(공급대가) 7,700원 중 부가가치세액 700을 제외한 7,000원이 부가가치세 과세표준이다.

상품의 매매 거래와 관련하여 사업자가 납부하여야 할 부가가치세액은 상품

39) 대신에 공급받는 비사업자(면세사업자 포함)가 대리납부하여야 한다(부가가치세법 제52조 참조).

40) 부가가치세의 과세표준에 대해서는 부가가치세법 제29조에서 규정하고 있다.

판매시 징수한 부가가치세액 700원에서 상품 매입시 징수 당한 부가가치세액 500원을 차감한 후의 금액인 200원이다.

(5) 세율

부가가치세의 세율은 과세표준의 크기와 관계없이 일정한 세율이 적용되는 비례세율이다.[41] 부가가치세 과세표준에 세율을 적용하여 계산한 금액인 산출세액은 매출세액에 해당한다.

수출을 비롯한 외화획득 등과 관련된 재화나 용역의 공급에 대해서는 영의 세율이 적용된다. 영세율이 적용되는 재화나 용역과 관련하여 외부로부터 재화나 용역의 매입과 관련하여 부담한 부가가치세는 매출세액에서 차감하고 매출세액을 초과하는 금액은 환급되므로 영세율제도는 부가가치세의 완전면세제도라고 할 수 있다. 이에 반해 부가가치세 면세사업자에게 적용되는 부가가치세 면제제도는 매입세액의 공제가 이루어지지 않으므로 불완전면세제도라고 할 수 있다.

2. 신고와 납부

부가가치세의 납세의무자인 사업자는 정해진 기간별로 부가가치세 과세표준과 세액을 관할세무서에 신고하고 납부하여야 한다. 신고와 납부의무의 위반에 대한 제재로 가산세 부과 규정이 있다. 부가가치세의 과세기간은 1년을 2기로 나누고 다시 각 기의 중간에 예정신고기간을 두고 있으며, 신고 및 납부기한은 신고기간 종료 후 25일까지이다.[42]

부가가치세 납부세액은 부가가치세 산출세액인 매출세액에서 신고기간 동안 매입시 징수당한 부가가치세액인 매입세액을 차감한 금액이다. 그런데 사업자가 매입세액을 공제받기 위해서는 매입시 세금계산서 등의 증빙을 확보하여야 하며, 부가가치세 신고시 수령한 세금계산서의 내용을 집계한 매입처별세금계산서합계표를 제출하여야 한다. 세금계산서는 재화나 용역을

---

41) 부가가치세의 세율에 대해서는 부가가치세법 제30조에서 규정하고 있다.

42) 매출액이 일정 금액에 미달하는 개인사업자인 간이사업자의 경우 과세기간은 1월 1일부터 12월 31일까지이며, 개인사업자의 경우에는 예정신고 대신 직전과세기간 납부세액의 1/2를 예정고지에 의해 납부하는 방법이 보통 적용된다.

공급하는 사업자가 공급받는 자에게 발급하는 거래에 대한 증빙서류로 공급하는 사업자와 공급받는 자에 대한 식별 정보, 공급가액과 부가가치세액 등이 기록된 서류이다.

예제 도매업을 영위하고 있는 어떤 회사의 당년도 제2기 부가가치세 확정신고를 위한 자료가 다음과 같을 경우 제2기 부가가치세 확정신고시 납부하여야 할 부가가치세액을 산정하여 보자.

- 상품 매입시 받은 세금계산서 상의 부가가치세 금액 : 70,000원.
- 부가가치세 과세대상 상품을 외상으로 판매하고 받기로 한 금액 : 1,100,000원.
- 외상매출금 중 현금 회수액 : 880,000원.
- 부가가치세율 : 10%.

| 풀이 |

부가가치세 납부세액은 신고기간 동안 매출시 징수한 부가가치세액인 매출세액에서 신고기간 동안 매입시 징수당한 부가가치세액인 매입세액을 차감한 금액이므로 부가가치세 납부세액을 계산하기 위해서는 먼저 매출세액을 산정하여야 한다.

자료에 주어진 판매 대가 1,100,000원은 부가가치세 과세표준과 부가가치세액(매출세액)의 합계액이므로 부가가치세 과세표준과 부가가치세액의 비율을 이용하여 부가가치세액(매출세액)을 산정할 수 있음. 즉 부가가치세 과세표준이 100인 경우 부가가치세액은 부가가치세율 10%를 곱한 10(100×10%)이므로 판매대가는 110이 되며, 이에 따라 판매대가 중 부가가치세액은 10/110이므로 부가가치세액(매출세액)은 다음과 같이 계산할 수 있다.

부가가치세액(매출세액)
=공급대가(1,100,000원)×공급대가 중 부가가치세의 비율(10/110)
=100,000원

신고기간 동안의 매출 부가가치세액에서 매입 부가가치세액을 차감하여 납부하여야 할 부가가치세액을 산정함.

부가가치세 납부세액
=매출세액(100,0000원)－매입세액(70,000원)=30,000원

찾아보기

김 상 기

- 연세대학교 경영학사, 경영학석사
- 서울시립대학교 세무학박사
- 한국공인회계사
- 현, 고려사이버대학교 세무·회계학과 전임교수

[저서]

- IFRS 회계학개론, 교육과학사, 2014
- 법인세신고 기장실무, 미래와 경영, 1999

세법과 세무계획의 기초

2024년 1월 22일 초 판 인쇄
2024년 1월 30일 초 판 발행

저 자 김상기
발행인 위호준
발행처 도서출판 **집현재**

04091 서울특별시 마포구 토정로 222
한국출판콘텐츠센터 422-8호
전화 (02)332-4922 Fax (02)6442-6906
홈페이지: www.jhjbook.co.kr
e-mail: jyp4922@naver.com

출판등록 2010년 10월 22일
등록번호 제105-91-57581호

정가 27,000원
ISBN 979-11-92436-28-9